Dorothea Beigel | Ute Schäfer

Bildung beginnt schon auf dem Wickeltisch

177 sofort umsetzbare Möglichkeiten, um Kinder in ihrer Entwicklung zu unterstützen

Herzlichen Dank!

Allen Kindern, Eltern, Großeltern und Erzieherinnen, die uns die Erlaubnis zum Fotografieren gaben.

Der Kita-Leiterin Susanne Rühl-Schneider und ihren engagierten Kolleginnen und Kollegen, die uns stets willkommen hießen und uns unproblematisch unterstützten.

Unseren Mitspielerinnen und Mitspielern:
Lena, Sophia, Tom, Hannes, Till, Melis, Milo, Nia, Neo, Lyana, Nahla, Leo, Paul, Lia, Michelle, Selina, Nils, Marie, Adrian, Felix, Lukas, Joshua, Moritz, Paulina, Milana, Pascal, Vadim, Philip, Alina, Rimas, Selin, Hannah, Tia-Marie, Margarete.

Michael Beigel für die Bearbeitung der Fotos und Grafiken.

Ohne die unterstützende Mithilfe der genannten Kinder und Erwachsenen wäre das Buch nicht entstanden.

Herzlichen Dank!

Dorothea Beigel und Ute Schäfer

Bewegt Grüße aus der Kita Steindorf

Dorothea Beigel | Ute Schäfer

Bildung beginnt schon auf dem Wickeltisch

177 sofort umsetzbare Möglichkeiten, um Kinder in ihrer Entwicklung zu unterstützen

verlag modernes lernen

Externe Links

Der Verlag weist ausdrücklich darauf hin, dass eventuell im Text enthaltene externe Links vom Verlag nur bis zum Zeitpunkt der Buchveröffentlichung eingesehen werden konnten. Auf spätere Veränderungen hat der Verlag keinerlei Einfluss. Eine Haftung des Verlages ist daher ausgeschlossen.

Unser Buchprogramm im Internet: www.verlag-modernes-lernen.de

Veröffentlicht in der Edition:
verlag modernes lernen Borgmann GmbH & Co. KG · Schleefstraße 14 · D-44287 Dortmund

Gesamtherstellung in Deutschland: Löer Druck GmbH, Dortmund

Illustrationen und Fotos: Michael Beigel

Bestell-Nr. 1290 ISBN 978-3-8080-0832-4

Inhalt

Vorwort

Liebe Leserin, lieber Leser,

dieses Praxisbuch stellt Ihnen 177 sofort umsetzbare Möglichkeiten vor, um Kinder von Anfang an in ihrer Entwicklung zu unterstützen.
Es beinhaltet in der Bevölkerung bekannte, aber oft vernachlässigte Bildungsbausteine.
Die Angebote, beginnend mit Spielen auf dem Wickeltisch bis hin zu Aktivitäten für Kinder im Schuleingangsbereich, sind im Alltag unkompliziert umsetzbar und zeigen deutliche positive Auswirkungen auf die Entwicklung von Kindern – auf Verhalten, auf Lernen und auf schulische Leistungen.
Die Inhalte dieses Buches, die in den letzten Jahren vorwiegend in Kursen angeboten wurden, zeigen im praktischen Einsatz eine begeisterte Rückmeldung und hohe Nachfrage. So entstand das Buch auf Initiative und Wunsch von Baby-Kurs-Gruppenleiterinnen[1], Erzieherinnen, Lehrerinnen, Therapeutinnen und Eltern.

Das Buch will Maßnahmen einer „einfachen", aber tiefgreifenden Entwicklungsbegleitung und Entwicklungsförderung anbieten.
Es verzichtet dabei auf Wiederholungen altbekannter Reime und Verse, die bereits vielfach in Medien vorgestellt wurden.
Es bietet bewusst Neues und Aktuelles, das sehr wohl alte Werte schätzend beinhaltet.
Es weist in den ergänzenden Informationen auf den wissenschaftlichen Hintergrund hin.

Freuen Sie sich auch auf viele Anregungen, die auch Zwerg Willibald und seine tierischen Freunde einbeziehen.
Viele von Ihnen haben die Figuren schon gemeinsam mit Ihren Kindern durch Literatur[2], Projekte und Programme[3] kennengelernt.
Wenn nicht, lassen Sie sich auf spielerische Begegnungen mit den netten Akteuren ein, vielleicht geht es Ihnen dann wie vielen Kindern und Pädagoginnen aus Krippen, Kitas, Schulen, Vereinen, die sagen: „Wir wollen noch mehr mit Zwerg Willibald und seinen Freunden erleben."

Viel Freude beim Spielen und Gestalten wünschen Ihnen

Dorothea Beigel und Ute Schäfer

---

1 *In den weiteren Kapiteln wird bei den Berufsbezeichnungen nur die weibliche Form genutzt. Dies dient der leichteren Lesbarkeit und der Tatsache, dass im Elementarbereich zurzeit noch vorwiegend Frauen tätig sind. Die männlichen Kollegen – Erzieher, Lehrer, Therapeuten, Übungsleiter ... fühlen sich bitte gleichermaßen angesprochen und geschätzt.*

2 *Beigel, D.; Grönemeyer, D. „Von Anfang an im Gleichgewicht". verlag modernes lernen. Dortmund.*
Beigel, D.; Grönemeyer, D. „Ich wär' jetzt mal 'ne Fledermaus". verlag modernes lernen. Dortmund.
Beigel, D. „Kita und Schule – ein starkes Team". BORGMANN MEDIA. Dortmund.

3 *Siehe. www.bildung-kommt-ins-gleichgewicht.de. Bewegungs- und Gleichgewichtsprogramme nach Dorothea Beigel®*

Einführung Lernerfolg und gute Schulnoten sind kein Zufall

Das Fundament für erfolgreiches Lernen wird bereits in den ersten Lebensmonaten und Lebensjahren eines Menschen gelegt.
Bildungsprozesse bauen auf frühkindlichen Wurzeln auf.
Lernfähigkeit, Lernmotivation, Sprach- und Wissenserwerb, Wahrnehmungs- und Bewegungsmöglichkeiten profitieren vom frühen Zeitpunkt der regelmäßigen Zuwendung zum Kind sowie von Intensität und Inhalten der angebotenen Lernerfahrungen.
Kindheitsforschung betont, dass Babys für ihre Entwicklung vom ersten Lebenstag an liebevolle Zuwendung und sichere Bindung in anregender Umgebung benötigen[4].

Oft nehmen Menschen mit großem Erstaunen zur Kenntnis, welche hochwertigen Bildungsgrundlagen sich in scheinbar „unspektakulären“ Spielen und Aktivitäten verborgen halten. Unbemerkt beinhalten die Beschäftigungen wichtige frühe Lernerfahrungen und Bildungsbausteine, die für einen lebenslangen Lernprozess große Bedeutung haben.
Diese im Alltag umsetzbaren Aktivitäten, an denen Kinder Freude haben und die seit Generationen oft intuitiv genutzt werden, stehen in enger Verbindung mit Bildungs- und Gesundheitszielen wie Bindung, Resilienz, Reflexintegration, Bewegungs-, Emotional-, Sozial- und Sprachentwicklung, Kompetenzerwerb, Förderung exekutiver Funktionen, Schulerfolg ...

Dieses Buch stellt Ihnen eine Vielzahl von praktischen Möglichkeiten vor, um Bildungs- und Gesundheitsziele auf einfache Weise von Anfang an zu unterstützen.
Gehören Sie zu den Neugierigen, dann lesen Sie auch die Texte, die auf den theoretischen Hintergrund der Praxisangebote eingehen.
ACHTUNG! Die jeweiligen „Informationen zu den Bildungsbausteinen“ in den einzelnen Kapiteln beziehen sich **nicht nur** auf die praktischen Inhalte eines Kapitels.
Sie stehen mit **allen** angebotenen Aktivitäten des Buches in Zusammenhang.
Die Informationen wurden zur angenehmeren „Gehirnverdauung“ auf die Kapitel verteilt.

Möchten Sie ausschließlich die Praxis im Buch nutzen, geben Ihnen die Ziffern in den Überschriften einen Kurzhinweis auf die Bildungsbausteine, die das Angebot beinhaltet. Beispiel:

„Ein schöner warmer Wind“ ⓿❶❷❸❹

Die Angabe der Ziffern kann auch das gezielte Finden von Aktivitäten erleichtern, die bewusst zur Förderung eingesetzt werden sollen. Beispiel:
Sie möchten eine Aktivität auswählen, die das Ausreifen/die Integration des Asymmetrisch Tonischen Nackenreflexes unterstützt. Sie wählen daher eine Aktivität mit Ziffer 8 in der Überschrift, z. B:

„Eni, meni ...“ ⓿❶❷❸❽

[4] *Largo, Remo H. (2005): Babyjahre. München, Zürich: Piper.*
Textor, Martin R. (2006): Gehirnentwicklung bei Babys und Kleinkindern – Konsequenzen für die Familienerziehung.

Zuordnung der Ziffern zu den einzelnen Bildungsbausteinen

⓿ = Taktil-propriozeptive Förderung (Pflege und Förderung des Fühlens, Spürens, Tastens)

❶ = Vestibulare Förderung (Pflege und Förderung des körperlichen und seelischen Gleichgewichts)

❷ = Auditive Förderung (Pflege und Förderung des Hörens und Zuhörens)

❸ = Visuelle Förderung (Pflege und Förderung des Sehens und Hinsehens)

❹ = Unterstützung zur Ausreifung des Moro-Reflexes (Grundlage zur angemessenen Verarbeitung von Hör-, Seh-, Gleichgewichts- und Hauterfahrung. Grundlage zur angemessenen Verarbeitung von neuen Situationen).

❺ = Ausreifung des Palmar-Reflexes (Grundlage der Handgeschicklichkeit)

❻ = Ausreifung des Plantar-Reflexes (Grundlage der Stand- und Gangsicherheit)

❼ = Ausreifung des Saug- und Suchreflexes (Grundlage einer angemessenen Mundmotorik)

❽ = Ausreifung des Asymmetrisch Tonischen Nackenreflexes (Grundlage der Zusammenarbeit/Koordination von rechter und linker Körperhälfte)

❾ = Ausreifung des Tonischen Labyrinthreflexes/Ausreifung des Symmetrisch Tonischen Nackenreflexes (Grundlage der Zusammenarbeit der oberen und unteren Körperhälfte)

Die nachstehende Grafik gibt Ihnen eine Gesamtübersicht über die Angebote dieses Buches (s. unterste Reihe) und ihre Verbindung zu den Bildungsbausteinen der Wahrnehmens- und Bewegungsentwicklung. Diese stehen in enger Vernetzung zu den Vorläuferkompetenzen und Kompetenzen von Lernen, Leisten und Verhalten.
Das Schaubild dokumentiert, dass menschliche Bildungsprozesse bereits in der frühesten Kindheit – lange vor dem ersten Schultag – angeregt und unterstützt werden können.

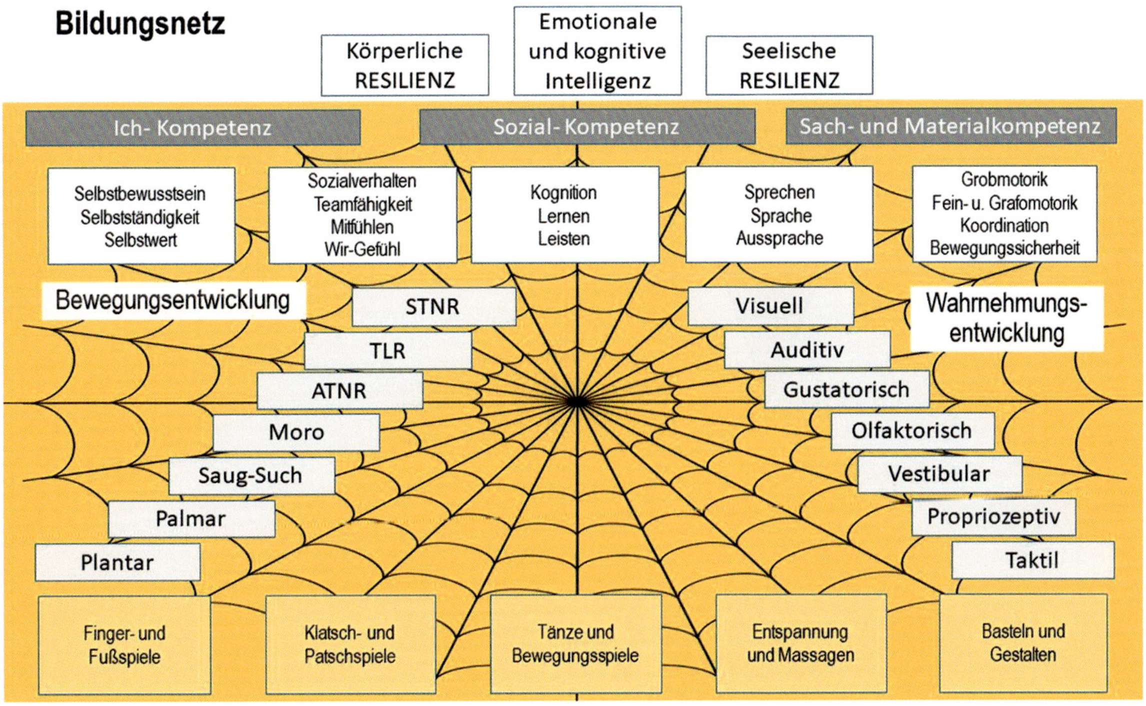

Alle benannten Anteile des Bildungsnetzes sind miteinander verwoben und beeinflussen sich gegenseitig.

Auch wenn zahlreiche Ratgeber darüber informieren, was bei Schulanfang Schönes und Nützliches in eine Schultüte gepackt werden soll – von Süßigkeiten über den Turnbeutel bis zum iPhone – müssen wir diese Ratschläge ergänzen, indem wir die Schultüte bereits frühzeitig auch mit „Bildungszutaten" füllen.
Kostenfrei, wertvoll und nachhaltig bereiten sie Freude und erhöhen den Schul- und Lernerfolg.
Technisierung und Digitalisierung der Welt sind beeindruckend.
Sie sind jedoch kein Ersatz für biologische Reifungsprozesse oder für die Erfüllung menschlicher Grundbedürfnisse. Manchmal erschweren oder verzögern sie die kindliche Entwicklung sogar.

Kinder benötigen ein gesundes Entwicklungsfundament, damit sie Technisierung und Digitalisierung nutzen können und nicht von ihnen benutzt werden.

Schauen Sie ins Buch – machen Sie mit – lassen Sie sich von neuen Angeboten, die altbekannte Werte beinhalten, inspirieren.
Packen Sie die Schultüte Ihrer Kinder liebevoll, frühzeitig und entwicklungsunterstützend mit bildungs- und gesundheitsfreundlichen zwischenmenschlichen Zutaten.

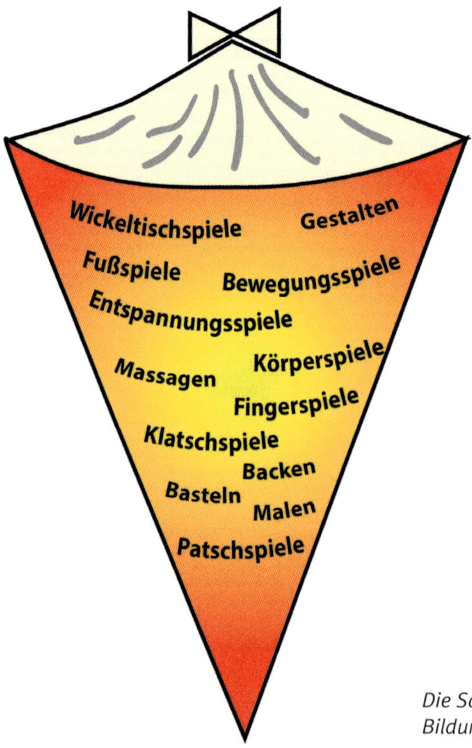

Die Schultüte wird liebevoll auch mit unsichtbaren Bildungszutaten gefüllt.

Kapitel 1 Bildung beginnt auf dem Wickeltisch

Kinderpsychologen und Pädagogen betonen den wichtigen Zusammenhang zwischen einer sicheren Bindung zwischen Mutter/Vater (Bezugsperson) und Kind und der späteren Persönlichkeitsentwicklung des Kindes.
Elterliche Beachtung und einfühlende Zuwendung beeinflussen die Qualität der Bindung von Mutter/Vater (Bezugsperson) und Kind positiv und sind die Basis für Vertrauen und das Gefühl des Verstandenwerdens. Eine sichere Bindung wirkt sich fördernd auf das Selbstbewusstsein und die Selbstständigkeit des Kindes aus. Es unterstützt das Erlernen sozialer Verhaltensweisen und ist die Grundlage für spätere stabile Beziehung zu anderen Menschen. Auch die kindliche Kommunikationsfähigkeit wird bereits im vorsprachlichen Alter durch das Gefühl beachtet und verstanden zu werden, durch Ermutigung und emotionale Zuwendung gefördert.

1.1 Bildungsstart – Körperspiele auf dem Wickeltisch[5]

Fröhliche Spiele machen das Wickeln zu einem schönen Erlebnis für Eltern (Beziehungsperson) und Kind.
Eine liebevolle Atmosphäre, Zeit und Zuwendung sind große Schätze für die Entwicklung des Kindes. Für das Neugeborene ist das menschliche Gesicht eine große Attraktion. Der Säugling nimmt bereits direkt nach der Geburt Blickkontakt zur Mutter auf. Die Sehfähigkeit beträgt anfangs nur 20 cm und erklärt den intuitiven Gesichtsabstand, den Eltern und Kind zueinander aufnehmen. Schon in den ersten Lebenswochen lernt das Baby, Gesichter von verschiedenen Personen zu unterscheiden. Mit einem Monat kann es Objekte in weiterer Entfernung sehen.

Körperspiele auf dem Wickeltisch

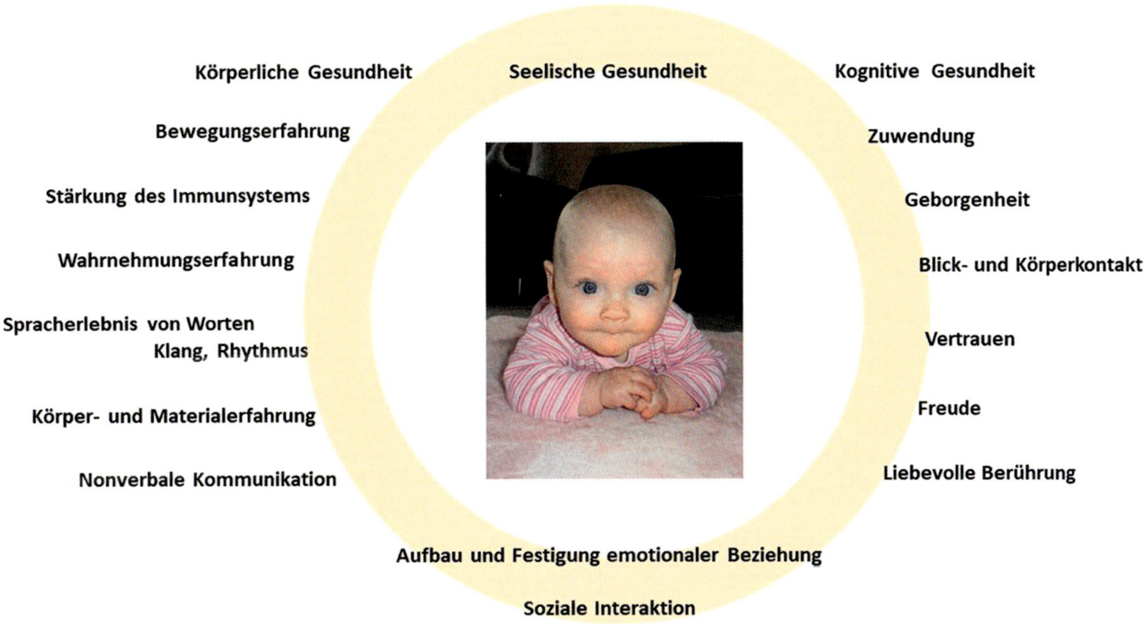

---

[5] *Texte und Spielideen: Dorothea Beigel*

Für ein Baby ist nicht nur der Blickkontakt, sondern auch ein früher intensiver Sprechkontakt sehr wichtig. Sprechen und Singen bestärken das Gefühl von Geborgenheit und von Behütetsein. Wenn Eltern mit ihrem Baby reden, ändern sie instinktiv ihre Art zu kommunizieren. Sie sprechen in einem helleren, freundlichen Tonfall und nutzen Silbenwiederholungen. Diese instinktive „Babysprache“ hat den Grund, dass Babys höhere Töne als angenehm empfinden und, dass die Wiederholungen kurzer Silben sie in ihrer Sprachentwicklung unterstützen. Neben speziellen Wortschöpfungen, einfachen Lautwiederholungen und erhöhter Stimmlage ist die Babysprache durch mimische Übertreibungen der Erwachsenen gekennzeichnet. Dies ist wirkungsvoll und weckt die Aufmerksamkeit der Babys.
Für die Babys steigert sich der Spaß an Kommunikation, wenn Eltern zuhören und auf ihre Laute, ihr Brabbeln, ihr Lallen und ihre Gesten freundlich und interessiert reagieren.
Wenn Eltern und Baby sich ansehen, miteinander Gesten austauschen und miteinander sprechen, entwickelt und vertieft sich ihre Zuneigung und Liebe füreinander. Forscher der University of Chicago haben herausgefunden, dass Kinder, deren Eltern beim Sprechen viele und abwechslungsreiche Gesten benutzten, eine lebhaftere Körpersprache und einen deutlich größeren Wortschatz aufwiesen als Kinder der Vergleichsgruppe [6].

Der Hautkontakt zwischen Mutter/Vater und Kind ist für das Kind so wichtig wie Atmen, Trinken oder Essen. Die Berührung der Haut – berühren und berührt werden – ist ein Grundbedürfnis des Menschen!

Hautkotakt erfolgt über direkte körperliche Berührungen, z. B. das Anfassen, das Streicheln, das Massieren, das Berühren ...
Körperkontakt erfolgt zusätzlich über das in Beziehung treten mit einer anderen Person, z. B. durch Blickkontakt, Mimik, Gestik, Körperhaltung oder stimmliche Signale.

[6] *http://www.eltern.de/kleinkind/entwicklung/das-geheimnis-erster-w%C3%B6rter*

„Ein schöner warmer Wind“ 0 1 2 3 4

Das Kind liegt auf dem Rücken.

Ein schöner warmer Wind,	Mutter (Vater) streichelt sanft das Kind.
Der streichelt unser Kind.	
Die Ärmchen,	Streichelt sanft die Arme.
Die Beinchen,	Streichelt sanft die Beine.
Die Händchen,	Streichelt sanft die Hände.
Die Füßchen.	Streichelt sanft die Füße.
Ein schöner warmer Wind	Mutter (Vater) nimmt das Kind in den Arm,
Küsst jetzt unser Kind.	Gibt dem Kind ein Küsschen.

„Was machst denn Du“ 0 1 2 3 4 8

Das Kind liegt auf dem Rücken.

Was machst denn Du?	Mutter (Vater) bewegt langsam und sanft
Ärmchen auf …	die Arme des Kindes auseinander und zusammen.
Und Ärmchen zu.	
Ärmchen auf …	
Und Ärmchen zu.	
Was machst denn Du?	Mutter (Vater) bewegt langsam und sanft
Beinchen strampeln immer zu.	die Beine des Kindes.
Beinchen strampeln immer zu.	
Was mach denn ich?	Mutter (Vater) nimmt das Kind liebevoll in den Arm.
Ich knuddle Dich.	

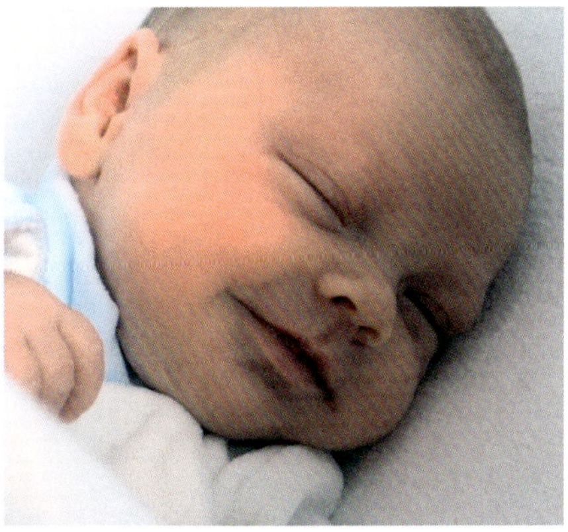

Zufrieden und wohlbehütet – Körperkontakt stärkt Körper und Seele.

„Klitzekleines Läuslein“ 0 1 2 3 4

Das Kind liegt auf dem Rücken.

Klitzekleines Läuslein,	Mutter (Vater) streicht mit den Händen von den Beinen des Kindes bis zum Bauch.
Kitzelt an dem Bäuchlein.	Mutter (Vater) kitzelt das Kind leicht am Bauch.
Hüpft ins Hemdchen	Mutter (Vater) macht mit den Fingern leichte Hüpfbewegungen auf dem Körper des Kindes.
Dann ganz stille …	
Killekillekille.	Das Kind wird liebevoll gekitzelt.

„Ärmchen, Beinchen, Händchen, Füßchen“ 0 1 2 3 4 8

Das Kind liegt auf dem Rücken.

Ärmchen auf und Ärmchen zu …	Mutter (Vater) umfasst die Arme des Kindes und bewegt sie sanft nach außen und zum Körper zurück.
Beinchen strampeln immerzu …	Mutter (Vater) umfasst die Beinchen des Kindes und ahmt sanft ein Strampeln der Beine nach.
Händchen winken hin und her …	Mutter (Vater) umfasst die Handgelenke des Kindes und bewegt sie sanft nach außen und innen.
Füßchen tanzen kreuz und quer …	Mutter (Vater) umfasst die Füße des Kindes und bewegt sie sanft hin und her.

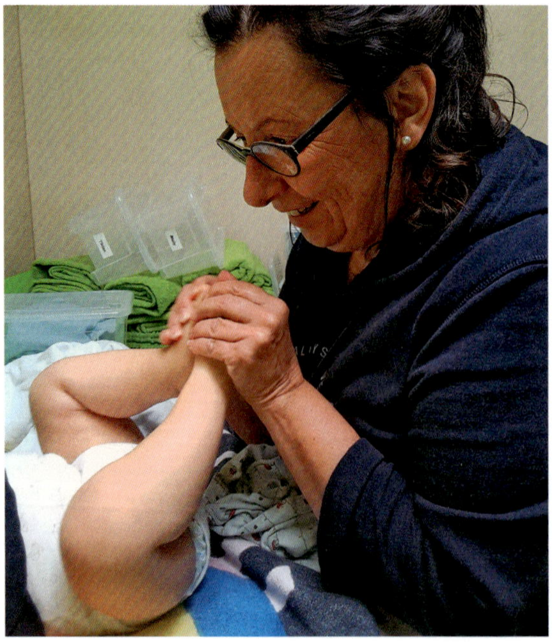

Liebevoller Haut- und Blickkontakt sind unbezahlbar.

„Lieber Gruß“ 0 1 2 3 4 5

Das Kind liegt auf dem Rücken.

Füßchen wandern, wandern	Mutter (Vater) bewegt sanft der Beine des Kindes.
Durch das schöne Land.	
Und ich streichle, streichle,	Mutter (Vater) streichelt sanft Arme und Hände des Kindes.
Deine kleine Hand.	
Uns're Augen schicken, schicken	Mutter (Vater) lächelt das Kind an.
sich einen lieben Gruß,	
Und ich gebe, gebe	Mutter (Vater) nimmt das Kind liebevoll in den Arm.
Dir einen süßen Kuss.	

„Eni, meni ...“ 0 1 2 3 8

Das Kind liegt auf dem Rücken.

Eni,	Rechter Arm und linkes Bein werden vorsichtig, sanft und liebevoll zueinander geführt.
Meni,	Linker Arm und rechtes Bein werden vorsichtig, sanft und liebevoll zueinander geführt.
Mause-	Die beiden Arme werden vorsichtig, sanft und liebevoll zueinander geführt.
Maus,	Die beiden Beine werden vorsichtig, sanft und liebevoll zueinander geführt.
Unser Schatz	Das Kind wird angelächelt.
Geht heute aus.	Das Kind wird auf den Arm genommen.

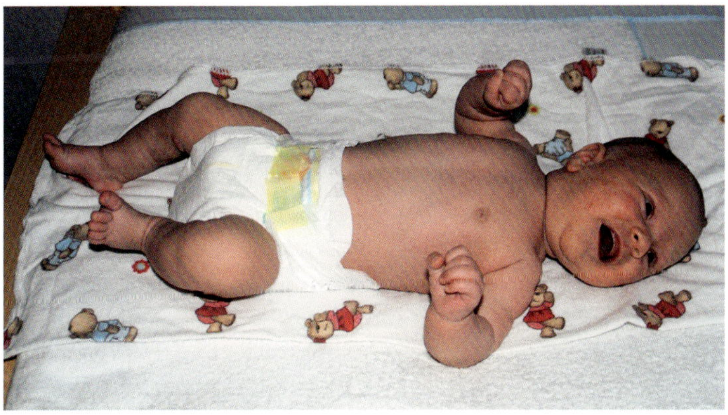

Spaß, Freude und Geborgenheit auf dem Wickeltisch.

„Strampelchen“ 0 1 2 3 8 9

Das Kind liegt auf dem Rücken.

Mein Kind (Name des Kindes), *Das hat kein Kleidchen (Höschen) an,* *Damit es besser strampeln kann.* *Es strampelt erst ganz zart,* *Denn Strampeln macht die Beine stark.*	Mutter (Vater) bewegt langsam und sanft die Beine des Kindes (Strampelbewegungen).
Mein Kind (Name des Kindes), *Das hat kein Kleidchen (Höschen) an,* *Damit es besser turnen kann.* *Es turnt nun fröhlich und ganz zart,* *Denn Turnen macht die Arme stark.*	Mutter (Vater) bewegt langsam und sanft beide Arme gleichzeitig in Richtung Bauch und zurück.

„Wer liegt auf dem Bauch und lacht“ 0 1 2 3 4 9

Das Kind liegt auf dem Rücken.

Ja, guck mal da *Ja, schau mal hier,*	Mutter (Vater) lächelt das Kind an.
Wer turnt denn heut' so schön mit mir ...	Mutter (Vater) dreht das Kind sanft in die Bauchlage.
Wer liegt jetzt auf dem Bauch und lacht. *Wer hat das denn so gut gemacht ...*	Mutter (Vater) lächelt das Kind in der Bauchlage an.
Das bist ja Du, mein Schätzelein, *Das bist ja Du mein Mäxelein.*	Mutter (Vater) nimmt das Kind liebevoll auf den Arm. (Name des Kindes einsetzen).

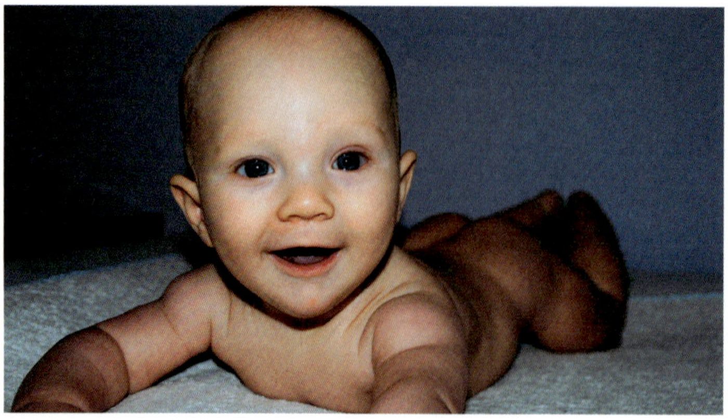

Spiele auf dem Wickeltisch fördern die motorische Entwicklung und lassen kleine „Turner“ strahlen.

„Meine Füßchen wollen laufen …“ ⓪①②③⑨

Das Kind liegt auf dem Rücken.

Füßchen laufen tripp – tripp – trapp,	Mutter (Vater) umfasst die Beinchen des Kindes
Berge hinauf und Berge hinab.	und ahmt sanft Laufbewegungen nach.
Füßchen wollen sich ausruh'n,	Die Bewegung wird beendet.
Wollen gar nichts mehr jetzt tun.	Das Kind wird angelächelt.
Mama (Papa) nimmt die Füßchen und das Kind	
In den Arm geschwind.	Das Kind wird liebevoll umarmt.

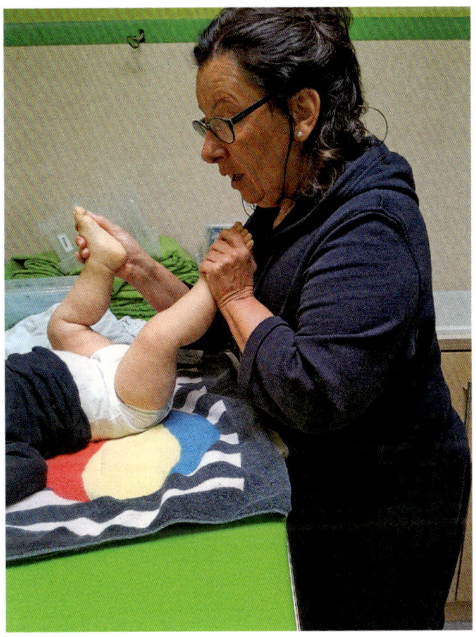

Sanfte Bewegungen, verbunden mit liebevoller Ansprache.

„Guten Morgen, mein Schätzchen“ ⓪①②③④

Das Kind liegt auf dem Rücken.

Ja, guten Morgen, mein Schätzchen.	Mutter (Vater) schaut das Kind liebevoll an.
Ja, guten Morgen, mein Spätzchen.	Mutter (Vater) streichelt das Kind liebevoll.
Bist Du jetzt aufgewacht,	Mutter (Vater) beginnt das Kind zu wickeln.
Hast Du die Äuglein aufgemacht.	Mutter (Vater) hält Blickkontakt zum Kind.
Lachst Du die Mama (den Papa) an,	Mutter (Vater) wickelt und lächelt dem Kind zu.
Dass sie Dich in den Arm nehmen kann.	Mutter (Vater) nimmt Kind liebevoll in den Arm.
Knuddel, knuddel, knuddel …	

„Willis Kitzelschnecke“[7] ⓿❶❷❸❹

Das Kind liegt auf dem Rücken.

Willis Schnecke, Willis Schnecke *Kriecht heut eine lange Strecke.* *Kriecht das Ärmchen rauf und runter,* *Wird das ganze Kind jetzt munter.*	Mutter (Vater) massiert sanft mit flacher Hand einen Arm vom Kind.
Willis Schnecke, Willis Schnecke *Kriecht heut eine lange Strecke.* *Kriecht das Ärmchen rauf und runter,* *Wird das ganze Kind jetzt munter.*	Mutter (Vater) massiert sanft mit flacher Hand den anderen Arm vom Kind.
Willis Schnecke, Willis Schnecke *Kriecht heut eine lange Strecke.* *Kriecht das Beinchen rauf und runter,* *Wird das ganze Kind jetzt munter*	Mutter (Vater) massiert sanft mit flacher Hand ein Bein vom Kind.
Willis Schnecke, Willis Schnecke *Kriecht heut eine lange Strecke.* *Kriecht das Beinchen rauf und runter,* *Wird das ganze Kind jetzt munter.*	Mutter (Vater) massiert sanft mit flacher Hand das andere Bein vom Kind.
Willis Schnecke, Willis Schnecke *Kriecht jetzt hin zum Bauch,* *Kitzelt ihn,* *Da lacht das Kind – das sieht man auch.*	Mutter (Vater) massiert sanft mit flacher Hand den Bauch des Kindes (im Uhrzeigersinn). Mutter (Vater) kitzelt das Kind leicht und nimmt es liebevoll in den Arm.

---

[7] *Zwerg Willibald, Akteur im Kita Kalender „Von Anfang an im Gleichgewicht“ (sowie im Beobachtungsspiel „Kita und Schule – ein starkes Team“ und im sensomotorischen Förderprogramm „Ich wär' jetzt mal 'ne Fledermaus“), hat inzwischen in vielen Kitas Einzug gehalten. Auch die Kleinsten kennen ihn schon. Mit seiner Freundin, der Schnecke besucht er die Kinder immer am Montag in der Kita.*

„Juchu! Tschutschu!“ 0 1 2 3 4 6

Das Kind liegt auf dem Rücken.

Wer bist denn Du?	Mutter (Vater) küsst die rechte Fußsohle.
Ich bin Juchhu!	Mutter (Vater) schüttelt sanft das rechte Bein.
Und wer bist Du?	Mutter (Vater) küsst die linke Fußsohle.
Ich bin Tschutschu!	Mutter (Vater) schüttelt sanft das linke Bein.
Ich bin das Füßchen „Strample heut“.	Mutter (Vater) umfasst sanft das rechte Bein.
Ich bin das Füßchen „Hab viel Freud“.	Mutter (Vater) umfasst sanft das linke Bein.
„Strample heut“ und „Hab viel Freud“	
Treffen ihre Freunde.	Mutter (Vater) umfasst die Arme.
Hüpfen um die Ecke,	Mutter (Vater) bewegt die Arme auf und nieder.
Kriechen wie die Schnecke.	Mutter (Vater) massiert mit flachen Händen die Arme.
Sagen „Tschüß – Auf Wiederseh'n“	Mutter (Vater) küsst Arme und Beine des Kindes
Wollen jetzt nach Hause geh'n.	und nimmt das Kind in den Arm.

Bewegung macht neugierig auf Neues ...

„Drück mich ...“ ⓿❶❷❸❹❺❻

Das Kind liegt auf dem Rücken.

Die Füßchen sagen „Drück mich!“	Mutter (Vater) massiert die Füße sanft.
Die Beinchen sagen „Reib mich!“	Mutter (Vater) massiert die Beine sanft.
Die Händchen sagen „Klatsch mich!“	Mutter (Vater) führt die Hände zum leichten Händeklatschen zusammen.
Die Arme sagen „Patsch mich!“	Mutter (Vater) klopft die Arme sanft ab.
Das Köpfchen sagt „Streichel mich!“	Mutter (Vater) streichelt sanft das Gesicht des Kindes.
Mein Mündchen sagt “Küss mich!“	Mutter (Vater) gibt dem Kind einen Kuss.
Mama (Papa) ruft „Ich liebe Dich!“	Mutter (Vater) nimmt das Kind liebevoll in den Arm.

Liebevolle Blick- und Körperkontakte auf dem Wickeltisch stärken die emotionale, soziale und kognitive Entwicklung des Kindes.

„Schmusespiel“ 0 1 2 3 4 5 6

Das Kind liegt auf dem Rücken.

Wickel wackel, weh,	Mutter (Vater) bewegt sanft beide großen Zehen.
Hier tanzt der große Zeh.	
Tanzt fröhlich bis zum Schluss,	
Drum kriegt er einen Kuss.	Mutter (Vater) küsst sanft den rechten und den linken großen Zeh.
Wickel wackel, wüßchen,	Mutter (Vater) bewegt sanft beide Füße des Kindes.
Hier tanzt das kleine Füßchen.	
Tanzt fröhlich bis zum Schluss,	
Drum kriegt es einen Kuss.	Mutter (Vater) küsst sanft den rechten und den linken Fuß des Kindes.
Wickel wackel, weinchen,	Mutter (Vater) bewegt sanft beide Beine des Kindes.
Hier tanzen beide Beinchen.	
Tanzen fröhlich bis zum Schluss,	
Drum kriegen sie ’nen Kuss.	Mutter (Vater) küsst sanft das rechte und das linke Bein des Kindes.
Wickel wackel, wändchen,	Mutter (Vater) bewegt sanft beide Hände des Kindes.
Hier tanzen beide Händchen.	
Tanzen fröhlich bis zum Schluss,	
Drum kriegen sie ’nen Kuss.	Mutter (Vater) küsst sanft die rechte und die linke Hand des Kindes.
Wickel wackel, wäuchlein,	Mutter (Vater) kitzelt sanft den Bauch des Kindes.
Ich kitzle dich am Bäuchlein,	
Und fröhlich dann zum Schluss,	
Geb ich Dir einen Kuss.	Mutter (Vater) küsst sanft den Bauch des Kindes.

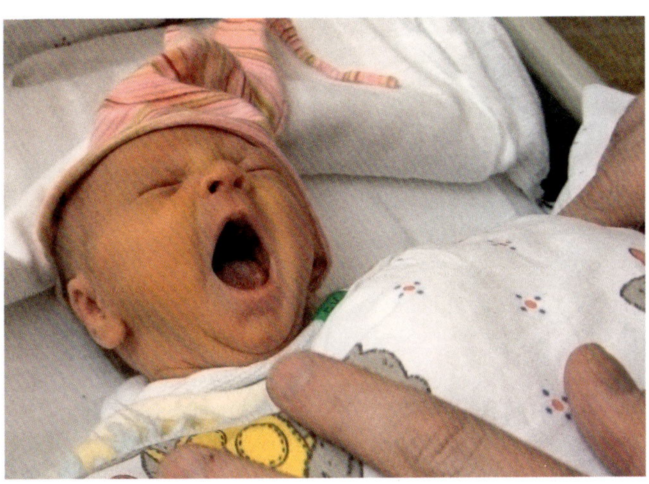

Liebevoller „Bildungsarbeit“ macht zufrieden und entspannt.

„Meine lieben Zehen“ 0 1 2 3 4 6

Das Kind liegt auf dem Rücken.

Wen ich da seh', *Es ist der große Zeh.*	Mutter (Vater) berührt und streichelt sanft den großen Zeh.
Ich sag ihm guten Tag – juchhe!	Gibt ein Küsschen auf den großen Zeh.
Wen ich da seh, *Es ist der zweite Zeh.*	Mutter (Vater) berührt und streichelt sanft den zweiten Zeh.
Ich sag ihm guten Tag – juchhe!	Gibt ein Küsschen auf den zweiten Zeh.
Wen ich da seh, *Es ist der dritte Zeh.*	Mutter (Vater) berührt und streichelt sanft den dritten Zeh.
Ich sag ihm guten Tag – juchhe!	Gibt ein Küsschen auf den dritten Zeh.
Wen ich da seh, *Es ist der vierte Zeh.*	Mutter (Vater) berührt und streichelt sanft den vierten Zeh.
Ich sag ihm guten Tag – juchhe!	Gibt ein Küsschen auf den vierten Zeh.
Wen ich da seh, *Es ist der kleine Zeh.*	Mutter (Vater) berührt und streichelt sanft den kleinen Zeh.
Ich sag ihm guten Tag – juchhe!	Gibt ein Küsschen auf den kleinen Zeh.
Wen ich da seh, *Es ist mein liebes Kind.* *Ich nehm es in den Arm geschwind.*	Mutter (Vater) nimmt das Kind in den Arm und küsst das Kind.

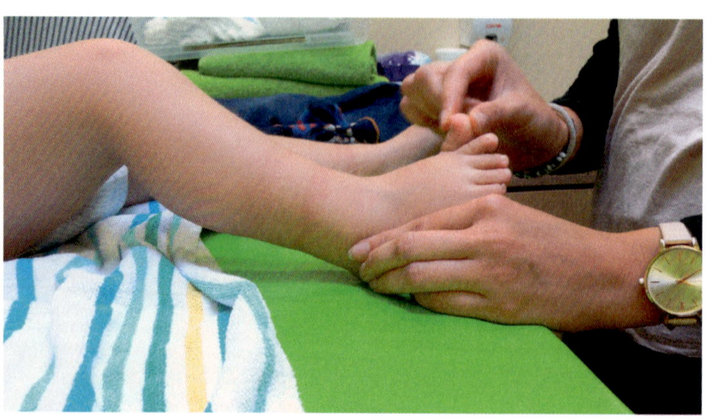

Wen ich da seh, es ist der große Zeh. Ich sag ihm „Guten Tag – Juchhe!“

1.1.1 Hintergründe zu den Wickeltisch-Spielen

Bereits in der Schwangerschaft werden erste Weichen für die Entwicklung eines Kindes gestellt. Schon im Mutterleib nimmt das Gehirn Informationen auf und verarbeitet diese.
Das Ungeborene erfährt vielfältige Reize – Erfahrungen, die im Gehirn gespeichert werden.
In der embryonalen Entwicklung reagiert und funktioniert der Berührungssinn (Taktilität) als einer der ersten Wahrnehmungssysteme.
Bereits vorgeburtlich stehen Haut, Nervensystem und Gehirn in enger Verbindung, denn sie entstehen aus dem gleichen Keimblatt, dem sogenannten Ektoderm. Diese Verbindung verdeutlicht, dass die Stimulation der Haut direkten Einfluss auf die Entwicklung des Nervensystems[8] und des Gehirns hat.
Das taktile Sinnessystem ist das vielfältigste und flächenmäßig größte Sinnessystem des Menschen. Unsere Haut umhüllt und schützt uns. Sie hat Rezeptoren für Druck und Bewegung, für Wärme und Kälte sowie für Schmerz.
Das taktile Sinnessystem ist schon ein wichtiges Kommunikationssystem des Ungeborenen. Vorgeburtlich erhält der Fötus vielfältige Hautreize durch die Bewegungen der Mutter.
Während der Geburt stimuliert die Kontraktion des Uterus kräftig die Haut des Fötus. Nie wieder im weiteren Leben wird es solche intensiven Reize des taktilen Sinnessystems geben.
Mit der Geburt beginnt der Weg weiterer spannender Entwicklungsschritte. Das Neugeborene erlebt die Welt außerhalb des Mutterleibs mit allen Sinnen. Es erkennt die Mutter an ihrer Berührung, an ihrer Stimme, an ihrem Geruch.
Der erste intensive Hautkontakt mit der Mutter[9] nach der Geburt ist das sogenannte Bonding. Es ist von großer Bedeutung, denn dieser Hautkontakt[10] verleiht dem Neugeborenen Wärme, Geborgenheit und Sicherheit. Es entsteht eine körperliche und emotionale Verbindung zwischen Mutter und Neugeborenem, eine Verbindung, die das Kind in seiner weiteren Entwicklung unterstützt.
Hautkontakt und liebevolle Ansprache der Mutter bei der Geburt stabilisieren den kindlichen Kreislauf, die kindliche Atmung und den kindlichen Blutdruck. Stresshormone bei Mutter und Kind werden reduziert, der natürliche Wärmehaushalt des Babys wird unterstützt[11].
Schon lange ist bekannt, wie wichtig Hautkontakt auch in der folgenden Entwicklungszeit für den Säugling ist[12]

Positiver Haut- und Körperkontakt

- vermittelt Liebe, Geborgenheit und das Gefühl angenommen zu werden
- bereichert die Beziehung von Eltern (Beziehungsperson) und Kind
- ermöglicht eine schnellere Entwicklung bei Frühgeborenen
- verringert die Aggressionsbereitschaft[13]
- steht mit der Entwicklung der Sprache in Zusammenhang[14]
- erhöht die Aufmerksamkeit
- schafft die Grundlagen für Vertrauen und Resilienz (seelische Widerstandskraft)
- unterstützt die Ausreifung frühkindlicher Reflexe (Saug- und Suchreflex, Palmar-Reflex[15], plantar-Reflex[16], Moro-Reflex[17])
- fördert die Intelligenz, unterstützt die körperliche und seelische Gesundheit

---

[8] *Das Nervensystem wird in Zentralnervensystem (ZNS) und peripheres Nervensystem (PNS) unterteilt. Zum ZNS zählen Gehirn und Rückenmark.*
[9] *Bei Kaiserschnitt kann auch der Vater das Kind liebevoll durch Körperkontakt in Empfang nehmen.*
[10] *Viele Hebammen raten Eltern, den unmittelbaren Hautkontakt nach der Geburt bis zu einer Stunde lang zu ermöglichen.*
[11] *Ein versäumtes Bonding kann später durch ein Re-Bonding nachgeholt werden.*
[12] *Hautkontakt ist insbesondere auch für Frühgeborene wichtig.*
[13] *Hannaford, C. 1996, S. 49*
[14] *Leboyer 1981 Geburt ohne Gewalt Kösel, München*
[15] *Palmar-Reflex: Handgreifreflex*
[16] *Plantar-Reflex. Fußgreifreflex*
[17] *Moro-Reflex: Der Moro-Reflex bereitet das Nervensystem auf lebensbedrohliche Situationen vor.*

Wichtig ist zu betonen, dass Haut- und Körperkontakt ein Leben lang für Menschen jedes Alters wichtig sind – und, dass versäumte Haut- und Körperkontakte, die evtl. durch eine Geburt, bei der das Bonding aus medizinischen Gründen nicht stattfinden konnte, nachholbar sind!
Dies ist auch ein wichtiger Hinweis für Adoptiv- oder Pflegeeltern, die nicht die Möglichkeit hatten, diese Phase mit ihrem Kind zu erleben.

1.1.2 Infos zum Bildungsbaustein „Taktiles Sinnessystem"

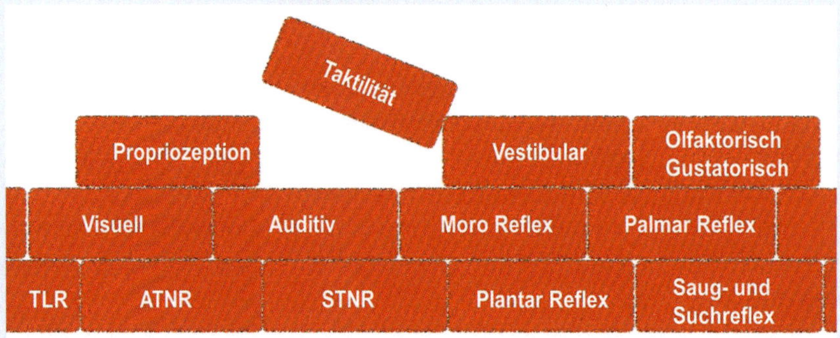

Die menschliche Haut ist ein lebenswichtiges und hochspezialisiertes Organ.
Sie ist das größte und vielfältigste Organ des Menschen und muss vielen Aufgaben gerecht werden.
Die Haut

- liefert wichtige Informationen über die eigene Person.
- vermittelt wichtige Informationen aus der Umwelt.
- ist ein wichtiger Gleichgewichtsfühler.
- hält alle Teile des Körpers zusammen.
- schützt den Körper vor Austrocknung.
- reguliert die Körpertemperatur (Schweißdrüsenproduktion).
- bildet einen Schutz vor Eindringen von Keimen, Schmutz und Wasser.

Um ihren Aufgaben gerecht zu werden, ist die menschliche Haut (Cutis) in mehreren Schichten aufgebaut.
Die **Oberhaut** (Epidermis) – die äußerste Schicht der Haut – besteht aus fünf unterschiedlichen Schichten. Sie bildet einen dichten Zellverband gegenüber der Außenwelt und erfüllt dadurch eine wichtige Schutzfunktion. Der oberste Anteil der Oberhaut besteht aus einer Hornschicht, der je nach Körperstelle verschieden dick sein kann (an den Fußsohlen bis zu 2 mm dick, im Bereich der Augenlider ca. 0,05 mm).
Zur Erhaltung wird die oberste Zellschicht der gesamten Körperoberfläche etwa alle vier Wochen ausgetauscht.
Die **Lederhaut** (Corium) ist eine elastische Hautschicht, die aus zwei Schichten aufgebaut ist. Dort befinden sich Rezeptoren für Wärme, Kälte und der Tastsinn.
Die **Unterhaut** (Subcutis) besteht aus Bindegewebe, in das kleine Fettpolster eingelagert sind.
Die menschliche Haut verfügt über unzählige Fühler, um Berührungen zu empfinden und um die Empfindungen ans Gehirn weiterzuleiten.
Tastrezeptoren
Meissner-Tastkörperchen reagieren sensibel auf Berührung. Sie befinden sich z. B. an Fingerkuppen, an Lippen, an der Zungenspitze.
Merkel-Tastrezeptoren befinden sich vielfältig auf der Oberhaut. Sie reagieren auf einfachen, langanhaltenden, gleichbleibenden Druck.

Druckrezeptoren
Ruffini-Körperchen befinden sich im tiefen Bereich der Lederhaut. Sie reagieren auf schnelle Druck-Reize stärker als auf langsame Drucksteigerung.
Vibrationsrezeptoren
Vater-Pacini-Körperchen befindet sich im Unterhautfettgewebe, in inneren Organen, in Muskeln und Gelenken. Sie reagieren sensibel auf Änderung von Richtung und Geschwindigkeit eines Reizes.
Temperaturrezeptoren
Sie informieren den Körper durchgehend über die Temperatur des Körpers.
Schmerzrezeptoren
nehmen mechanische, chemische Reize sowie Temperaturen unter 10 und über 45 Grad Celsius wahr.

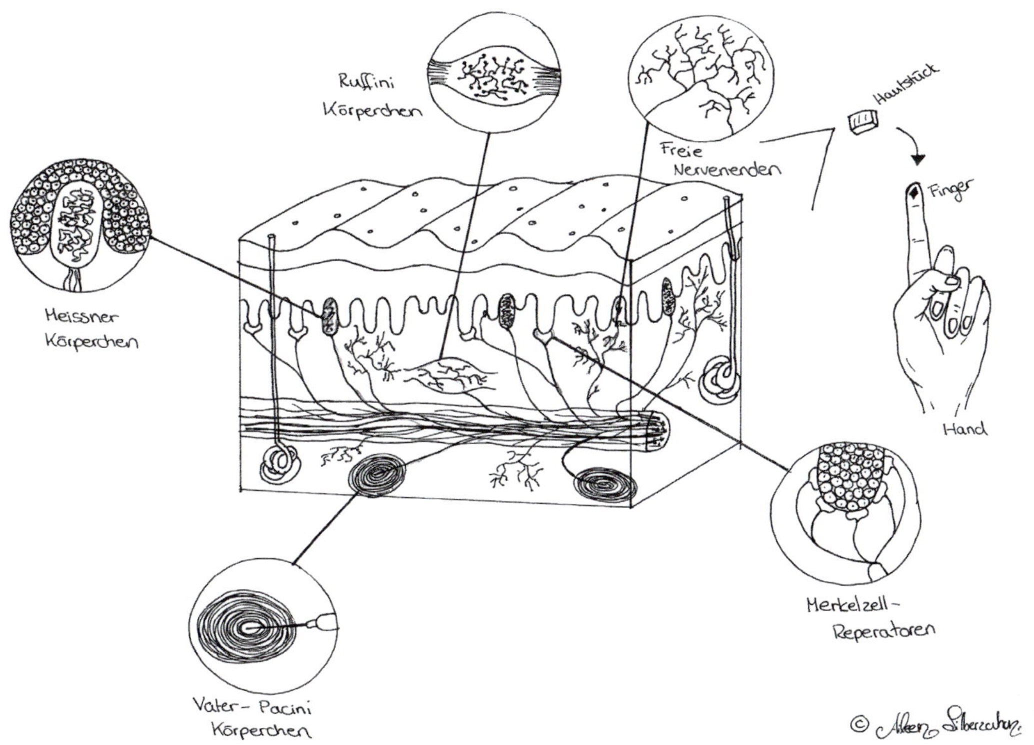

Die Bewegungsfühler der Haut werden als Mechanorezeptoren bezeichnet, sie messen Reize wie Zug und Druck auf die Haut, Dehnung der Haut, Bewegung der Haut, Geschwindigkeit einer Bewegung. [18]

[18] *Zeichnung Aileen Silberzahn, entnommen aus: Beigel, D., Silberzahn, J.: Entdecken Sie Ihr Gleichgewicht. verlag modernes lernen. Dortmund. Seite 20*

1.1.3 Spiele und Informationen zur Unterstützung der Taktilität

Zusätzliche Spiele und Informationen zum taktilen Sinnessystem finden Interessierte in ***Kapitel 1–4 dieses Buches*** *und in folgenden Büchern*

„Von Anfang an im Gleichgewicht“
(U3 bis 8 Jahre)
Begleitbuch
Schnecke – klatsch, klatsch, klatsch, Seite 74
Hallo Floh, Seite 75
Käferlein, Käferlein, Seite 75
Die Uhus schau'n, die Uhus seh'n, Seite 75
Da ist der Has ..., Seite 75
Daumen rein, Daumen raus ..., Seite 76
Ach, wie sieht's denn draußen aus, Seite 78

„Bildung kommt ins Gleichgewicht“
(Klasse 1 bis Klasse 13)
Kalender, Übungen, Stufe 1–5

„Kita und Schule – ein starkes Team“
(4 bis 8 Jahre)
Willis Kinderturm, Seite 80
Eine kleine Zwergenmaus, Seite 83
Ich habe einen Teddybär ..., Seite 83
Willis Ballschule, Seite 84
Willis Geheimcode, Seite 95

„Ich wär jetzt mal 'ne Fledermaus“
(3 bis 10 Jahre)
Geschichten mit Heidi Hand und Hansi Hand, den Spinnen aus dem Zwillingsland
Die Reise durch das Spinnenland, Seite 48
Die Reise zum Spinnen-See, Seite 50
Die Reise zum Kletterfelsen, Seite 52
Die Reise zum Spinnen-Tanzfest, Seite 54
Die Reise zum Blätterbaum, Seite 57
Das Picknick, Seite 59
Geschichten mit den Tausendfüßlern Fritzchen und Marleen, die so gerne barfuß geh'n
Die Wanderung zum Ganzfuß-Berg, Seite 68
Die Wanderung zum Fersen-Berg, Seite 70
Die Wanderung zum Zehenspitzen-Berg, Seite 73
Die Wanderung zum Außenkanten-Berg, Seite 75
Auf dem Tausendfüßler-Spielplatz, Seite 77
Im Tierpark, Seite 79
Tausendfüßler-Füße-Fest, Seite 81
Die Reise durch das Spinnen-Tausendfüßler Land, Seite 83
Die Reise zum Spinnen-See, Seite 85
Das gemeinsame Picknick, Seite 87
Geschichten mit Freddy, der frechen Fledermaus und Mia, der munteren Musikmücke
Mia und Freddy machen ein Klatschspiel, Seite 124
Spiele zum Kennenlernen des Körpers
Ritchie, der keine Ringelwurm ..., Seite 188
Spinnen Daumen auf und ab, Seite 190
Spinnenkinder, tipp, tipp, tapp, Seite 191
Flügel ein, Flügel aus ..., Seite 192

„Beweg dich, Schule!“
(Vorklasse bis Klasse 13)
Schwerpunkt Mathematik
Rückengespräch, Seite 94
Rechnen mit dem Körper, Seite 95
Mathematische Partyspiele, Seite 99
1×1-Klatschen, Seite 102
1×1-Partnerklatschen, Seite 104
1×1-Massage, Seite 109
Schätzen, messen ..., Seite 105
Zahlen raten mit Handdruck, Seite 121
Schwerpunkt Deutsch
Oma besuchen, Seite 127
Blindes Worte schreiben, Seite 129
Fotografieren, Seite 131
Faxgerät, Seite 133
Erwischen, Seite 151
Blindenführer, Seite 153
Schwerpunkt Fächerübergreifende Spiele
Rückenmassage, Seite 171
Rückentafel, Seite 173
Mini-Sportbewegungen und Mini-Entspannungsübungen
Hausputz, Seite 186
Käferkrabbeln, Seite 197
Regentropfen, Seite 202
Fingergymnastik, Seite 243
Kleine Bewegungspausen
Affenstark, Seite 240
Schere, Stein, Papier, Seite 244
Zehn Messer ..., Seite 244
Fingerolympiade 1, Seite 250
Fingerolympiade 2, Seite 251
Buckelrutschen, Seite 252
Tafelputzen, Seite 252
Pizza backen, Seite 252
Gartenarbeit, Seite 252
Wetterkarte, Seite 252

Rückengespräch, Seite 253
Body-Percussion, Seite 259
Gähnparty, Seite 260
Ohrmassage, Seite 260
Klatsch- und Fingerspiele
Steigt der Peter, Seite 267
Fünf Gespenster, Seite 267
Da kommt der Bär, Seite 267
Larifari, Seite 268

„Was ist los in meinem Kopf?" (5 bis 12 Jahre)
Echo-Spiel, Seite 27
Supermann, Seite 29
Klatschspiel, Seite 30
Bewegung tut gut, Seite 31

Zusätzliche fachliche Informationen zum taktilen Sinnessystem finden Interessierte in:
Flügel und Wurzeln, Kapitel 2.1
Beweg dich, Schule! Kapitel 1.1.3, Seite 21 ff.
Entdecken Sie Ihr Gleichgewicht, Kapitel 2.1

1.2 Körperspiele auf und vor dem Wickeltisch[19] – Kniereiter und kleine Tänzchen

Kniereiter sind kleine Bewegungsspiele, bei denen das Baby oder das Kleinkind auf dem Schoß der Eltern (Bezugsperson) sitzt. Bei den Kniereiterspielen kommt es zu einer intensiven Eltern-Kind-Interaktion.
Babys und Kleinkinder lieben Kniereiter, Bewegungsspiele und kleine Tänzchen, da die Spiele das Gefühl nach Geborgenheit unterstützen und wohltuende Wahrnehmungserfahrungen vermitteln. Ergänzend zur taktil-propriozeptiven[20] Erfahrung trainieren die Spiele das gesamte Gleichgewichtssystem und fördern die Sprachentwicklung.

Kinder genießen Bewegungsangebote, die das Gleichgewichtssystem stimulieren. Leichtes Wiegen, liebevolles Getragenwerden, sanfte Dreh- und Rollbewegungen beruhigen und wirken wohltuend. Lustvolle Gleichgewichtsstimulationen wie Schaukeln, Schwingen, Wippen, Hopsen, Kullern ... verschaffen freudige Aufmerksamkeit und wirken anregend.
Das wichtige Gleichgewichtssystem, das so eng mit Lernen, Leisten und Verhalten verbunden ist, kann – von Beginn des menschlichen Lebens an – über Bewegung, über rhythmische und musikalische Anreize gepflegt und gefördert werden.
Krabbeltänze und Kniereiter fördern die kindliche Bewegungs- und Wahrnehmungsentwicklung. Sie schulen Gleichgewicht, Hör- und die Sehwahrnehmung, Rhythmusgefühl und Konzentrationsfähigkeit des Kindes. Sie regen die Kommunikation an und vertiefen die Bindung zwischen Eltern und Kind.

[19] *Texte und Spielideen: Dorothea Beigel*

[20] *Taktil-propriozeptiv: Die Haut, Muskeln und Gelenke betreffend.*

„Leckeres Rosinenbrot“ ⓿❶❷❸❹

Die Mutter (der Vater) liegt auf dem Rücken. Die Beine werden leicht angezogen, die Füße aufgestellt. Das Kind liegt bäuchlings auf Mutter (Vater). Die Mutter (der Vater) schaut das Kind an und hält es gut fest.

Teig rollen ...	Mutter (Vater) rollt sich mit dem Kind mehrmals sanft zu einer, dann zur anderen Seite.
Butter aufstreichen ...	Mutter (Vater) streicht dem Kind sanft über den Rücken.
Rosinen dazugeben ...	Mutter (Vater) drückt mit leichten Fingerdruck auf den Rücken des Kindes.
Stückchen schneiden ...	Mutter (Vater) zieht mit der Hand mehrmals quer über den Rücken des Kindes.
In den Ofen stellen ...	Das Kind wird fest in den Arm geschlossen.
Probieren – hm ... lecker!	Das Kind wird liebkost und geküsst.

„In dem Lande Sonnenschein“ ⓿❶❷❸❹❽

Die Mutter (der Vater) liegt auf dem Rücken. Die Beine werden angezogen, die Füße aufgestellt.
Das Kind liegt bäuchlings auf den Knien, es wird gut festgehalten.
Mit Beginn des Spruchs hebt die Mutter (der Vater) die Unterschenkel in die Höhe, sodass das Kind bequem auf den unteren Beinen liegt.

In dem Lande Sonnenschein	
Fliegt ein kleines Vögelein.	Das Kind ruht auf den Unterschenkeln der Mutter (des Vaters). Die Mutter (der Vater) lächelt das Kind an.
Kommt der Wind ... oho	
Flattert unser Vöglein ... so!	Die Mutter (der Vater) bewegt die angezogenen Beine leicht hin und her.
Kommt der Regen, trippel-trapp,	
Setze ich mein Vöglein ab.	Die Beine werden abgestellt, das Kind rutscht an den Unterschenkeln ab (dabei wird es weiter gut festgehalten).

„Hopp, hopp, Häschen“ 0 1 2 3 4 9

Das Kind sitzt auf den Knien der Mutter (des Vaters). Es wird gut festgehalten.

Hopp, hopp Häschen,	Das Kind wird im Rhythmus des Verses auf den Knien auf und ab gewippt.
Ich kitzle Dich am Näschen.	Die Bewegung wird gestoppt und das Kind wird leicht an der Nase gekitzelt.
Hoppeln auf und nieder.	Das Kind wird im Rhythmus des Verses auf den Knien auf und ab gewippt.
Immer, immer wieder.	

„Schaukel, schaukel, Pferdchen“ 0 1 2 3 4 9

Das Kind sitzt auf dem Schoß der Mutter (des Vaters). Es wird gut festgehalten.

Schaukel, schaukel Pferdchen,	Das Kind wird m Rhythmus des Verses sanft nach vorn und hinten geschaukelt.
Ich male Dir ein Bärtchen.	Die Bewegung wird gestoppt und das Kind wird von Wange zu Wange gestreichelt (Bärtchen gemalt).
Vor, zurück und vor, zurück,	
Pferdchen reitet noch ein Stück.	Das Kind wird im Rhythmus des Verses sanft nach vorn und hinten geschaukelt.

Kniereiterspiele machen Spaß. Sie fördern gleichermaßen die Emotional-Sozialentwicklung wie die Wahrnehmungs-, Bewegungs- und Sprachentwicklung.

„Wiege, wiege Hündchen“ ⓪❶❷❸❹❽

Das Kind sitzt auf dem Schoß der Mutter (des Vaters). Es wird gut festgehalten.

Wiege, wiege Hündchen,	Das Kind im Rhythmus des Verses sanft von einer Seite zur anderen wiegen.
Ich küsse jetzt Dein Mündchen.	Die Bewegung stoppen und dem Kind ein Küsschen geben.
Hin und her, hin und her,	
Das mag mein Hündchen sehr.	Das Kind im Rhythmus des Verses sanft von einer Seite zur anderen wiegen.

„Kniereiter-Singspiel“ ⓪❶❷❸❹❽

Das Kind sitzt auf dem Schoß der Mutter (des Vaters). Es wird gut festgehalten.
Die Mutter (der Vater) umfasst das Kind und wiegt es sanft im Rhythmus zu den Seiten hin und her.
Dabei wird der Text nach der Melodie „Alle meine Entchen“ gesungen.

Unser kleiner/unsre kleine ... (Name des Kindes einsetzen.)

Mag das wirklich sehr,

Mag das wirklich sehr,

Schaukelt mit der Mama (mit dem Papa)

Immer hin und her.

Alternative
Die Mutter (der Vater) wiegt das Kind sanft im Rhythmus nach vorn und zurück.

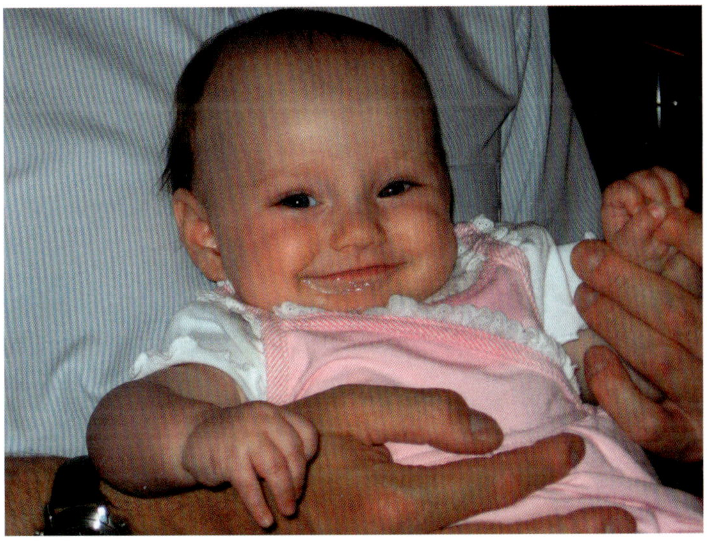

Spielen, singen und bewegen ... das macht Spaß und ist „entwicklungsfördernd“.

„Drehe, drehe, Schätzchen“ 0 1 2 3 4 7 8 9

Mutter (Vater) sitzt auf einem Drehstuhl oder auf einem Hocker. Das Kind sitzt auf dem Schoß. Das Kind wird gut festgehalten.
Alternativ ist das Spiel auch möglich, wenn die Eltern sich im Stehen mit dem Kind drehen. Das Kind wird auf dem Arm gehalten.

Drehe, drehe Schätzchen,	
Wir sind zwei kleine Kätzchen.	Die Mutter (der Vater) dreht sich sanft – im Rhythmus des Verses – mit dem Kind auf dem Schoß im Kreis herum.
Miau, miau	Die Bewegung stoppen. Mutter (Vater) und Kind sehen sich an und miauen.
Wir schnurren und wir spielen fein	
Und wollen gute Freunde sein.	Die Mutter (der Vater) dreht sich sanft – im Rhythmus des Verses – mit dem Kind auf dem Schoß zur anderen Seite im Kreis herum.
Miau, miau!	Mutter (Vater) und Kind nehmen sich liebevoll in den Arm.

„Bienchen, Bienchen summ herum“ 0 1 2 3 4 5 6 8 9

Das Kind ist auf Mamas (Papas) Arm.
Alternativ: Die Mutter (der Vater) und das Kind fassen sich an und tanzen gemeinsam durch den Raum.

Bienchen, Bienchen summ herum,

Tanz durch' s Zimmer summ, summ, summ …

Fliege hin und fliege her,

Bienchens Tänzchen mag ich sehr.

Alternative für Kinder, die die Freunde von Zwerg Willibald schon kennen:

Babsi-Bienchen[21] *summ herum.*

Tanz durch' s Zimmer summ, summ, summ

Fliege hin und fliege her,

Babsis Tänzchen mag ich sehr.

Erstes Tänzchen mit Papa.

---

[21] *Zwerg Willibald, Akteur im sensomotorischen Förderprogramm „Ich wär' jetzt mal 'ne Fledermaus“ (sowie im Kita Kalender „Von Anfang an im Gleichgewicht“ und im Beobachtungsspiel „Kita und Schule – ein starkes Team“), hat inzwischen in vielen Kitas Einzug gehalten. Auch die Kleinsten kennen ihn schon. Mit seiner Freundin, Babsie, der Ball-Biene turnt er vielfach in der Kita.*

„Komm wir wollen tanzen geh'n“ *(Abb. unten links)* 0 1 2 3 4 5 6 8 9

Das Kind ist auf Mamas (Papas) Arm.
Alternativ fasst die Mutter (der Vater) das Kind an und sie tanzen gemeinsam durch den Raum.

Komm wir wollen tanzen geh'n,	
Woll'n uns die Augen seh'n.	Die Mutter (der Vater) tanzt mit dem Kind durch den Raum.
Stampf, stampf, stampf.	Die Mutter (der Vater) bleibt stehen und stampft mit den Füßen auf der Stelle.
Wollen spielen, wollen lachen	
Und ganz wilde Sachen machen.	Die Mutter (der Vater) tanzt mit dem Kind durch den Raum.
Stampf, stampf, stampf.	Die Mutter (der Vater) bleibt stehen und stampft mit den Füßen auf der Stelle.
Wollen toben, wollen schneller dreh'n	
Und uns in die Arme nehm.	Die Mutter (der Vater) tanzt mit dem Kind durch den Raum.
Stampf, stampf, stampf.	Die Mutter (der Vater) bleibt stehen, umarmt das Kind noch fester und stampft auf der Stelle.

„Krabbel-Rock“ *(Abb. unten rechts)* 0 1 2 3 5 8 9

Kribbel, krabbel	Mutter (Vater) und Kind krabbeln durch den Raum.
Durch das Zimmer …	
Krabbeln, das gefällt uns immer …	
Kribbel, krabbel – das macht Bock.	
Baby-Mama-Krabbel-Rock.	Beim Wort „Baby“ wird der Name des Kindes eingesetzt.

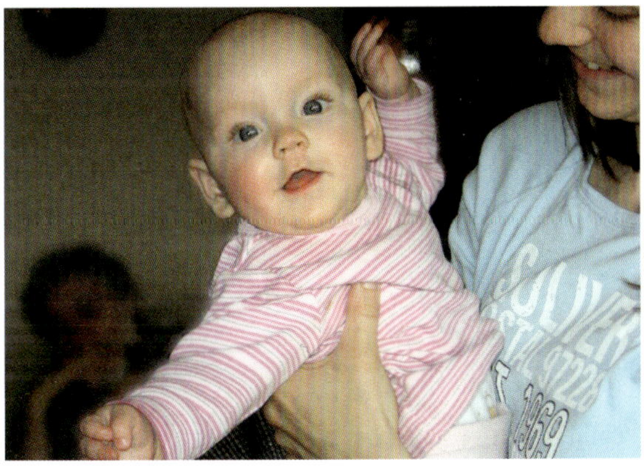

Auf Mamas Arm machen alle Spiele Spaß.

Krabbeln unterstützt die Entwicklung des Kindes.

Weitere Spiele für die Kleinen finden Sie in Kapitel 2 dieses Buches

Zusätzliche Eltern-Kind-Spiele für die U3-Jährigen finden Sie auch in Kapitel 3 dieses Buches

- „Im Grase kriecht die kleine Schnecke ..."
- „Was machen Willis Freunde bei Regen?"
- „Kommt Willis Uhu geflogen"
- „Punkt, Punkt ...!"
- „Willis Freunde haben Spaß"
- „Hier sitzt der kleine Hase"
- „In Willis Häuschen"
- Fingerspiel „Wie hoppeln Willis Hasen?!"
- Bewegungsspiel „Wie hoppeln Willis Hasen?!"
- „Hallo Fuß"
- „Hasen-Massage"

Spiele mit dem Gleichgewicht machen Kopf und Körper fit! Spiele mit dem Gleichgewicht wirken sich positiv auf die emotionale und kognitive Entwicklung des Kindes aus. [22]

1.2.1 Hintergründe zu den Praxisangeboten

Das Vestibularsystem[23], entwickelt sich als eines der ersten Sinnessysteme.
Das Ungeborene nimmt schon in einem äußerst frühen Entwicklungsstadium Schwingungen, Drehungen und Beschleunigungen über das Gleichgewichtsorgan wahr, die durch Körperbewegungen, aber auch durch die Atmung, den Herzschlag und die Verdauung der Mutter erzeugt werden. Die dadurch entstehenden elektrischen Signale erreichen wichtige Gebiete des sich entwickelnden Gehirns.
Der äußerst frühzeitige Beginn und die schnelle Entwicklung des Vestibularsystems bekräftigen die Annahme, dass sich das System auf lebensnotwendige Aufgaben vorzubereiten hat.
Die allmähliche Reifung des Vestibularsystems ist mit der motorischen Entwicklung des Kindes eng verbunden. Vom ersten Anheben des Kopfes über das Abstützen, Kriechen, Krabbeln, Hochziehen bis zum Stehen, Gehen und Hüpfen ... verfolgt die motorische Entwicklung das Ziel, die Schwerkraft zu überwinden. Das Gleichgewicht reagiert auf die sich ständig erweiternden Bewegungsvarianten und Bewegungsbedürfnisse des Heranwachsenden.
Eine Vielzahl von frühkindlichen Reflexen sowie Halte- und Stellreaktionen stehen mit dem Vestibularsystem in engster Verbindung. Ihre Reifung und Integration ist von dem Einfluss des Gleichgewichtssystems nicht zu trennen.
Kinder haben ein natürliches Gespür für die Notwendigkeit der Förderung und Pflege des Gleichgewichts und sorgen für vestibulare Stimulation, indem sie rollen, schaukeln, hüpfen, drehen, klettern, wippen, schwingen und springen.

---

[22] *Dorothea Beigel*

[23] *Vestibularsystem: Gleichgewichtssystem*

Das Gleichgewichtssystem verschafft ihnen durch diese Reize die notwendige Orientierung im Raum, vermittelt ihnen die Wahrnehmung aller Richtungsveränderungen sowie die augenblickliche Haltung des Körpers und die Spannung und Stellung der Muskulatur. Es spielt eine wesentliche Rolle bei der präzisen Steuerung der Körperbewegungen, insbesondere bei komplexen Bewegungsabfolgen. Zum optimalen Sehen wird es ebenso benötigt wie zur Hörverarbeitung, die mit Sprache in enger Vernetzung steht[24].
Seit zunehmend mehr gesunde, fröhliche, intelligente Kindern durch Bewegungsmangel und durch mangelnde Gleichgewichtserfahrungen deutliche Lern- und Verhaltensschwierigkeiten zeigen, befasst sich auch die Pädagogik intensiver mit der Verbindung zwischen Gleichgewicht-Lernen-Verhalten.
Kindern mit vestibularen Schwierigkeiten zeigen oft fehlende räumliche Orientierung. Sie laufen in die verkehrte Richtung, finden den Weg nicht – beim Schreiblernprozess setzen sie Buchstaben in falsche Linien oder schreiben in anderer Richtung. Größen und Höhen werden ebenfalls falsch eingeschätzt.
Durch die enge Verbindung des Gleichgewichtssystems zum Kleinhirn[25] wird der Zusammenhang zwischen Gleichgewichtsschwierigkeiten und Auffälligkeiten in der Fein- und Grafomotorik deutlich. Da das Kleinhirn u. a. für zielgerichtete, genaue und flüssige Bewegungen, für Automatisierung von Bewegungsabläufen zuständig ist, ist es auf ein gut arbeitendes Gleichgewicht angewiesen, um feinmotorische Abläufe im Mund-Hand-Fußbereich ebenso wie die Schrift optimal zu unterstützen.
Gleichgewichtsschwierigkeiten führen vielfach zu vermehrter Furcht, Angst, Unsicherheit, Zerstreutheit und Konzentrationsschwierigkeit. In der Schule oder im Kindergarten fallen Kinder mit Unreifen in der Verarbeitung von Gleichgewichtsreizen häufig durch motorische Unruhe auf. Das Stillsitzen in der Schule scheint anstrengend bis unmöglich zu sein.[26]
Fazit: Gleichgewichtsanregungen und Gleichgewichtsschulungen sind in jedem Alter wichtig! Gleichgewichtsreize leisten einen wichtigen Beitrag zur Gesundheit und zum Lernen.
Sie sind wertvolles „Wohlfühl-Futter".

1.2.2 Infos zum Bildungsbaustein „Vestibulares Sinnessystem"

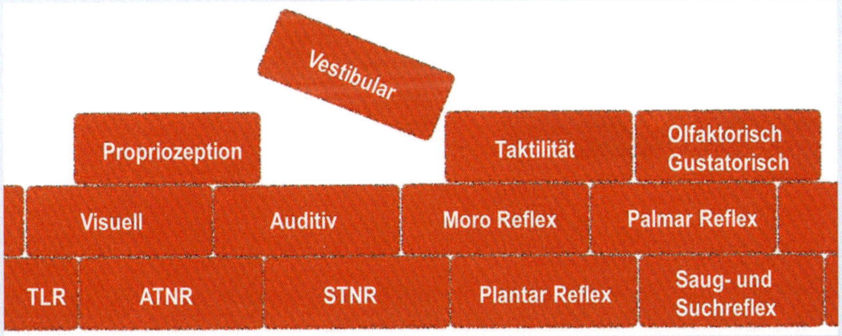

Das Gleichgewicht
Die Wahrnehmung und Verarbeitung von Gleichgewichtsreizen ist uns im Gegensatz zu anderen Sinneswahrnehmungen wie Hören, Sehen, Schmecken, Riechen oder Fühlen kaum bewusst.
Ohne das Gleichgewicht jedoch könnten wir uns nicht aufrecht halten, unseren Kopf nicht bewegen, unsere Augen nicht zielgerichtet auf etwas lenken und Bewegungen nicht fließend ausführen. Das Gleichgewichtssystem ist eines der komplexesten Sinnessysteme des Menschen.
Es koordiniert Informationen, die aus den verschiedenen Teilen des Körpers kommen:

---

[24] *Beigel, D.: Bildung kommt ins Gleichgewicht. BORGMANN MEDIA. Dortmund*
[25] *Beigel, D.: Bildung kommt ins Gleichgewicht. BORGMANN MEDIA. Dortmund*
[26] *Weitere Informationen in Beigel, D.: Flügel und Wurzeln. verlag modernes lernen. Dortmund*

- aus dem Gleichgewichtsorgan selbst
- aus der Hörschnecke im Innenohr
- von den Augen
- aus den Muskeln, Sehnen und Gelenken
- aus den Fußsohlen
- aus Rezeptoren auf der Haut
- aus dem Hirnstamm
- aus dem Kleinhirn

... und passt die Herzfrequenz, den Blutdruck, den Muskeltonus und die Position des Körpers den Informationen entsprechend an. [27]

Das menschliche Gleichgewichtsorgan (Vestibularorgan) befindet sich gemeinsam mit der Hörschnecke (Cochlea) und dem die beiden verbindenden VIII. Hirnnerv (Nervus vestibulocochlearis) im Innenohr. Das menschliche Gleichgewichtsorgan besteht aus

- drei Bogengängen, die jeweils auf unterschiedliche Reize reagieren: auf Dreh- und Kreisbewegungen, auf Vorn-Hinten-Bewegungen und Seitbewegungen, auf Kippbewegungen
- Sacculus und Utriculus, zwei Vorhofsäckchen, die auf lineare Beschleunigung in den Dimensionen des Raumes: oben-unten, vorn-hinten sowie über die Lage des Kopfes im Raum reagieren

Impulse aus dem Gleichgewichtsorgan werden über den VIII. Hirnnerv (Vereinigung des Gleichgewichtsnervs mit dem Gehörnerv) an Nervenkerne im Hirnstamm geleitet und von dort zur Skelettmuskulatur, zu den Augenmuskelkernen, zum Kleinhirn, zum Zwischenhirn und zur Großhirnrinde. Das Gehirn veranlasst aufgrund der weitergeleiteten Informationen entsprechende Anpassungsleistungen.

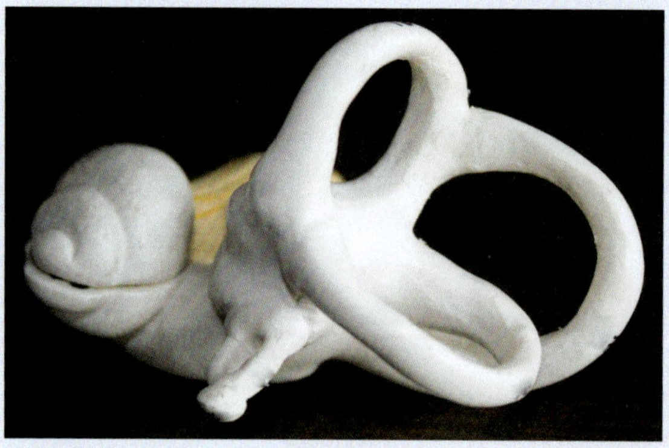

Das Gleichgewichtsorgan liegt gemeinsam mit der Hörschnecke im Innenohr.

Zu den Gleichgewichtsleistungen gehören u. a.

- das Aufrechthalten des Körpergleichgewichts, die Regulierung des Muskeltonus und der zielgerichteten Bewegung, die Möglichkeit der Eigenwahrnehmung
- die Zusammenarbeit mit der Seh- und Hörwahrnehmung
- das Registrieren von Rhythmus
- die Mitarbeit an der Konzentrations- und Aufmerksamkeitssteuerung
- das Registrieren von Beschleunigungen und Lageveränderungen, durch die dem Kind die Orientierung im Raum ermöglicht wird

Eine sichere Orientierung trägt zu einer Stabilisierung der eigenen inneren Ordnung bei.
Innere Ordnung und Rhythmusfähigkeit gelten als maßgeblich Grundlagen, um seriale Leistungen zu erbringen (Reihenfolgen zu bilden, Tätigkeiten nacheinander durchführen zu können).
Seriale Leistungen werden im schulischen Bereich z. B. in Ordnungsprinzipien wie Zahlensystemen, Satzaufbau, logischen Reihenfolgen und Regeln benötigt.

---

[27] *Siehe Beigel, D.; Grönemeyer, D. Von Anfang an im Gleichgewicht. BORGMANN MEDIA. Dortmund*

Gleichgewichtsschwierigkeiten, Gleichgewichtsstörungen und Unreifen in der Verarbeitung von Gleichgewichtsreizen können Auswirkungen auf verschiedene Bereiche menschlicher Entwicklung haben. Betroffen können sein:
Senso-Motorik, Emotional-Sozialverhalten, Spracherwerb und Sprechen, Exekutive Funktionen, Lernen und Leisten, Aufmerksamkeit und Konzentration, Merkfähigkeit und Gedächtnis.

1.2.3 Spiele und Informationen zur Unterstützung der Gleichgewichts

Zusätzliche Spiele und Informationen zum vestibularen Sinnessystem finden Interessierte in ***Kapitel 1–4 dieses Buches*** *und in folgenden Büchern*

„Von Anfang an im Gleichgewicht“
(U3 bis 8 Jahre)
Begleitbuch
Käfer krabbeln mit der Mutter, Seite 70
Mit der Mutter wie ein Uhu spazieren gehen, Seite 71
Hase Hoppeln mit der Mutter, Seite 71
Floh-Variante, Seite 72
Auf der Donau woll'n wir fahren, Seite 72
Tante Cordula, Seite 78
Schlangentanz, Seite 78
Schnecken-Transport, Seite 78
Laurentia, Seite 79
Vater Abraham, Seite 79
Häschen in der Grube, Seite 80
Brüderchen, komm tanz mit mir, Seite 80
Ich nehme meine Leiter, Seite 81
Auf den Meeren woll'n wir segeln, Seite 81
Käfer im Dunkeln, Seite 78

„Bildung kommt ins Gleichgewicht“
(Klasse 1 bis Klasse 13)
Kalender, Übungen, Stufe 1–5

„Kita und Schule – ein starkes Team“
(4 bis 8 Jahre)
Stuhlrücken mit Willi, Seite 77
Kennst Du Willi? Seite 77
Willis Oma, Seite 77
Willi-Geflüster, Seite 78
IM Willi-Wald, Seite 79
Lockrufe im Willi-Wald, Seite 79
Spiel mit dem Seil, Seite 79
Willis Kinderturm, Seite 80
Willis Himmel, Seite 81
Aufgepasst! Willis Hasen, Willis Bienen, Seite 81
Willis Fernbedienung, Seite 82
Willi-Wald im Nebel, Seite 85
Willlis Pferde, Seite 86
Willis Tanz, Seite 86
Zwerge begegnen sich im Wald, Seite 87

„Ich wär jetzt mal 'ne Fledermaus“
(3 bis 10 Jahre)
Geschichten mit Babsi, der Ball-Biene
Babsi, die Ball-Biene – Flug zu den Sternen, Seite 22
Babsi, die Ball-Biene – Zählen der Sterne, Seite 24
Babsi, die Ball-Biene – Picknick bei den Sternen, Seite 26
Babsi, die Ball-Biene – Schwieriger Sternen-Flug, Seite 28
Babsi, die Ball-Biene – Zauberflug, Seite 30
Babsi, die Ball-Biene – Sternen-Flug mit Freunden, Seite 32
Babsi, die Ball-Biene – Sternen-Gymnastik, Seite 34
Babsi, die Ball-Biene – Sternen-Klopfzeichen, Seite 36
Babsi, die Ball-Biene – Sternen-Tanz, Seite 38
Geschichten mit Ritchie, Ringel-Regenwurm
Ritchie, der Ringel-Regenwurm – Im Körbchen, Seite 141
Ritchie, der Ringel-Regenwurm – Auf der Regenwurm-Wiese, Seite 143
Ritchie, der Ringel-Regenwurm – Der Traum, Seite 145
Ritchie, der Ringel-Regenwurm – Der Artist, Seite 147
Ritchie, der Regenwurm macht ein Foto vom Ringelturm, Seite 149
Ritchie, der Regenwurm – Fotos mit Ringelhut, Seite 151
Ritchie, der Regenwurm – Im Zirkus, Seite 153
Ritchie, der Ringel-Regenwurm – Der Kopf-Künstler, Seite 155
Ritchie, der Ringel-Regenwurm – Der Bein-Künstler, Seite 157
Ritchie, der Ringel-Regenwurm – Der Zauberflug, Seite 158

Ritchie, der Ringel-Regenwurm – Der Ringeltanz mit Ringelhut, Seite 159

Geschichten mit Freddy, der frechen Fledermaus und Mia, der munteren Musik-Mücke

Freddy, die freche Fledermaus übt das Flügelschlagen, Seite 96

Mia, die muntere Musik-Mücke und der Mücken-Rückentanz, Seite 99

Freddy, die freche Fledermaus und der Fledermäuse-Rückentanz, Seite 101

Mia, die muntere Musik-Mücke und der RAB, Seite 104

Mia die muntere Musik-Mücke – Mias-Mückenlied auf dem Bauch, Seite 108

Freddy, die freche Fledermaus macht sich schick, Seite 115

Mia die muntere Musik-Mücke und der kleine „Zick-zack-Mücken-Rückentanz", Seite 117

Mia, die muntere Musik-Mücke und der „Mücken-Zimba", Seite 119

Frecher Freddy flieg ... juchhe!, Seite 122

Mia die muntere Musik-Mücke und Freddy die freche Fledermaus feiern ein Fest, Seite 124

Geschichten mit Kati, das Kullerkätzchen

Kati, das Kuller-Kätzchen – Kati wacht auf, Seite 168

Kati, das Kuller-Kätzchen – endlich Katzen Frühstückt, Seite 170

Kati, das Kuller-Kätzchen – Katzen-Gymnastik, Seite 173

Kati, das Kuller-Kätzchen – Katzen-Gymnastik für Sport-Katzen, Seite 175

Kati, das Kuller-Kätzchen – Katzen-Sportfest, Seite 177

Kati, das Kuller-Kätzchen – Katzen-Sportfest-Umzug, Seite 180

„Beweg dich, Schule!" (Vorklasse bis Klasse 13)

Schwerpunkt Mathematik

Größer als ... kleiner als, Seite 85

Beine würfeln, Seite 86

Rechnen mit dem Körper, Seite 89

Sekunden Spiel, Seite 105

Rechenjogging, Seite 116

Schwerpunkt Deutsch

Oma besuchen, Seite 127

Blindes Worte schreiben, Seite 129

Fotografieren, Seite 131

Aufsatztanz, Seite 142

Körpergrammatik, Seite 148

Erwischen, Seite 151

Blindenführer, Seite 153

Schwerpunkt Fächerübergreifend

Wochentagsport, Seite 168

Löffelfechten, Seite 172

Auf und nieder ..., Seite 174

Mini-Sportbewegungen und Mini-Entspannungsübungen

Laurentia, Seite 186

Tollkirsche, Seite 188

Strecken, necken, Seite 185

Heißer Hintern, Seite 195

Wasser kommt, Seite 195

Fahrstuhl, Seite 198

Schütteln, Seite 199

Kleine Bewegungspausen

Affenstark, Seite 240

Hexenschritte, Seite 244

Ein Hut, ein Stock ..., Seite 248

„Was ist los in meinem Kopf?" (5 bis 12 Jahre)

Supermann, Seite 29

Mühlenspiele, Seite 32

Zusätzliche fachliche Informationen zum vestibularen Sinnessystem finden Interessierte in:

Flügel und Wurzeln, Kapitel 2.1

Beweg dich, Schule! Kapitel 1.1.4, Seite 24 ff.

Was ist los in meinem Kopf?

Von Anfang an im Gleichgewicht, Kapitel 3

Bildung kommt ins Gleichgewicht, Kapitel 2

Entdecken Sie Ihr Gleichgewicht, Kapitel 2 und Kapitel 3

Kapitel 2 Entwicklungsförderung im U3 Bereich – zu Haus und in der Kita[28]

2.1 Finger- und Fußspiele zu Hause und in der Kita

Finger- und Fußspiele sind wunderbar. Sie haben ein großes Potential, Kinder von früh an spielerisch, vielfältig und nachhaltig zu fördern.
Sie lassen sich gut in den Alltag integrieren und können leicht, ohne besondere Vorbereitung oder zusätzliches Material, umgesetzt werden.
Kinder verfolgten interessiert die Spielanregungen der Erwachsenen, ahmen sie mit Freude nach und erlernen sie schnell.
Finger- und Fußspiele schulen die Feinmotorik. Sie unterstützen zudem hervorragend die Sprachentwicklung der Kinder, denn der Spracherwerb des Kindes vollzieht sich nicht isoliert, er ist untrennbar mit der Wahrnehmungs- und Bewegungsentwicklung, mit der sozial-emotionalen und kognitiven Entwicklung verbunden.
Gemeinsam mit anderen zu sprechen oder zu singen erhöht die Aufmerksamkeit der Kinder und vermittelt Freude am Rhythmus. Reime, Verse und Lieder, die mit Finger- und Fußspielen, Klatsch-, Patsch- und Bewegungsgesten verbunden sind, machen doppelten Spaß.
Kinder lieben Wiederholungen. Sie prägen sich die meist lustigen Verse schnell ein. Oft bleiben sie lebenslang im Gedächtnis.

Entwicklungsförderung im U3-Bereich

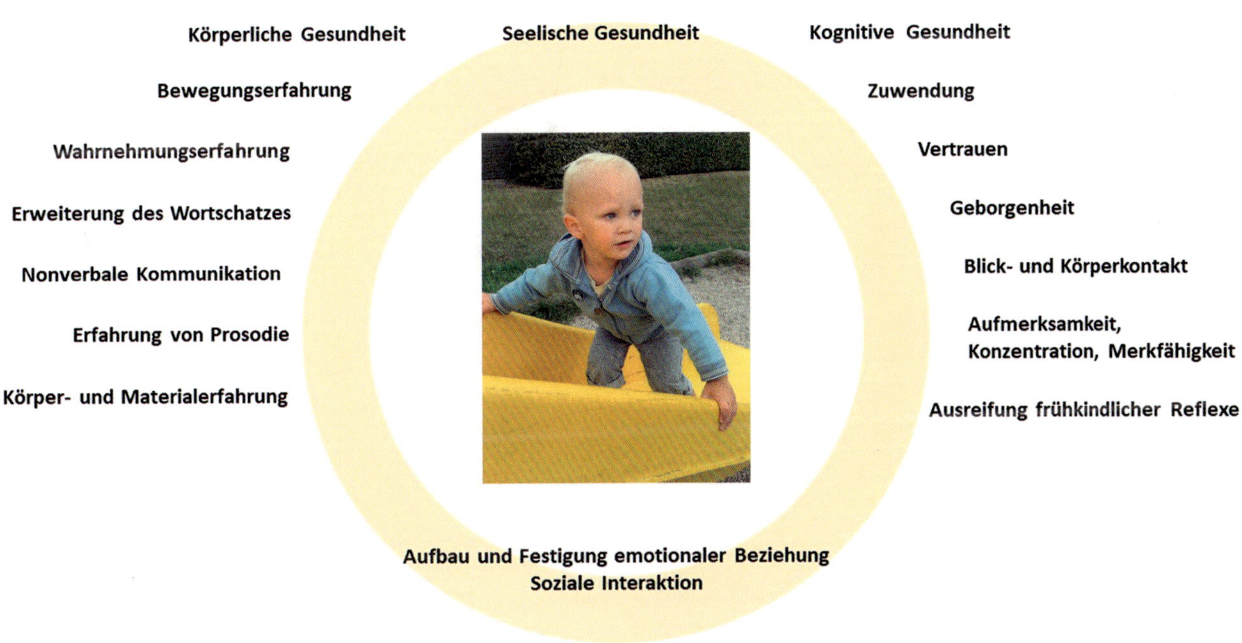

[28] *Texte und Spielideen: Dorothea Beigel*

„Wattwürmchen, Wattwürmchen" 0 1 2 3 5

Spruch und Bewegungsablauf:
Mutter/ Vater (Erzieherin) und Kind haben die Hände gefaustet und setzen sie im Rhythmus des Spruchs abwechselnd aufeinander.

Wattwürmchen, Wattwürmchen

Bau mit mir ein kleines Türmchen.

Mit der Hand

Ganz aus Sand.

„Vier Muscheln lagen am Strand" 0 1 2 3 5

Mutter/Vater (Erzieherin) und Kind sitzen sich gegenüber.

Spruch und Bewegungsablauf

Vier Muscheln lagen am Strand,	Mutter (Vater) und Kind legen die Hände im
Wo ein Kind sie alle fand.	Rhythmus des Spruchs abwechselnd flach aufeinander.
Es fragte die Muscheln:	Die flachen Hände streichen über die Wangen.
„Kann ich mit euch kuscheln?"	
Da lachten die Muscheln sehr.	Es wird in die Hände geklatscht.
„Nein, wirf uns zurück ins Meer."	Die Arme werden in die Luft gestreckt.

Die Hände werden im Rhythmus des Spruchs abwechselnd flach aufeinander gelegt.

„Was ist denn das?" ⓪①②③⑤

Mutter/Vater (Erzieherin) und Kind sitzen sich gegenüber.

Spruch und Bewegungsablauf

Ist das denn ein kleiner Hase?	Beide Hände zu den Seiten mit den Handflächen nach oben halten.
Nein, das ist die kleine Nase!	Mit dem Finger auf die Nase tippen.
Ist das denn der Pudelhund?	Beide Hände zu den Seiten mit den Handflächen nach oben halten.
Nein, das ist der rote Mund!	Mit dem Finger auf den Mund tippen.
Sind das denn zwei Turteltäubchen?	Beide Hände zu den Seiten mit den Handflächen nach oben halten.
Nein, das sind zwei blaue Äugchen!	Mit dem Finger auf die Augen tippen.
Ist das denn ein Wirbelwind?	Beide Hände zu den Seiten mit den Handflächen nach oben halten.
Nein, das ist mein süßes Kind!	Das Kind in den Arm nehmen.

Ist das denn ...? – Die Kinder halten die Hände zur Seite, die Innenflächen zeigen nach oben.

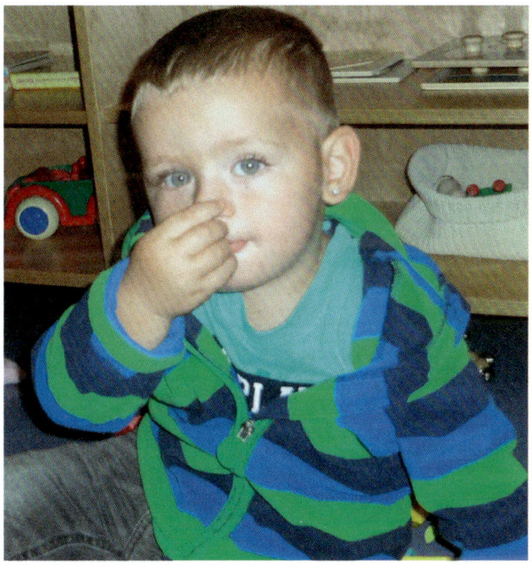

„Nein, das ist die kleine Nase" – Die Kinder berühren ihre Nase.

„Willis Uhu im Baum“[29] ⓪❶❷❸❹❾

Mutter/Vater (Erzieherin) und Kind sitzen sich gegenüber.

Spruch und Bewegungsablauf

Sitzt der Uhu (das Vöglein) auf den Ästen,	Eine oder beide Hände werden während des Spruchs in die Luft gehalten und sanft hin und her gedreht.
Dreht sich froh nach Ost und Westen.	
Schaut jetzt hin und schaut jetzt her,	
Dreht sich rum und freut sich sehr.	
Sitzt der Uhu (das Vöglein) auf den Ästen,	
Dreht sich nicht mehr um nach Ost und Westen.	Das Drehen der Hände wird beendet.
Schließt jetzt seine Augen zu,	Die Kinder schließen ihre Augen einen Moment.
Denn im ganzen Land ist Ruh.	Alle sind still.

Die Hände drehen sich wie ein Uhu nach allen Seiten.

[29] *Zwerg Willibald, Akteur im Kita Kalender „Von Anfang an im Gleichgewicht“ (sowie im sensomotorischen Förderprogramm „Ich wär' jetzt mal 'ne Fledermaus“ und im Beobachtungsspiel „Kita und Schule – ein starkes Team“), hat inzwischen in vielen Kitas Einzug gehalten. Auch die Kleinsten kennen ihn schon. Mit seinem Freund dem Uhu kommt er jeden Donnerstag in die Kita.*

„Lustiger Fingertanz“ 0 1 2 3 8 9

Mutter/Vater (Erzieherin) und Kind sitzen oder stehen sich gegenüber.

Spruch und Bewegungsablauf

Halli hallo, schaut mal her,	
Die Finger tanzen kreuz und quer.	Beide Hände bewegen sich hin und her.
Halli hallo, schaut mal her,	Beide Hände bewegen sich hoch und runter.
Die Finger wollen immer mehr.	
Halli hallo, schaut mal her,	
Das Fingertanzen ist nicht schwer.	Beide Hände bewegen sich im Kreis.
Halli hallo, was für ein Schreck,	
Die Finger sind auf einmal weg.	Beide Hände verstecken sich hinter den Rücken.
Halli hallo, was seh' ich da,	
Die Finger tanzen wieder trallala!	Beide Hände tanzen überall vor dem Körper und in der Luft.

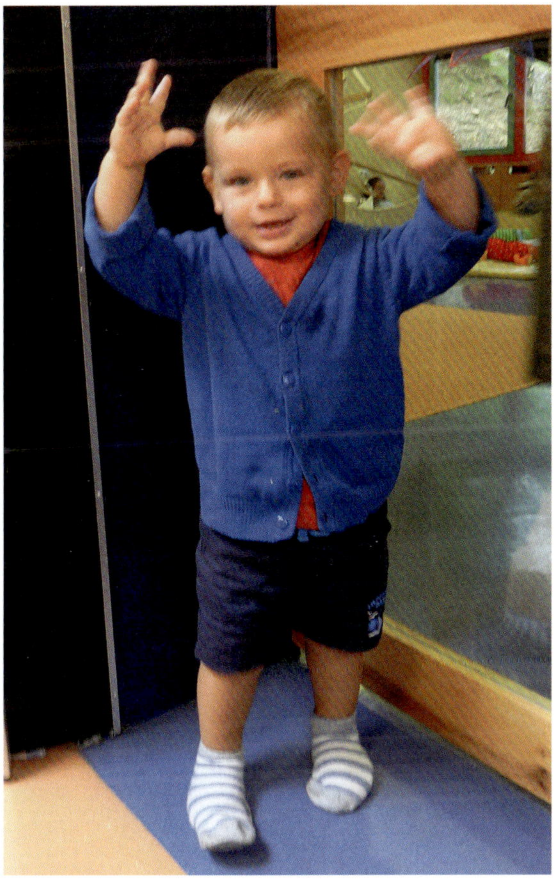

Die Finger tanzen „trallala!“

„Kleine Finger, kleine Füße“ ⓪❶❷❸❺❻

Mutter/Vater (Erzieherin) und Kind sitzen sich (möglichst barfuß) gegenüber.

Spruch und Bewegungsablauf

Kleine Finger	Die Kinder bewegen ihre Finger.
Wackeln immer.	
Kleine Zehen	Die Kinder bewegen ihre Zehen.
Wollen gehen.	
Kleine Hände	Die Kinder klatschen in die Hände.
Machen Klatsch.	
Kleine Füße	Die Kinder patschen mit den Füßen auf den Boden.
Machen Patsch.	

Auch anfängliches Zuschauen fordert Aufmerksamkeit und lässt das Gehirn intensiv mitarbeiten.

„Was machen denn die Bären“ 0 1 2 3 5 6

Mutter/Vater (Erzieherin) bewegt sich mit dem Kind durch den Raum. Eltern (Erzieherin) und Kind können sich dabei anfassen.

Spruch und Bewegungsablauf

Große Bären machen tapp tapp tapp …	Die Mutter (der Vater) und das Kind machen große schwere Schritte.
Kleine Bären gehen tipp tipp tipp …	Die Mutter (der Vater) und das Kind machen kleine, leichte Schritte.
Teddybären laufen tippel di tipp tippel di tipp …	Die Mutter (der Vater) und das Kind machen kleine, schnelle Tippelschritte.
Und die kleinen Gummibärchen machen	
mmm – lecker!!!!	Die Mutter (der Vater) und das Kind bleiben stehen, reiben sich den Bauch und klopfen den Bauch zum Schluss leicht ab.

„Klatsch-Patsch“ 0 1 2 3 4 5 6

Mutter/Vater (Erzieherin) und Kind sitzen sich gegenüber.

Spruch und Bewegungsablauf

Klatsch klatsch,	Die Kinder klatschen in die eigenen Hände.
Bum bumm.	Die Kinder klatschen parallel in die Hände von Mama/Papa.
Patsch patsch,	Die Kinder patschen auf die eigenen Oberschenkel.
Bum bum.	Die Kinder klatschen parallel in die Hände von Mama/Papa.
Stampf stampf,	Die Kinder stampfen mit den Beinen.
Bum bumm.	Die Kinder klatschen parallel in die Hände von Mama/Papa.
Kuss Kuss,	Die Kinder machen Handküsschen.
Komm her!	Mutter (Vater) und Kind nehmen sich in den Arm.

„Hände waschen …“ 0 1 2 3 4 5 6 9

Mutter/Vater (Erzieherin) und Kind sitzen sich möglichst barfuß gegenüber.

Spruch und Bewegungsablauf

Hände waschen, Hände waschen,	Die Hände werden gegeneinander gerieben.
Das ist wirklich fein.	
Hände waschen, Hände waschen,	Die Hände reiben sich gegenseitig ab.
Das muss heute sein.	
Wenn die Hände sauber sind,	Die Hände werden in die Luft gestreckt.
Freut sich Mama (Papa) und das Kind.	
Füßchen waschen, Füßchen waschen,	Die Füße werden gegeneinander gerieben.
Das ist wirklich fein.	
Füßchen waschen, Füßchen waschen,	Die Füße reiben sich gegenseitig ab.
Das ist wirklich fein	
Wenn die Füßchen sauber sind,	Die Füße werden in die Luft gestreckt.
Freut sich Mama (Papa) und das Kind.	

Variation:
Arme waschen
Beine waschen
Schultern waschen
Bäuchlein waschen
Rücken waschen

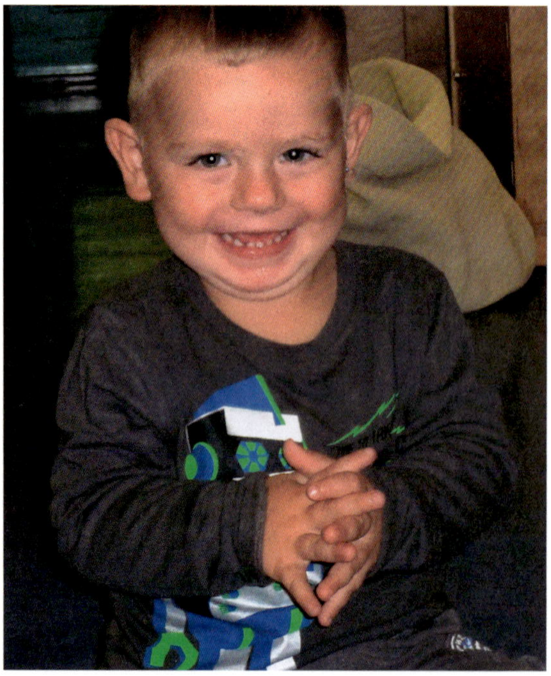

„Händewaschen“

„Wer klopft da an die Wand?“ ⓪❶❷❸❺

Mutter/Vater (Erzieherin) und Kind sitzen sich gegenüber. Alternativ: Das Kind sitzt auf dem Schoß.

Spruch und Bewegungsablauf

Wer klopft da an die Wand ...	Mutter (Vater) und Kind klopfen auf den Tisch.
Gibt unsrem Kind die Hand?	Mutter (Vater) und Kind geben sich die Hand.
Es ist die Ente Schnicke-schnack,	
Sagt unsrem Kind (Name einsetzen)	
Jetzt „Guten Tag“!	Daumen und Zeigefinger öffnen und schließen sich wie ein Entenschnabel.
Wer klopft da an die Wand ...	Mutter (Vater) und Kind klopfen auf den Tisch.
Gibt unsrem Kind die Hand?	Mutter (Vater) und Kind geben sich die Hand.
Es ist der Hase Hoppel-Ho,	
Sagt unsrem Kind (Name einsetzen)	
Jetzt leis „Hallo“!	Zeigefinger und Mittelfinger bewegen sich wie Hasen-ohren.
Wer klopft da an die Wand ...	Mutter (Vater) und Kind klopfen auf den Tisch.
Gibt unsrem Kind die Hand?	Mutter (Vater) und Kind geben sich die Hand.
Es ist die Mama liebevoll,	
Nimmt unser Kind (Name einsetzen)	
Jetzt in den Arm ganz doll.	Das Kind wird in den Arm genommen.

„Die Ente Schnicke-schnack ...“

„Familie Zeh-juchhe! …“ 0 1 2 3 6

Mutter/Vater (Erzieherin) und Kind sitzen sich gegenüber.

Spruch und Bewegungsablauf

Das ist der große Zeh,	Das Kind (oder Mutter/Vater) streichelt den großen Zeh.
Der winkt mir jetzt – juche!	Das Kind (oder Mutter/Vater) bewegt leicht die Zehen.
Das ist der zweite Zeh,	Das Kind (oder Mutter/Vater) streichelt den zweiten Zeh.
Der nickt und lacht – juchhe!	Das Kind (oder Mutter/Vater) bewegt leicht die Zehen.
Das ist der dritte Zeh,	Das Kind (oder Mutter/Vater) streichelt den dritten Zeh.
Der guckt mich an und ruft juchhe!	Das Kind (oder Mutter/Vater) bewegt leicht die Zehen.
Wer ist denn das, den ich hier seh’?	Das Kind (oder Mutter/Vater) streichelt den vierten Zeh.
Das ist der vierte Zeh – juchhe!	Das Kind (oder Mutter/Vater) bewegt leicht die Zehen.
Und dieser süße kleine Zeh,	Das Kind (oder Mutter/Vater) streichelt den kleinen Zeh.
Der ruft: „Komm schmus mit mir –	
Juchhe!“	Das Kind (oder Mutter/Vater) schickt ein Küsschen zu dem kleinen Zeh.

2.1.1 Hintergründe zu den Finger- und Fußspielen, Klatsch- und Patschspielen

Finger- und Fuß-, Klatsch- und Patschspiele sind wahre Schätze für die Entwicklung des Kindes. Sie ermöglichen Eltern, Großeltern und pädagogischen Fachkräften, die kindliche Entwicklung sinnvoll zu begleiten und liebevoll miteinander zu agieren.
Das rhythmische Sprechen bei Finger- und Fußspielen verbindet zudem die Fröhlichkeit mit der Lust (und dem Mut) am Sprechen und an der Sprache.
Dabei lieben die Kinder Reime, Unsinn-Verse, Sprachspiele und Wort-Wiederholungen.
Diese regen sie an, später selbst mit Sprache zu jonglieren und mit Sprache zu spielen.
Sie bereiten zusätzlich das Silbentrennen und Finden von Reimworten vor – beiden kommt eine elementare Bedeutung für den späteren Lese- und Rechtschreibprozess zu.
Bei den Spielen entwickeln die Kinder Freude am Hören und Wiedergeben von unterschiedlichen Klangmelodien. Sie erfahren die Bedeutung von laut und leise, langsam und schnell, freundlich und bedrohlich, ...
Die Spiele fördern aber nicht nur sprachliche Fähigkeiten und die Freude an der Bewegung, sie sprechen auch mathematische, kognitive und emotional-soziale Kompetenzen an.
Lustige Finger- und Fußspiele bringen Kinder und Erwachsene zum Lachen, sorgen für Entspannung und gute Laune.
Finger- und Fußspiele intensivieren die Beziehung zwischen Kind und Bezugsperson.
Werden sie gemeinsam in der Gruppe gespielt, entwickelt sich ein Gefühl des Dazugehörens, ein „Wir-Gefühl".
Finger- und Fußspiele, Klatsch- und Patschspiele

- unterstützen die Integration von Palmar-Reflex (Handgreifreflex), Plantar-Reflex (Fußgreifreflex) und Saug- und Suchreflex
- fördern die Feinmotorik im Hand- Fuß- und Mundbereich
- bieten Grundlagen für die Grafomotorik, die für das spätere Schreiben von Bedeutung ist
- sorgen für Beweglichkeit und Kräftigung von Fingern, Füßen, Händen, Beinen, Armen, Schultern ...
- schulen die Zusammenarbeit der Hände und der Füße
- fördern maßgeblich die Auge-Hand-Koordination und die Auge-Fuß-Koordination
- pflegen, schulen und fördern die Hör- und Sehwahrnehmung
- unterstützen die Integration des Asymmetrisch Tonischen Nackenreflexes und das Finden der dominanten Hand
- unterstützen die Integration des Tonischen Labyrinth Reflexes und des Symmetrisch Tonischen Nackenreflexes
- unterstützen die Integration des Moro-Reflexes und eine angemessene Verarbeitung taktiler, propriozeptiver und vestibularer Reize
- fördern Sprachverstehen und sprachliche Fähigkeiten
- pflegen und Fördern die Bewegungsentwicklung
- unterstützen die Gesamtkörper-Koordination
- erweitern das Wissen vom Körper, Stärken die „Ich-Kompetenz"
- dienen der Freude und Entspannung
- fördern die Aufmerksamkeit, Konzentration und Merkfähigkeit
- stärken das Selbstbewusstsein und die Selbsttätigkeit
- unterstützen Phantasie und Kreativität

2.1.2 Infos zum Bildungsbaustein „Propriozeptives Sinnessystem“

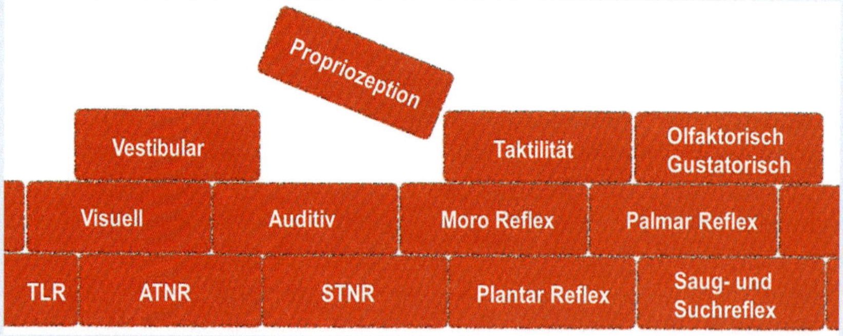

Rückmeldung aus Muskeln, Sehen, Gelenken
Die Propriozeption, der Stellungs- und Spannungssinn, registriert die sensorischen Informationen, die durch Kontraktion und Streckung von Muskeln und Sehnen sowie durch Drücken und Ziehen von Gelenken verursacht werden.
Die Propriozeption, die auch als Eigenwahrnehmung oder Tiefensensibilität bezeichnet wird, steht in enger Verbindung zur vestibularen und taktilen Wahrnehmung und hat Einfluss auf die Bewegung und Wahrnehmung, das Lernen und das psychische Befinden des Kindes.
Im ständigen Austausch geben die drei Sinnessysteme die ersten entscheidenden Körperinformationen, die später durch visuelle und auditive Informationen ergänzt werden.

Unreifen und Schwierigkeiten im propriozeptiven Wahrnehmungsbereich führen im Kindergarten- und Schulalter oftmals zum Mangel an differenzierten Finger- und Zehenbewegungen sowie zu schlaffem oder verspanntem Tonus. Dies beeinträchtigt das Durchführen gezielter Bewegungen, erschwert das Erlernen komplizierter Bewegungen und das Automatisieren von Bewegungen.
Kinder mit mangelnder Propriozeption fallen im Kindergarten und in der Schule oft dadurch auf, dass sie ungeschickt und/oder tollpatschig erscheinen. Das Handhaben von Essbesteck fällt ihnen schwer, sie haben Probleme mit dem Stift. Beim Schreiben und Malen wird unangemessener Druck auf den Stift ausgeübt, das Einhalten von Begrenzungslinien fällt schwer. Mundmotorische Auffälligkeiten, wie nuschelnde Aussprache, ausdrucksarme Mimik, Speichelfluss, häufiges Offenstehen des Mundes sowie zu langsames oder zu hastiges Arbeitsverhalten fallen auf.
Fein- und grobmotorische Aktivitäten bieten eine hervorragende Förderung für das propriozeptive Sinnessystem. Sie unterstützen das Kind in seiner gesamten Entwicklung – vom Wickeltisch bis in die Schule.[30]

Das taktile, das propriozeptive und das vestibulare Sinnensystem arbeiten bereits vorgeburtlich eng verknüpft miteinander.

---

[30] *Weitere Informationen, s. Beigel, Dorothea. Beweg dich, Schule. BORGMANN MEDIA. Dortmund*
Siehe Beigel, Dorothea Flügel und Wurzeln. verlag modernes lernen. Dortmund

Wahrnehmungsbereiche		
Visuell (Sehen)	→	Augen
Auditiv (Hören)	→	Ohren
Gustatorisch (Schmecken)	→	Zunge
Olfaktorisch (Riechen)	→	Nase
Taktil (Spüren, Tasten)	→	Haut
Vestibular (Gleichgewicht)	→	Gleichgewichtsorgan im Innenohr
Propriozeption (Tiefenwahrnehmung)	→	Stellungs- und Spannungssinn der Muskeln, Sehnen und Gelenke

2.1.3 Spiele und Informationen zur Unterstützung der Rückmeldung aus Muskeln, Sehnen und Gelenken

Zusätzliche Spiele und Informationen zum propriozeptiven Sinnessystem finden Interessierte in ***Kapitel 1–4 dieses Buches*** *und in folgenden Büchern*

„Von Anfang an im Gleichgewicht“
(U3 bis 8 Jahre)
Begleitbuch
Schnecke – klatsch, klatsch, klatsch, Seite 74
Hallo Floh, Seite 75
Käferlein, Käferlein, Seite 75
Die Uhus schau’n, die Uhus seh’n, Seite 75
Da ist der Has ..., Seite 75
Daumen rein, Daumen raus ..., Seite 76
Ach, wie sieht’s denn draußen aus, Seite 78
Käfer im Dunkeln, Seite 78
Meine Tante Cordula, Seite 78
Schlangentanz, Seite 78
Schnecken-Transport, Seite 78
Laurentia, Seite 79
Vater Abraham, Seite 79
Häschen in der Grube, Seite 80
Brüderchen, komm tanz mit mir, Seite 80
Ich nehme meine Leiter, Seite 81
Auf den Meeren woll’n wir segeln, Seite 81

„Bildung kommt ins Gleichgewicht“
(Klasse 1 bis Klasse 13)
Kalender, Übungen, Stufe 1–5

„Kita und Schule – ein starkes Team“
(4 bis 8 Jahre)
Stuhlrücken mit Willi, Seite 77
Willis Oma, Seite 77
Im Willi-Wald, Seite 79
Lockrufe im Willi-Wald, Seite 79
Spiel mit dem Seil, Seite 79
Willis Kinderturm, Seite 80
Aufgepasst! Willis Hasen, Willis Bienen, Seite 81
Willis Fernbedienung, Seite 82
Eine kleine Zwergenmaus, Seite 83
Ich habe einen Teddybär ..., Seite 83
Willis Ballschule, Seite 84
Willi-Wald im Nebel, Seite 85
Willlis Pferde, Seite 86
Willis Tanz, Seite 86
Zwerge begegnen sich im Wald, Seite 87
Willis Geheimcode, Seite 95

„Ich wär jetzt mal ’ne Fledermaus“
(3 bis 10 Jahre)
Geschichten mit Heidi Hand und Hansi Hand, den Spinnen aus dem Zwillingsland
Geschichten mit den Tausendfüßlern Fritzchen und Marleen, die so gerne barfuß geh’n
Geschichten mit Freddy, der frechen Fledermaus und Mia, der munteren Musikmücke
Geschichten mit Ritchie Ringelwurm
Geschichten mit Kati Kullerkätzchen
Spiele zum Kennenlernen des Körpers

„Beweg dich, Schule!“ (Vorklasse bis Klasse 13)

Schwerpunkt Mathematik

Größer als ... kleiner als, Seite 85
Beine würfeln, Seite 86
Rechnen mit dem Körper, Seite 89
Rückengespräch, Seite 94
Mathematische Partyspiele, Seite 99
1×1-Klatschen, Seite 102
1×1-Partnerklatschen, Seite 104
Rechenjogging, Seite 116
Zahlen raten mit Handdruck, Seite 121

Schwerpunkt Deutsch

Oma besuchen, Seite 127
Blindes Worte schreiben, Seite 129
Fotografieren, Seite 131
Faxgerät, Seite 133
Körpergrammatik, Seite 148
Erwischen, Seite 151

Schwerpunkt Fächerübergreifende Spiele

Wochentagsport, Seite 168
Löffelfechten, Seite 172
Auf und nieder ..., Seite 174
Rückenmassage, Seite 171
Rückentafel, Seite 173

Mini-Sportbewegungen und Mini-Entspannungsübungen

Laurentia, Seite 186
Tollkirsche, Seite 188
Strecken, necken, Seite 185
Hausputz, Seite 186
Heißer Hintern, Seite 195
Wasser kommt, Seite 195
Käferkrabbeln, Seite 197
Fahrstuhl, Seite 198
Schütteln, Seite 199
Regentropfen, Seite 202
Fingergymnastik, Seite 243

Kleine Bewegungspausen

Affenstark, Seite 240
Schere, Stein, Papier, Seite 244
Hexenschritte, Seite 244
Zehn Messer ..., Seite 244
Ein Hut, ein Stock ..., Seite 248
Fingerolympiade 1, Seite 250
Fingerolympiade 2, Seite 251
Buckelrutschen, Seite 252
Tafelputzen, Seite 252
Pizza backen, Seite 252
Gartenarbeit, Seite 252
Wetterkarte, Seite 252
Rückengespräch, Seite 253
Body-Percussion, Seite 259
Gähnparty, Seite 260
Ohrmassage, Seite 260

Klatsch- und Fingerspiele

Steigt der Peter, Seite 267
Fünf Gespenster, Seite 267
Da kommt der Bär, Seite 267
Larifari, Seite 268

Zusätzliche fachliche Informationen zum propriozeptiven Sinnessystem finden Interessierte in folgenden Büchern:
Flügel und Wurzeln, Kapitel 2.3, Seite 60 ff.
Beweg dich, Schule!, Kapitel 1.1.5, Seite 29 ff.

2.2 Tänzchen und Bewegungsspiele auf dem Rücken oder den Schultern von Mama/Papa (Erzieherin) [31]

Achtung!
Bei diesen Spielen wird vorausgesetzt, dass das Kind schon sitzen kann und sich allein festhalten kann!
Mögliche Ausgangsposition:
Die Mutter/der Vater (Erzieherin) geht in den Vierfüßlerstand, das Kind sitzt auf dem Rücken und hält sich an den Schultern von Mutter/Vater (Erzieherin) fest.
Alternativ:
Das Kind sitzt auf den Schultern von Mutter/Vater (Erzieherin) und hält sich dort fest.

„Pferdchen“ 0 1 2 3 4 5 8 9

Das Kind sitzt auf dem Rücken von Mama/Papa (der Erzieherin).
Mama/Papa (die Erzieherin) krabbelt langsam im Vierfüßlerstand durch den Raum, dabei wird gesagt:

Pferdchen lauf' jetzt im Galopp ...

Und das Kind macht hopp hopp hopp ...

Pferdchen mach' jetzt hü und he ...

Und das Kind ruft: „Pferdchen steh!“ ...

Pferdchen ist ganz müde nun ...

Und das Kind will auch ein bisschen ruh'n.

„Riese und Zwerg“ 0 1 2 3 4 5 9

Das Kind sitzt auf den Schultern von Mama/Papa (der Erzieherin).
Mama/Papa (die Erzieherin) gehen im Rhythmus des Liedes durch den Raum, dabei singen sie nach der Melodie „Alle meine Entchen ...“

Hier oben sitzt ein Riese,

Ja-ja-ja – ja-ja-ja!

Tanzt auf der grünen Wiese,

Ja ja ja!

Hier oben sitzt ein Zwerglein,

Ja-ja-ja – ja-ja-ja!

Tanzt um das kleine Berglein,

Ja ja ja!

Hier oben sitz mein Name-lein (z. B. Tinalein, Maxilein ...),

Ja-ja-ja – ja-ja-ja!

Tanzt mit der Mama (alternativ mit dem Papa) froh und fein,

Ja ja ja!

---

[31] *Texte und Spielideen in diesem Kapitel: Dorothea Beigel*

„Dreh Dich, stampfe, tanze!“ ⓪❶❷❸❹❺❻

Das Kind kann auf dem Arm der Eltern (Erzieherin) tanzen oder beim Tanzen an den Händen gehalten werden. Beim Tanzen mit dem Kind kann der Text gesprochen oder nach einer eigenen Melodie gesungen werden.

Mit meinem kleinen Schätzelein	Hier kann auch der Name des Kindes eingesetzt werden.
Dreh ich mich jetzt im Kreise fein,	
Rundherum …	Die Mutter / der Vater (Erzieherin) dreht sich langsam mit dem Kind zu einer Seite im Kreis herum.
Rundherum …	Die Mutter / der Vater (Erzieherin) dreht sich langsam mit dem Kind zur anderen Seite im Kreis herum.
Mit meinem kleinen Schätzelein	Hier kann auch der Name des Kindes eingesetzt werden.
Stampf ich jetzt auf der Stelle fein.	
Bum, bum bum	Die Mutter / der Vater (Erzieherin) stampft mit dem einen Fuß auf der Stelle.
Bum, bum,bum.	Die Mutter / der Vater (Erzieherin) stampft mit dem anderen Fuß auf der Stelle.

„Tänzchen der Tiere“ ⓪❶❷❸❹❺❻❼❽❾

Die Mutter/der Vater (die Erzieherin) bewegt sich mit dem Kind durch den Raum.

Lirum, larum, länzchen,	Das Kind wird an beiden Händen angefasst, alternativ
Wir machen jetzt ein Tänzchen.	ist das Kind auf dem Arm von Mutter / Vater (Erzieherin).
Drehen uns durchs Zimmer	Die Eltern (Erzieherin) tanzen/drehen mit dem Kind.
Lustig, froh …	
Bleiben steh'n	Sie bleiben stehen, schauen sich an.
Und wackeln mit dem Po.	Sie wackeln mit Hüfte und Po.
Halli hallo!	Sie winken sich zu und rufen „Halli hallo“.
Lirum, larum, länzchen,	Das Kind wird an beiden Händen angefasst, alternativ
Der Hund, der macht ein Tänzchen.	ist das Kind auf dem Arm von Mutter / Vater (Erzieherin).
Springt durchs Zimmer	Die Eltern (Erzieherin) tanzen/hüpfen mit dem Kind.
Lustig, froh …	
Bleibt steh'n	Sie bleiben stehen, schauen sich an.
Und wackelt mit dem Po.	Sie wackeln mit Hüfte und Po.
Wau wau!	Sie bellen wie ein Hund.
Lirum, larum, länzchen,	Das Kind wird an beiden Händen angefasst, alternativ
Die Katze macht ein Tänzchen.	ist das Kind auf dem Arm von Mutter / Vater (Erzieherin).

Schleicht durch's Zimmer	Die Eltern (Erzieherin) bewegen sich schleichend mit dem Kind.
Lustig, froh ... ,	
Bleibt steh'n	Sie bleiben stehen, schauen sich an.
Und wackelt mit dem Po.	Sie wackeln mit Hüfte und Po.
Miau miau!	Sie miauen wie eine Katze.
Lirum, larum, länzchen,	Das Kind wird an beiden Händen angefasst, alternativ
Der Vogel macht ein Tänzchen.	ist das Kind auf dem Arm von Mutter / Vater (Erzieherin).
Flattert durchs Zimmer	Eltern und Kind tanzen mit flatternden Armen.
Lustig, froh ...	
Bleibt steh'n	Sie bleiben stehen, schauen sich an.
Und wackelt mit dem Po.	Sie wackeln mit Hüfte und Po.
Piep-piep!	Sie piepen wie ein Vogel.
Lirum, larum, länzchen,	Das Kind wird an beiden Händen angefasst, alternativ
Das Pferd, das macht ein Tänzchen.	ist das Kind auf dem Arm von Mutter / Vater (Erzieherin).
Galoppiert durchs Zimmer	Die Eltern galoppieren mit dem Kind.
Lustig, froh ...	
Bleibt steh'n	Sie bleiben stehen, schauen sich an.
Und wackelt mit dem Po.	Sie wackeln mit Hüfte und Po.
Wieher wieher!	Sie wiehern wie ein Pferd.
Lirum, larum, länzchen,	Das Kind wird an beiden Händen angefasst, alternativ
Der Hahn, der macht ein Tänzchen.	ist das Kind auf dem Arm von Mutter / Vater (Erzieherin).
Stolziert durchs Zimmer	Die Eltern stolzieren mit dem Kind.
Lustig, froh ...	
Bleibt steh'n	Sie bleiben stehen, schauen sich an.
Und wackelt mit dem Po.	Sie wackeln mit Hüfte und Po.
Kikeriki kikeriki!	Sie krähen wie ein Hahn.
Lirum, larum, länzchen,	Das Kind wird an beiden Händen angefasst, alternativ
Die Biene macht ein Tänzchen.	ist das Kind auf dem Arm von Mutter / Vater (Erzieherin).
Fliegt durchs Zimmer	Eltern und Kind bewegen sich, als ob sie fliegen.
Lustig, froh ...	
Bleibt steh'n	Sie bleiben stehen, schauen sich an.
Und wackelt mit dem Po.	Sie wackeln mit Hüfte und Po.
Summ summ!	Sie summen wie eine Biene.

Lirum, larum, länzchen,	Das Kind wird an beiden Händen angefasst, alternativ
Der Bär, der macht ein Tänzchen.	ist das Kind auf dem Arm von Mutter / Vater (Erzieherin).
Stapft durchs Zimmer	Die Eltern stampfen mit dem Kind.
Lustig, froh ...	
Bleibt steh'n	Sie bleiben stehen, schauen sich an.
Und wackelt mit dem Po.	Sie wackeln mit Hüfte und Po.
Brumm brumm!	Sie brummen wie ein Bär.

Ein Tänzchen ...

2.2.1 Hintergrund zu den Tänzchen und Bewegungsspielen auf dem Rücken oder den Schultern von Mama/Papa

Rhythmus

Alle in Kapitel 2 vorgestellten Aktivitäten – Bewegungen, Lieder, Reime und Wortspielereien – sind eng mit Rhythmus verbunden. Sie erwecken bereits bei Kleinstkindern großes Interesse und sind auch bei Kindergartenkindern sehr beliebt.

Sprech- und Sprachrhythmen werden, besonders wenn sie in Verbindung mit Bewegungen erfolgen, vom Gedächtnis nachhaltig gespeichert und dienen späteren schulischen und beruflichen Anforderungen. Sie bilden die Basis für Gedichte und Verse. Der Rhythmus wird hierbei vom Wechsel der Hebungen und Senkungen, von betonten Silben und unbetonten Silben bestimmt.

Der Rhythmus erleichtert das Gliedern und Behalten sprachlicher Informationen, auch die spätere Rechtschreibung und das Lesen bauen darauf auf.

Rhythmus, der besonders gut in Form von Fingerspielen, Reimen, Klatschspielen, Kniereiter- und Bewegungsspielen vermittelt wird, wirkt auf das Innenohr, in dem sich Hörorgan und Gleichgewichtsorgan befinden. Die Bogengänge des Gleichgewichtsorgans gelten als sensible Rezeptoren für Rhythmik und Schwingungen. Rhythmische Sprachelemente werden somit auch mithilfe des Gleichgewichtsorgans analysiert.

2.2.2 Infos zum Bildungsbaustein „Auditives Sinnessystem“

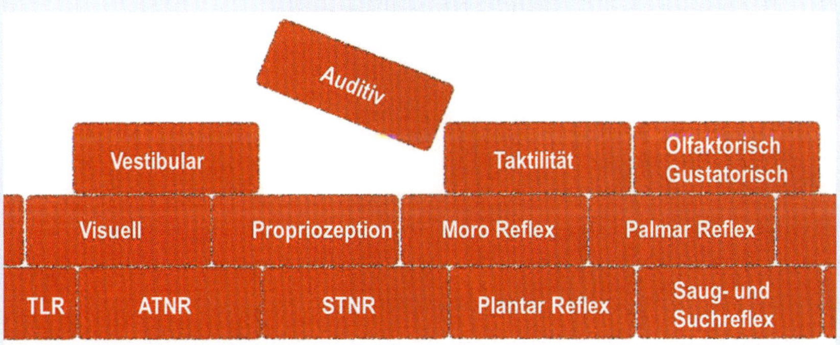

Hören und Zuhören

Hören und Zuhören sind wichtige Grundlagen für die Sprachentwicklung und das Denken eines Kindes. Zudem schaffen sie die Voraussetzung für die Kommunikation des Kindes mit der Umwelt.

Das menschliche Ohr entwickelt sich vorgeburtlich zwischen der vierten bis achten Schwangerschaftswoche. Um die 14. Woche beginnt das Kind im Mutterleib zu hören. Psychologen nehmen an, dass vor allem die beruhigende Stimme der Mutter dem Kind schon während der Schwangerschaft Sicherheit vermittelt.

Während der Schwangerschaft entwickelt das Ungeborene eine immer differenziertere auditive Wahrnehmung. Im letzten Schwangerschaftsdrittels zeigt sich schon die Fähigkeit, Geräusche zu unterscheiden, der Fötus beginnt nun auf verschiedene akustische Reize von Außen zu reagieren.

Von Geburt an gewinnt das kindliche Gehör ständig an Schärfe.

Bereits zwischen dem ersten bis dritten Monat erkennt der Säugling vertraute Stimmen.

Zwischen dem dritten bis sechsten Lebensmonat nimmt das Baby Stimmklang und Stimmmelodie auf und reagiert auf Singen und Musik.

Um den sechsten bis zwölften Monat reagiert das Kind auch auf den eigenen Namen, und sichtbares Hören und Horchen wird deutlich.

Ab dem zehnten Monat beginnt es bei Blickkontakt Anweisungen zu verstehen und darauf zu reagieren.
Um das zweite Lebensjahr wippt das Kleinkind im Rhythmus der Musik und hört kurzen Geschichten zu.
Ab ca. drei Jahren erkennt es Reime wieder.
Die Hörfähigkeit des Kindes entwickelt sich bis zum Schulalter weiter. Es ist kein Zufall, dass sich das Gehör parallel zum Erlernen der kindlichen Sprache bis hin zu deren Beherrschung verfeinert.
Ab dem sechsten Lebensjahr verfügt das Kind über eine vollausgebildete Hörfähigkeit.
Ein Hörschaden kann sich ebenso wie eine Hypersensitivität (eine Überempfindlichkeit im Hören) problematisch auf die Entwicklung des Kindes auswirken. Beide Symptome belasten das Erlernen der Sprache, die Kommunikation und das schulische Lernen. Der verzögerte Sprachaufbau kann sich zudem hemmend und belastend auf den späteren Schriftspracherwerb auswirken.
Für Eltern, Erzieher und Lehrer ist es wichtig zu wissen, dass undeutliches und verwaschenes Sprechen mit einer Hörminderung zusammenhängen kann, die die Artikulation beeinflusst. Die spätere Folge davon können Rechtschreibprobleme sein. Es erscheint daher wichtig, das Spiel- und Lernverhalten von Kindern frühzeitig zu beachten und bei Auffälligkeiten einen Facharzt aufzusuchen.

Das Ohr und die Stationen des Hörens

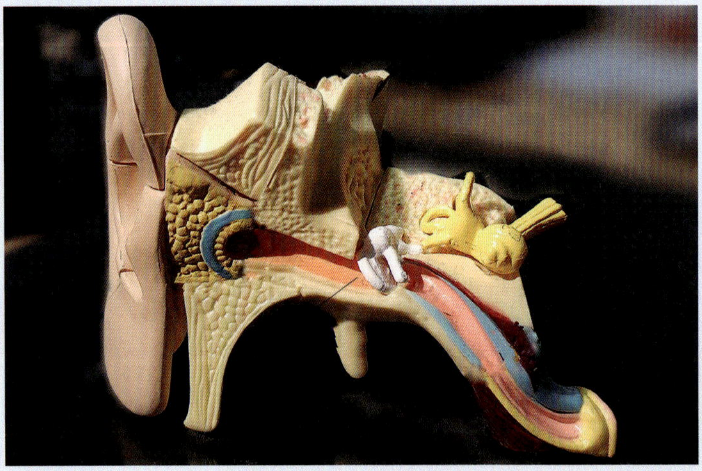

Bild vom Ohr

Das äußere Ohr — Die Ohrmuschel fängt die Schallwellen auf und leitet sie durch den Gehörgang bis zum Trommelfell.

Das Mittelohr — Das Trommelfell wird durch den Schall in Schwingung versetzt. Einer der drei Gehörknöchelchen – der Hammer, der mit dem Trommelfell verwachsen ist – nimmt die Schwingungen auf und leitet sie weiter an die anderen beiden Gehörknöchelchen, Steigbügel und Amboss.

Das Innenohr — Der Amboss sitzt am Eingang zum Innenohr, einem mit Flüssigkeit gefüllten schneckenförmig aufgerollten „Schlauch“ (daher auch der Ausdruck Hörschnecke). In diesem Schlauch sitzen fein nebeneinander aufgereiht die Hörzellen, die die Schwingungen in der Flüssigkeit in Nervenimpulse umwandeln.

Der Hörnerv — Er ist mit den Sinneszellen verbunden und hat die Aufgabe, die elektrischen Nervenimpulse zum Gehirn weiterzuleiten.

Das Hörzentrum im Gehirn — Hier wird uns schließlich nach einem komplizierten Vorgang das Gehörte „bewusst“.

2.2.3 Spiele und Informationen zur Unterstützung der Hörwahrnehmung

Zusätzliche Spiele und Informationen zum auditiven Sinnessystem finden Interessierte in ***Kapitel 1–4 dieses Buches*** *und in folgenden Büchern*

„Von Anfang an im Gleichgewicht“
(U3 bis 8 Jahre)
Begleitbuch
Schnecke – klatsch, klatsch, klatsch, Seite 74
Hallo Floh, Seite 75
Käferlein, Käferlein, Seite 75
Die Uhus schau'n, die Uhus seh'n, Seite 75
Da ist der Has ..., Seite 75
Daumen rein, Daumen raus ..., Seite 76
Ach, wie sieht's denn draußen aus, Seite 78
Käfer im Dunkeln, Seite 78
Meine Tante Cordula, Seite 78
Laurentia, Seite 79
Häschen in der Grube, Seite 80
Brüderchen, komm tanz mit mir, Seite 80
Ich nehme meine Leiter, Seite 81

„Bildung kommt ins Gleichgewicht“
(Klasse 1 bis Klasse 13)
Kalender, Übungen, Stufe 1–5

„Kita und Schule – ein starkes Team“
(4 bis 8 Jahre)
Willi Geschichten, Seite 78
Willi Geflüster, Seite 78
Im Willi-Wald, Seite 79
Lockrufe im Willi-Wald, Seite 79
Geheime Rufe im Willi-Wal, Seite 70
Spiel mit dem Seil, Seite 79
Willis Kinderturm, Seite 80
Ich sag „Willibald“, Seite 79
Willis Einkaufsspiel, Seite 79
Willis Kinderturm, Seite 80
Aufgepasst! Willis Hasen, Willis Bienen, Seite 81
Willi-Wald im Nebel, Seite 85
Zwerge begegnen sich im Wald, Seite 87

„Ich wär jetzt mal 'ne Fledermaus“
(3 bis 10 Jahre)
Geschichten mit Heidi Hand und Hansi Hand, den Spinnen aus dem Zwillingsland
Geschichten mit den Tausendfüßlern Fritzchen und Marleen, die so gerne barfuß geh'n
Geschichten mit Freddy, der frechen Fledermaus und Mia, der munteren Musikmücke
Geschichten mit Ritchie Ringelwurm
Geschichten mit Kati Kullerkätzchen
Spiele zum Kennenlernen des Körpers

„Beweg dich, Schule!“
(Vorklasse bis Klasse 13)
Schwerpunkt Mathematik
Größer als ... kleiner als, Seite 85
Menschen Domino, Seite 86
Rechen Memory, Seite 89
1×1-Klatschen, Seite 102
1×1-Partnerklatschen, Seite 104
Rechenjogging, Seite 116
Gehirn-Wecker, Seite 118
Gehirn-Wecker-Kreis, Seite 119
Schwerpunkt Deutsch
Koffer ein- und auspacken, Seite 125
ABC, ich geh ..., Seite 135
ABC-Raupe, Seite 136
ABC-Gymnastik, Seite 136
Ping-Pong-Sätze, Seite 139
Fehlerstopp, Seite 142
Aufsatztanz, Seite 142
Märchenwalken, Seite 147
Körpergrammatik, Seite 148
Erwischen, Seite 151
Schwerpunkt Fächerübergreifende Spiele
Wochentagsport, Seite 168
Auf und nieder ..., Seite 174
Hausaufgaben aktuell, Seite 177
Mini-Sportbewegungen und
Mini-Entspannungsübungen
Laurentia, Seite 186
Strecken, necken, Seite 185
Hausputz, Seite 186
Heißer Hintern, Seite 195
Wasser kommt, Seite 195
Kleine Bewegungspausen
Affenstark, Seite 240
Schere, Stein, Papier, Seite 244
Hexenschritte, Seite 244
Zehn Messer ..., Seite 244
Ein Hut, ein Stock ..., Seite 248
Body-Percussion, Seite 259
Klatsch- und Fingerspiele
Steigt der Peter, Seite 267
Fünf Gespenster, Seite 267
Da kommt der Bär, Seite 267
Larifari, Seite 268

„Was ist los in meinem Kopf?“
(5 bis 12 Jahre)
Echo-Spiel, Seite 27

Hahnenkampf, Seite 28
Supermann, Seite 29
Bewegung tut gut, Seite 31
Körperreise, Seite 31
Mühlenspiele, Seite 32

Zusätzliche fachliche Informationen zum auditiven Sinnessystem finden Sie in:
Flügel und Wurzeln, Kapitel 2.4, Seite 65 ff.
Beweg dich, Schule!, Kapitel 1.1.2, Seite 19 ff.
Entdecken Sie Ihr Gleichgewicht – Lärm, Tinnitus, Kapitel 3.4.6, Seite 48 ff.

2.3 Spielerische Rituale[32]

Wiederholungen und Wiederkehrendes sorgen schon in den ersten Lebensjahren des Kindes für Vertrautheit, Sicherheit und Geborgenheit. Regelmäßigkeit lässt Kinder erste Ordnung und Orientierung erfahren.
Spielerische Rituale bereiten Freude, fördern die emotionale und soziale Entwicklung ebenso wie die Entwicklung von Wahrnehmung, Bewegung und Sprache. Sie unterstützen das körperliche und das seelische Gleichgewicht des Menschen.

„Zähneputzen macht Spaß!" ⓪❶❷❸❺❼❽

Kleiner Spruch/kleines Spiel zum täglichen Ritual des Zähneputzens.

Zähne putzen und zwar richtig,

Ist für Mama, Papa und das Kind sehr wichtig!

Schnütchen auf und Zähne zeigen,

Die Bürste will sie sauber reiben.

Hin und her und hoch und runter,

Die Bürste macht die Zähne munter.

Zum Schluss mit Wasser spülen wir den Mund,

Das Putzen hält die Zähne ganz gesund!

Zähneputzen mit Spaß!

---

32 *Texte und Spielideen: Dorothea Beigel*

„Wir wollen Schlafen gehen" ⓪❶❷❸❹

Dieser Spruch wird leise gesprochen. Er kann auch eine Liebkosung vor dem Schlafen sein.

Alles wird im Hause still,	Das Kind wird ins Bett gelegt.
Weil mein Kind jetzt schlafen will.	
Mama streichelt Dich ganz sacht,	Das Kind wird sanft gestreichelt.
Hat Dich lieb, gibt auf Dich Acht.	
Gibt Dir sanft und leis zum Schluss	
Einen kleinen „Schlaf gut"-Kuss.	Das Kind bekommt einen sanften Kuss.

Rituale erleichtern das Schlafengehen.

„Tisch-Spruch" ⓪❶❷❸❺

Der Spruch wird von allen gemeinsam am Tisch gesagt.

Essen lecker und auch frisch	Alle fassen sich an den Händen an.
Steht auf uns'rem großen Tisch.	
In den Mund schieb, schieb …	
guten Appetit!	Loslassen und essen!

„Guten Appetit" ⓪❶❷❸❺

Der Spruch wird von allen gemeinsam am Tisch gesagt.

Herr Wurst und Frau Fisch,	Die Zeigefinger der rechten und der linken Hand werden
Die sitzen am Tisch.	wechselseitig aufeinander gelegt.
Sie warten auf mich,	Die Zeigefinger zeigen auf die eigene Person.
Sie warten auf dich.	Die Zeigefinger zeigen auf eine andere Person.
Sie reichen die Hand	Alle reichen sich die Hände.
Und singen ein Lied	
Guten Appetit!	Alle lassen sich los und beginnen zu essen.

Gemeinsame Mahlzeiten in der Familie, in Kita und Schule sind wertvolle Rituale.

„Das leckere Häppchen“ 0 1 2 3 4 5 7 9

Kleines Spiel für Mini-Mahlzeiten
Mutter/Vater (Erzieherin) und Kind sitzen sich gegenüber.

Spruch und Bewegungsablauf

Das Kind macht mit beiden Händen eine Faust.
Die Mutter/der Vater (Erzieherin) hat ein „Häppchen“ (ein Stück Brot, Obst, ...) in der Hand und kreist damit wie ein Flieger um das Kind herum.
Mit der anderen Hand macht Mutter/Vater (Erzieherin) auch eine Faust wie das Kind, so können die Bewegungen des Kindes – Öffnen der Hand, winken, klatschen, ... – unterstützt werden.

Fliegt ein Häppchen um das Haus,	
Kommen alle Finger raus ...	Das Kind öffnet die Faust.
Winken ...	Die Hände winken.
Klatschen ...	Die Hände klatschen.
Freu’n sich sehr,	Die Arme werden in die Luft gestreckt.
„Liebes Häppchen komm mal her“!	Das Kind öffnet den Mund, Mutter/Vater (Erzieherin) stecken das Häppchen in den Mund des Kindes.

„Mein Pfötchen, mein Pfötchen“ 0 1 2 3 4 5 7

Ein Spaßspiel zum Essen.

Spruch und Bewegungsablauf

Mein Pfötchen,	Das Kind faustet und öffnet die Hände mehrmals im Wechsel.
Mein Pfötchen,	
Das möchte ein Brötchen.	

Meine Schnut,	Das Kind tippt mehrmals mit den Zeigefingern auf den Mund.
meine Schnut	
Ruft: „Das schmeckt gut!“	
Mein Bauch,	Das Kind reibt mehrmals mit der flachen Hand über den Bauch.
Mein Bauch,	
Der sagt: „Mir auch!“	
Als das Brötchen das sieht,	Das Brötchen (etwas Essbares) in die Luft halten.
Ruft es:	
„Hier bin ich! Guten Appetit“	Das Kind bekommt ein Brötchen (etwas Essbares).

„Aufstehen! Rausgehen!“ 0 1 2 3 5

Der Spruch wird durch rhythmisches Händeklatschen unterstützt. Er eignet sich gut, wenn alle Kinder zum Beenden einer Aktivität aufgefordert werden, um gemeinsam rauszugehen.

„Aufsteh’n, aufsteh’n,
Alle wollen rausgeh’n.
Wollen laufen, wollen geh’n,
Wollen uns’re Freunde seh’n.
„Aufsteh’n, aufsteh’n,
Alle wollen rausgeh’n.
Komm gleich mit!!

Aufsteh’n – rausgeh’n – alle kommen mit!

„Wer will liebe Kinder seh'n" ⓿❶❷❸❹❺❻❼

Der Spruch unterstützt das Eincremen oder Waschen des Kindes.
Der Text wird gesprochen oder zur Melodie „Wer will fleißige Handwerker seh'n gesungen.

Eincremen des Kindes

Wer will liebe Kinder seh'n,
Der muss mit zur Tina (Namen des Kindes einsetzen) geh'n.
Creme ein, creme ein,
Das Beinchen wird gleich fertig sein.

Wer will liebe Kinder seh'n,
Der muss mit zur Tina (Namen des Kindes einsetzen) geh'n.
Creme ein, creme ein,
Das Ärmchen wird gleich fertig sein.

Wer will ...
Creme ein, creme ein,
Das Füßchen wird gleich fertig sein.
... das Händchen
... das Näschen
... das Öhrchen

Alternative:

Waschen des Kindes
Wer will liebe Kinder seh'n,
Der muss mit zur Tina (Namen des Kindes einsetzen) geh'n.
Wasche fein, wasche fein,
Das Beinchen wird gleich fertig sein.

...

Das Waschen und Einseifen erleben und ...

genießen!

Weitere Spiele für den U3 Bereich aus Kapitel 3 dieses Buches

- Im Grase kriecht die kleine Schnecke ... Seite 80
- Was machen Willis Freunde bei Regen? Seite 81
- Kommt Willis Uhu geflogen ... Seite 82
- Punkt, Punkt ...! Seite 83
- Hallo Fuß! Seite 83
- Die verhexte Schnecke Seite 88
- Willis Freunde haben Spaß! Seite 89
- Hier sitzt der kleine Hase Seite 90
- Wie hoppeln Willis Hasen? Seite 121
- Fingerspiel: „Guten Tag, sagt Willi's Floh“ Seite 123
- Willilein Seite 136
- Hasen-Massage Seite 159

2.3.1 Hintergrund zu den spielerischen Ritualen

Kinder lieben Rituale. Regelmäßige Abläufe im Alltag helfen Kindern, den Anforderungen des Alltags gerecht zu werden und sie zu meistern.
Wiederkehrendes erweckt bei Kindern und Erwachsenen Vertrautheit, sorgt für Sicherheit, vermittelt Geborgenheit.
Rituale reduzieren Ängste.
Regelmäßigkeit und Wiederholungen im Alltag geben Menschen jeden Alters Struktur, schaffen Ordnung und Orientierung.
Spielerische Rituale sollen Spaß machen. Rituale müssen in Situationen passen. Sie müssen gut tun.

2.3.2 Infos zum Bildungsbaustein „Visuelles Sinnessystem"

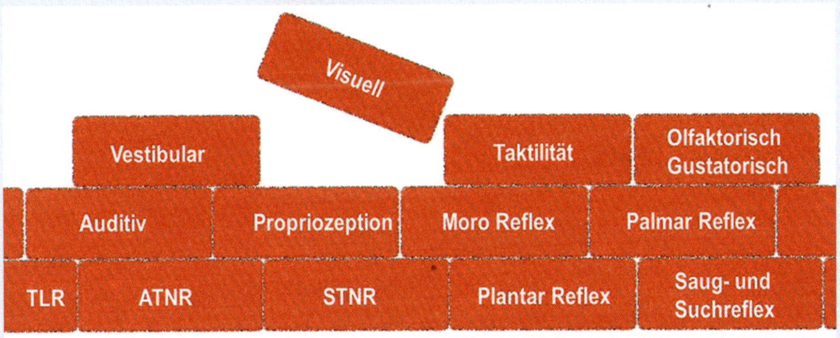

Sehen und Hinsehen
Bei der Geburt beginnt die aktive Seherfahrung des Kindes.
Das Baby kann die Augen in alle Richtungen bewegen, die äußeren Augenmuskel sind gut entwickelt, der Pupillenreflex (auf direkten Lichteinfall verengt sich die Pupille) ist ausgebildet. Das Neugeborene ist jedoch weitsichtig, sein Sehen noch unscharf.
Beträgt die Sehschärfe des Säuglings nach der Geburt anfangs erst etwa 50 % der Sehschärfe eines Erwachsenen, verbessert sie sich aber während der folgenden Monate stark.

In der Zeit bis zum dritten Lebensmonat, in der Babys besonders auf Lichtquellen reagieren, beginnen sie, Gegenstände und Personen kurzzeitig zu fixieren – ab der 6. Lebenswoche erkennen sie Gesichter.
Zwischen dem 3.–6. Monat sind erste isolierte Augenbewegungen möglich – die Augen folgen bewegten Gegenständen und Personen. Menschen, die mit ihnen sprechen und singen, werden fixiert. Babys betrachten ihre eigenen Hände, und das räumliche Sehen entwickelt sich.
Mit der stetigen Verbesserung der Sehschärfe geht die Entwicklung des Farbensehens einher.
Mit ca. einem halben Jahr sind alle primären Sehfähigkeiten wie Farbensehen, Tiefenwahrnehmung, Scharfsehen, zielgerichtete Augenbewegungen ausgebildet.
Das „Be-greifen" des „Ge-sehenen" rückt in den Mittelpunkt.
Zwischen dem ersten und dem zweiten Lebensjahr entwickelt sich auch die Auge-Hand-Koordination stetig weiter.
Die Auge-Hand-Koordination ist eine wichtige Grundlage für das spätere Erlernen der Kulturtechniken.
Schlechte Handschrift, nicht eingehaltene Linien/Rechenkästchen oder Schwierigkeiten beim Ausmalen können Folgen einer mangelhaft ausgeprägten Auge-Hand-Koordination sein.
Die Auge-Hand-Koordination ist zugleich auch eine wichtige Vorstufe für das Zählen, Ordnen und Zuordnen von Elementen. Das Kind zählt und ordnet, anfangs benutzt es Augen und Hand gemeinsam dazu.

Die volle Sehschärfe erreicht das Kind etwa mit sieben bis acht Jahren. Das ist die Zeit, in der die Stirnlappen ausreifen und zu der sich die feinmotorische Koordination der Muskeln im ganzen Körper entwickelt[33].

Der Sehsinn liefert dem Menschen rund 80 % aller Informationen aus der Umwelt.
Er ermöglicht es, 150 Farbtöne aus dem Spektrum des sichtbaren Lichtes zu unterscheiden und zu einer halben Million Farbempfindungen zu kombinieren.
Die Augen haben die Aufgabe, visuelle Reize von außen wahrzunehmen und sie in elektrische Impulse umzuwandeln. Anschließend werden die Informationen an das Gehirn weitergeleitet.
Ein Großteil der menschlichen Sehfähigkeiten und -leistungen wird von einem Punkt im Auge erbracht, der im Zentrum der Netzhaut liegt, der Makula (gelber Fleck), die u.a. aus 100 Millionen Sehzellen besteht.
Bei gesunden Augen werden die Lichtstrahlen von der Linse im Auge so gebündelt, dass sie an der Stelle des schärfsten Sehens auf die Netzhaut treffen. So kann sich ein scharfes Bild entwickeln.
Es gibt zwei Typen von Sehzellen: die lichtempfindlicheren Zapfen, die für das Farbsehen sorgen, und die Stäbchen, die für das Dämmerungs- und Nachtsehen verantwortlich sind. Rund 95 % aller Sehzellen liegen im Zentrum der Netzhaut, in der Makula.
Für die Beweglichkeit der Augen sorgen jeweils vier gerade sowie zwei schräge Augenmuskeln. Sie ermöglichen es, dass die Augen Drehbewegungen in alle Richtungen ausführen können.

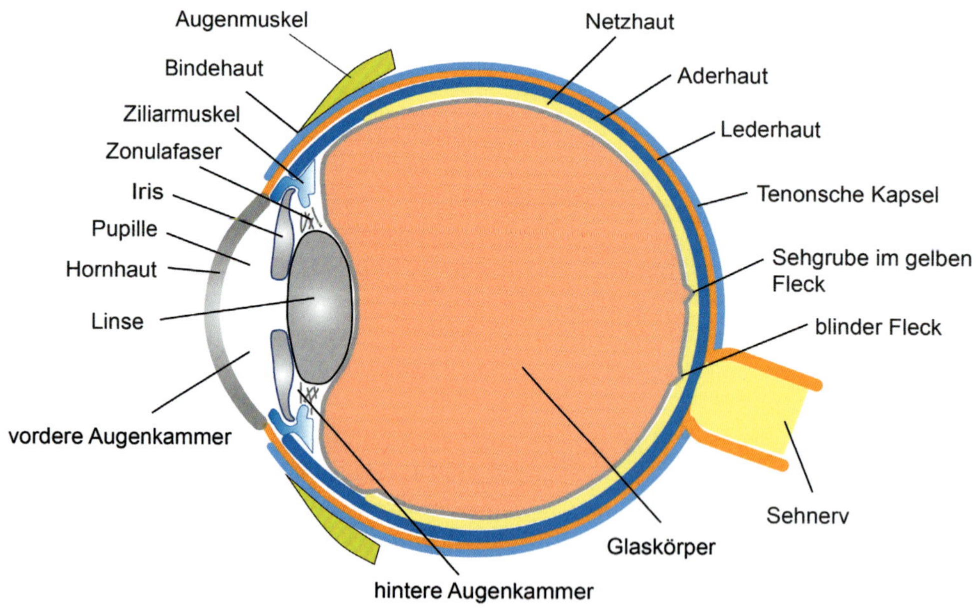

[33] *Beigel, D. „Flügel und Wurzeln. verlag modernes lernen. Dortmund.*
Tabellen in Beigel, D.; Grönemeyer, D.: Kita und Schule – ein starkes Team". BORGMANN MEDIA. Dortmund

2.3.3 Spiele und Informationen zur Unterstützung der Sehwahrnehmung

Zusätzliche Spiele und Informationen zum visuellen Sinnessystem finden Sie in ***Kapitel 1–4 dieses Buches*** *und in folgenden Büchern*

„Von Anfang an im Gleichgewicht“ (U3 bis 8 Jahre)

Begleitbuch

Schnecke – klatsch, klatsch, klatsch, Seite 74
Hallo Floh, Seite 75
Käferlein, Käferlein, Seite 75
Die Uhus schau'n, die Uhus seh'n, Seite 75
Da ist der Has ..., Seite 75
Daumen rein, Daumen raus ..., Seite 76
Ach, wie sieht's denn draußen aus, Seite 78
Meine Tante Cordula, Seite 78
Laurentia, Seite 79
Häschen in der Grube, Seite 80
Brüderchen, komm tanz mit mir, Seite 80
Ich nehme meine Leiter, Seite 81

Kita und Schule – ein starkes Team (4 bis 8 Jahre)

Willis Bewegungsorchester, Seite 80
Wer weiß etwas im Willi-Wald, Seite 81
Füße erkennen, Seite 81
Was hat sich verändert, Seite 81
Fußabdruck im Willi-Wald, Seite 81
Geheime Willi-Zeichen, Seite 81
Willis Steine, Seite 81
Willis Olympiade, Seite 81
Willis Himmel, Seite 81
Aufgepasst! Willis Hasen, Willis Bienen, Seite 81
Willis Fernbedienung, Seite 82
Eine kleine Zwergenmaus, Seite 83
Ich habe einen Teddybär, Seite 83

„Bildung kommt ins Gleichgewicht“ (Klasse 1 bis Klasse 13)

Kalender, Übungen, Stufe 1–5

„Ich wär jetzt mal 'ne Fledermaus“ (3 bis 10 Jahre)

Geschichten mit Heidi Hand und Hansi Hand, den Spinnen aus dem Zwillingsland
Geschichten mit den Tausendfüßlern Fritzchen und Marleen, die so gerne barfuß geh'n
Geschichten mit Freddy, der frechen Fledermaus und Mia, der munteren Musikmücke
Geschichten mit Ritchie Ringelwurm
Geschichten mit Kati Kullerkätzchen
Spiele zum Kennenlernen des Körpers

„Beweg dich, Schule!“ (Vorklasse bis Klasse 13)

Schwerpunkt Mathematik

Größer als ... kleiner als, Seite 85
Menschen Domino, Seite 86
Beine würfeln, Seite 87
Rechen Memory, Seite 89
Zahlen raten, Seite 91
Rechnen mit dem Körper, Seite 95
1×1-Klatschen, Seite 102
Schätzen, messen, Seite 105
1×1-Partnerklatschen, Seite 104
Gehirn-Wecker, Seite 118
Gehirn-Wecker-Kreis, Seite 119

Schwerpunkt Deutsch

Koffer ein- und auspacken, Seite 125
Schreibmaschine, Seite 126
Fotografieren, Seite 131
ABC, ich geh ..., Seite 135
ABC-Raupe, Seite 136
ABC-Gymnastik, Seite 136
Bewegte Sätze, Seite 138
Aufsatztanz, Seite 142
Die Würfel sind gefallen, Seite 145
Wortpantomime, Seite 146
Körpergrammatik, Seite 148
Erwischen, Seite 151
Wer bin ich, Seite 155

Schwerpunkt Fächerübergreifende Spiele

Grimassen-Kette, Seite 165
Umkleidekabine, Seite 167
Wochentagsport, Seite 168
Spiegel, Seite 169
Zielscheibe, Seite 170
Löffelfechten, Seite 172
Auf und nieder ..., Seite 174
Hausaufgaben aktuell, Seite 177

Mini-Sportbewegungen und Mini-Entspannungsübungen

Laurentia, Seite 186
Strecken, necken, Seite 185
Hausputz, Seite 186
Heißer Hintern, Seite 195
Wasser kommt, Seite 195

Kleine Bewegungspausen

Affenstark, Seite 240
Schere, Stein, Papier, Seite 244
Hexenschritte, Seite 244

Zehn Messer ..., Seite 244
Ein Hut, ein Stock ..., Seite 248
Body-Percussion, Seite 259
Klatsch- und Fingerspiele
Steigt der Peter, Seite 267
Fünf Gespenster, Seite 267
Da kommt der Bär, Seite 267
Larifari, Seite 268

„Was ist los in meinem Kopf?" (5 bis 12 Jahre)
Echo-Spiel, Seite 27
Hahnenkampf, Seite 28
Supermann, Seite 29
Klatschspiel, Seite 30
Bewegung tut gut, Seite 31
Körperreise, Seite 31
Mühlenspiele, Seite 32

Zusätzliche fachliche Informationen zum propriozeptiven Sinnessystem finden Interessierte in:
Flügel und Wurzeln, Kapitel 2.5, Seite 73 ff.
Beweg dich, Schule!, Kapitel 1.1.1, Seite 18 ff.

Kapitel 3 Vorfahrt für die Bildung! – Kita, Schule, Elternhaus, Verein [34]

Erfahrungen, die Kinder im Spiel machen, bilden die Grundlagen für eine gesunde, ganzheitliche Entwicklung und sind die Voraussetzung für das Lernen.
Forscher sind sich einig, dass Spielen unverzichtbar und wichtig für die Gehirnentwicklung des Menschen ist.

> ***„Spielen ist Dünger für das Gehirn und Kraftfutter für Kinderseelen."***
> *Gerald Hüther[35]*

Spielen endet auch nicht mit dem Beginn der Schulpflicht!
Fingerspiele, Fußspiele, Klatsch-, Patsch- und Singspiele, Basteln, Bewegungsspiele, Rollenspiele haben im Kindergarten- und Schulalter ... eine äußerst positive Auswirkung auf die Denkleistung des Kindes. Sie tragen zum Aufbau von wichtigen Nervenverbindungen im Gehirn bei. Geistige Aktivität wird zusätzlich erhöht, wenn körperliche Betätigungen in der Gruppe, also im sozialen Kontakt stattfinden.

Schon Fröbel sprach vom „hohes Ernst und der tiefen Bedeutung des Spiels!" [36].

Bereits in den ersten Lebensjahren wird ein Grundstock für die gesamte spätere Bildungsvita eines Kindes gelegt.
In allen Bundesländern setzt Schulunterricht Vorläuferkompetenzen voraus.
Vorläuferkompetenzen meinen Erfahrungen, die notwendig sind, um schulischen Anforderungen gerecht zu werden. Sie gelten als Aufgabe der Frühpädagogik und sind Grundstock aller Kompetenzen, also erworbener Fähigkeiten, die auf andere Aufgaben und Probleme übertragbar und nutzbar sind.
Vorläuferkompetenzen des Lesens, Schreibens und Rechnens sind in der Pädagogik bekannt, bei vielen Kindern aber scheint ihre Anbahnung und Ausbildung labil. [37]

In den Aktivitäten von Kapitel 3 und 4 tummeln sich Zwerg Willibald und seine tierischen Freunde. Sie spielen inzwischen in vielen Kitas, Schuleingangsstufen und in Vereinsangeboten eine große Rolle, da sie regelmäßig für einige Minuten zu Besuch kommen[38], um sich mit den Kindern zu bewegen.

---

34 *Texte und Spielideen in diesem Kapitel: Dorothea Beigel*

35 *Gerald Hüther, Neurobiologe zählt zu den bekanntesten Hirnforschern Deutschlands.*

36 *„Spiel ist nicht Spielerei, es hat hohen Ernst und tiefe Bedeutung." (Friedrich Fröbel, 1782–1852, deutscher Pädagoge, Begründer der pädagogischen Konzeption von Bildung, Erziehung und Betreuung.)*

37 *Auszug aus: Beigel, D.: Kita und Schule – ein starkes Team. BORGMANN MEDIA. Dortmund*

38 *Im Bewegungs- und Gleichgewichtsprogramm „Von Anfang an im Gleichgewicht" besucht Zwerg Willi täglich mit einem seiner tierischen Freunde die Kinder, um für einige Minuten Wahrnehmung, Bewegung und Sprache spielerisch zu fördern.*

Kurze Vorstellung für alle, die Zwerg Willibald noch nicht kennen:

Sensomotorische und sprachliche Förderung mit Zwerg Willibald und seinen Freunden.

Zwerg Willibald besucht mit Spielideen und dem Bewegungs- und Gleichgewichtsprogramm „Von Anfang an im Gleichgewicht“ immer mehr Kitas und Schuleingangsklassen in Deutschland, Österreich und in der Schweiz. Dort fördert er täglich in wenigen Minuten gezielt Bewegung, Wahrnehmung, Sprache und Emotional-Sozialverhalten der Kinder. Seine Freunde, die Schnecke, der Floh, der Käfer, der Uhu und der Hase sind täglich wechselnd dabei und unterstützen durch lustige Verse und gemeinsame Bewegungseinheiten.

Viele Kinder wissen noch mehr von Zwerg Willibald, der im Willi-Wald wohnt. Man kann ihn besuchen, mit ihm spielen und sich mit ihm bewegen – auch einen „Willi-Kuchen“ kann man mit ihm backen. Das alles ist im Materialpaket „Kita und Schule – ein starkes Team“ zu erfahren, das mit seinem Beobachtungsspiel den Entwicklungsstand schulischer Vorläuferkompetenzen erfasst[39].

Ergänzende Bewegungs- und Wahrnehmungsförderung bieten Bewegungsgeschichten aus dem Buch „Ich wär' jetzt mal 'ne Fledermaus“[40]. Sie unterstützen die Ausreifung frühkindlicher Reflexe und fördern die koordinativen Fähigkeiten der Kinder.

---

[39] *Beigel, D.: Kita und Schule – ein starkes Team. BORGMANN MEDIA. Dortmund*

[40] *Beigel, D. Grönemeyer, D.: Ich wär' jetzt mal 'ne Fledermaus. verlag modernes lernen. Dortmund*

Willis Freunde – Babsi, die Ballbiene (Moro-Reflex), Heidi Hand und Hansi Hand, die Spinnen aus dem Zwillingsland (Palmar-Reflex), Fritzchen und Marleen, die so gerne barfuß geh'n (Plantar-Reflex), Ritchie, der Ringelwurm (Tonischer Labyrinth-Reflex), Kati das Kullerkätzchen (Symmetrisch Tonischer Labyrinthreflex), Freddy, die freche Fledermaus und Mia, die muntere Musik-Mücke (Asymmetrisch Tonischer Nackenreflex) – begleiten die Kinder phantasievoll durch die Bewegungsgeschichten.

Viele Gruppen und Klassen, die mit den Spielideen und kindgerechten Programmen arbeiten, wünschen sich mehr Anregungen und Angebote mit Zwerg Willibald und seinen tierischen Freunden.

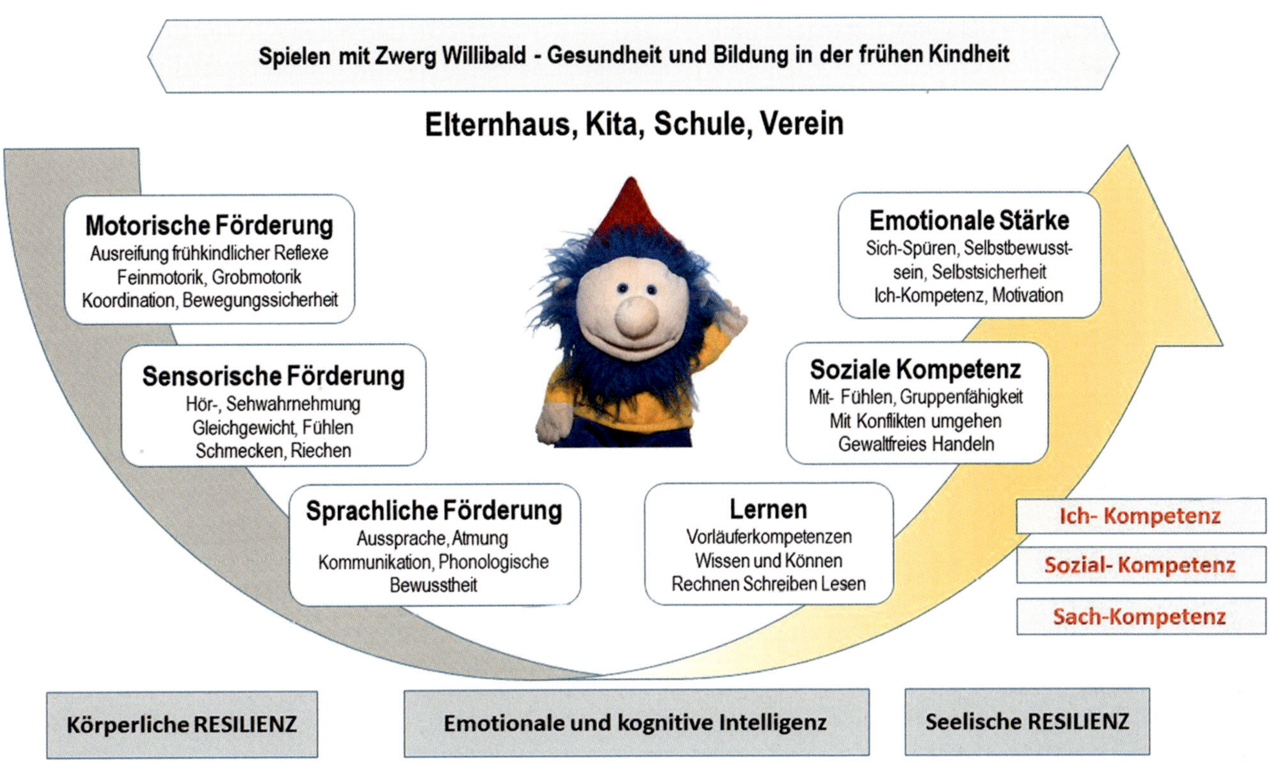

HIER KOMMEN SIE!!!

ACHTUNG!!!
Alle Nutzerinnen dieses Buches, die Zwerg Willibald und seine Freunde nicht explizit benennen wollen, können problemlos alle Spiele mit anderen Namen/Figuren verbinden.

Information zu Kapitel 3
Jedes Spiel in Kapitel 3 wird einer bestimmten Stufe zugeordnet.
Diese Hinweise sollen den Überblick über das Angebot erleichtern.
Jede Leserin entscheidet natürlich selbst, welche Aktivität für ihre Gruppe / für ihr Kind gewählt wird.

Stufe 1: Spiele für Einsteiger – einsetzbar vorwiegend für den Altersbereich ab 3 Jahre.
Stufe 2: Spiele, die erste Übung feinmotorischer Differenzierung erfordern – einsetzbar vorwiegend für den Altersbereich etwa ab 4 Jahre.
Stufe 3: Spiele, die feinmotorische und koordinative Aufgaben erfordern – einsetzbar vorwiegend für den Altersbereich etwa ab 5 Jahre.

Alle Spiele von Stufe 1–3 können bis in die Schuleingangsphase genutzt werden.

3.1 Finger- und Fußspiele[41]

Nicht nur für Babys, Kleinkinder, nicht nur in der Kindergarten- und Grundschulzeit, auch im Jugend- und im Erwachsenenalter sind Finger- und Fußspiele pädagogisch wertvoll.

In allen Altersstufen führen sie zu einer besseren Hirndurchblutung, zur erhöhten Wachheit und Aufnahmefähigkeit des Gehirns. Besonders von Fingerspielen ist bekannt, dass sie in jedem Alter eine positive Auswirkung auf die Denkleistung des Menschen haben.

Finger- und Fußspiele unterstützen gleichermaßen mehrere wichtige Bereiche der kindlichen Entwicklung: Sprachliche, sensorische und feinmotorische Kompetenzen, kognitive, mathematische und sozial-emotionale Fähigkeiten. Ergänzend unterstützen sie die Kreativität und Phantasie der Kinder.
Die spielerischen Einheiten bieten, gepaart mit Reimen, Versen, mit Wahrnehmungsschulung, Grob- und Feinmotorik ein pädagogisch wertvolles Handwerkzeug, das seit Fröbel[42] in der Tradition des Kindergartens verwurzelt ist (Fröbels Mutter- und Koselieder). In Finger- und Fußspielen steckt ein großes Potential. Sie dürfen auf keinen Fall – auch nicht in einer modernen technisierten Welt – verloren gehen.

> ***„Die Quelle alles Guten liegt im Spiel."***
> *Friedrich Wilhelm August Fröbel*[43]

---

[41] *Spielideen und Texte: Dorothea Beigel*
[42] *Friedrich Wilhelm August Fröbel (1782 – 1852) legte als Erster ein Bildungskonzept der Frühen Bildung vor (Kindergarten).*
[43] *Friedrich Wilhelm August Fröbel: Deutscher Pädagoge (1782–1852), Schüler von Pestalozzi, gründete 1840 den ersten Kindergarten.*

Feinmotorik umfasst alle kleinen Bewegungen, die mit Fingern, Hand, Fuß, Zehen, Zunge, Mund und der Gesichtsmuskulatur ausgeführt werden können. Eine gut funktionierende Feinmotorik ist von der Integration frühkindlicher Reflexe, wie Handgreifreflex, Fußgreifreflex, Saug- und Suchreflex, Asymmetrisch-Tonischem Nackenreflex und der angemessenen Zusammenarbeit verschiedener Wahrnehmungssysteme, wie des taktilen, des propriozeptiven, des vestibularen und des visuellen Systems abhängig.

Spiele zur Feinmotorik beinhalten u. a. das

- Training der Hand- und Finger-, Fuß- und Zehenkraft
- Üben einer angemessenen Kraftdosierung
- Pflegen der Gelenkigkeit von Schulter, Ellenbogen, Handgelenk, Finger, Fußgelenk und Zehen
- Fördern von Zielgenauigkeit und Üben der Auge-Hand-Koordination
- Finden der individuellen Händigkeit
- Erlernen der Feinabstimmung von Mund- und Zungenmotorik

Finger- und Fußspiele lassen sich gut in den Alltag integrieren und können unkompliziert umgesetzt werden!

Spiele mit Fingern und Händen

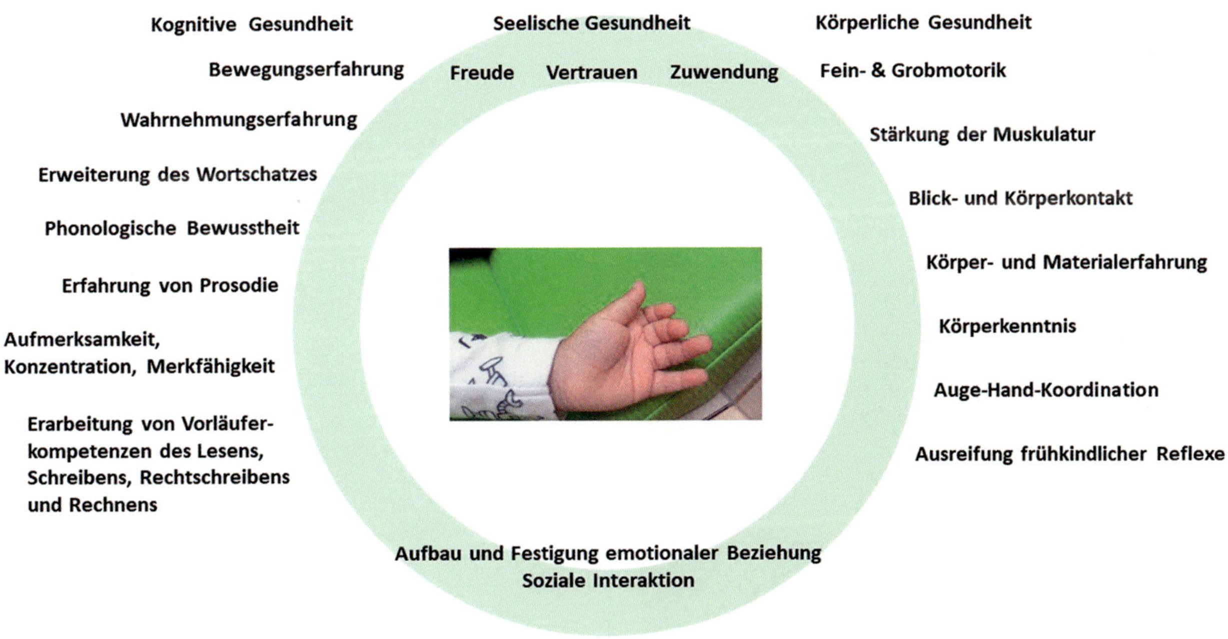

Stufe 1

Hinweis: Die Fingerspiele aus Stufe 1 können auch mit kleinen Kindern im Eltern-Kind-Kontakt gespielt werden. Dabei übernehmen die Eltern die Bewegungsabläufe/Berührungen beim Kind.

„Im Grase kriecht die kleine Schnecke" 0 1 2 3 4 5 8

Ausgangsstellung:
Die Kinder stehen oder sitzen im Kreis.

Spruch und Bewegungsablauf

Im Grase kriecht die kleine Schnecke.	Die flache Hand schiebt sich langsam über den gegenüberliegenden Arm.
Sie kommt ganz langsam um die Ecke.	
Hat ihre Fühler ausgestreckt ...	Zeigefinger und Mittelfinger werden in die Höhe gestreckt.
Jetzt hat sie uns entdeckt!	Zeigefinger und Mittelfinger bewegen sich leicht.
Schnell zieht sie ihre Fühler ein	Die flache Hand schiebt sich weiter über den gegenüberliegenden Arm.
Und kriecht ins Schneckenhaus hinein.	Die flache Hand schiebt sich unter die Achselhöhle.

„Im Grase kriecht die kleine Schnecke ..."
Im U3-Bereich spielen Eltern (Erzieherin) und Kind zusammen.

„Was machen Willis Freunde bei Regen?“ 0 1 2 3 5 8

Ausgangsstellung:
Die Kinder stehen oder sitzen im Kreis.

Spruch und Bewegungsablauf

Die Schnecke sagt:	
„Wenn's regnet, werde ich nicht nass!"	Daumen zeigen. Dann den Daumen in die Hand legen und Faust schließen.
Der Floh, der ruft:	
„Im Regen hüpfen, das macht Spaß!"	Zeigefinger zeigen und mit ihm Hüpfbewegungen auf dem eigenen Oberschenkel machen.
Der Käfer sagt:	
„Wenn's regnet, da geh ich nicht raus!“	Mittelfinger zeigen und die Hand, wie eine verneinende Bewegung, leicht hin und her bewegen.
Der Uhu sagt:	
„Wenn's regnet, da bleib ich im Haus!“	Ringfinger zeigen.
Nur der Hase kann es nicht erwarten,	Den kleinen Finger zeigen,
Er hüpft zusammen mit dem Floh	Mit dem kleinen Finger und dem
in Willis Garten.	Zeigefinger Hüpfbewegungen auf dem eignen Oberschenkel machen.

„Zwerg Willi und seine Freunde“ 0 1 2 3 5

Ausgangsstellung:
Die Kinder stehen oder sitzen im Kreis.

Spruch und Bewegungsablauf

Das ist das Haus von Willibald,	Eine Hand wird gefaustet.
Das ist die Schnecke „Ich komme bald“,	Der Daumen wird in die Höhe gestreckt.
Das ist Floh „Gerne groß“,	Der Zeigefinger wird in die Höhe gestreckt.
Das ist der Käfer „Setz mich auf den Schoß“,	Der Mittelfinger wird in die Höhe gestreckt.
Das ist der Uhu „Dideldu“,	Der Ringfinger wird in die Höhe gestreckt.
Das ist der Hase „Ich will jetzt Ruh“.	Der kleine Finger wir in die Höhe gestreckt.
Alle zusammen gehen sie in Willis Haus	
Und die Geschichte ist für heute aus.	Alle Finger gehen in die Faust.

„Kommt Willis Uhu geflogen“ *(Abb. links)* 0 1 2 3 4 5 8

Ausgangsstellung:
Die Kinder stehen oder sitzen im Kreis.

Spruch und Bewegungsablauf

Kommt ein Uhu angeflogen,	Daumen und kleiner Finger einer Hand werden abgespreizt, die anderen Finger sind leicht gebeugt.
Fliegt ganz hoch im großen Bogen.	Die Hand macht bogenförmige Flugbewegungen in der Luft.
Kreist herum nun immer wieder,	Die Hand macht kreisförmige Flugbewegungen in der Luft.
Fliegt in Richtung Erde nieder.	Die Hand bewegt sich in Richtung Oberschenkel.
Landet nun vorm Zwergen-Haus	
Die Geschichte ist jetzt aus.	Die Hand liegt flach auf dem Oberschenkel.

„Fünf Freunde von Willi“ *(Abb. rechts)* 0 1 2 3 4 5

Ausgangsstellung:
Die Kinder stehen oder sitzen im Kreis.

Spruch und Bewegungsablauf

Die Schnecke kriecht aus ihrem Haus.	Der Daumen wird in die Luft gestreckt.
Der Floh hüpft rum, will gar nicht raus.	Der Zeigefinger wird in die Luft gestreckt.
Der Krabbel-Käfer will jetzt fressen.	Der Mittelfinger wird in die Luft gestreckt.
Der Uhu schläft, will sich nicht stressen.	Der Ringfinger wird in die Luft gestreckt.
Der Hase sieht ganz fröhlich aus.	Der kleine Finger wird in die Luft gestreckt.
Und hoppelt froh in Willis Haus.	Die Hände klatschen zusammen.

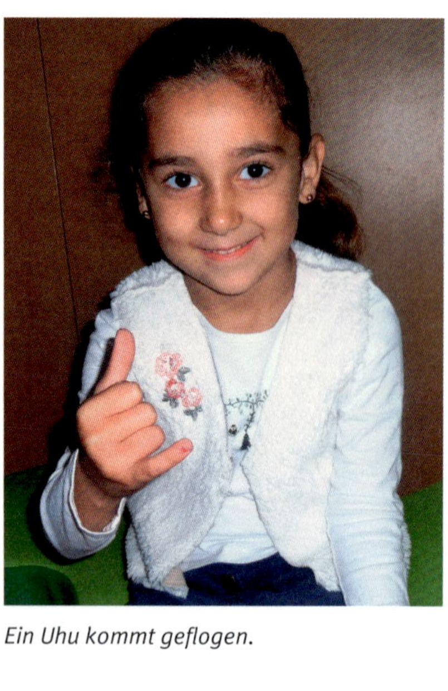

Ein Uhu kommt geflogen.

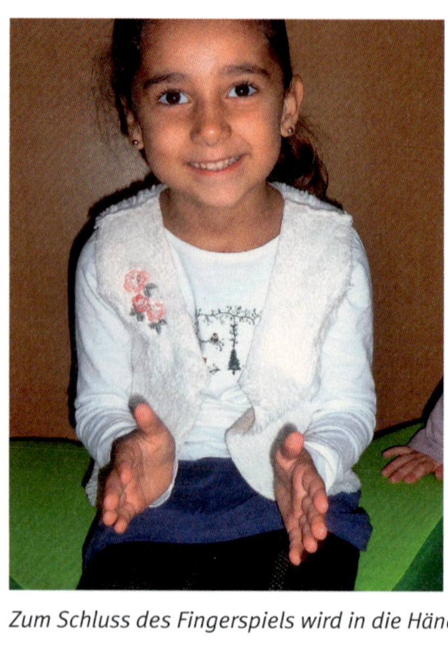

Zum Schluss des Fingerspiels wird in die Hände geklatscht.

„Punkt, Punkt …!“ ⓪❶❷❸❹❺❽

Spruch und Bewegungsablauf

Punkt, Punkt,	Der Zeigefinger tupft zweimal einen Punkt in die Handfläche (Augen).
Komma,	Zwischen die Punkte wird ein Strich gezogen (Nase).
Strich,	Unter die Punkte wird ein Strich gezogen (Mund).
Ich male jetzt ein Handgesicht.	Um das „Gemalte“ wird ein Kreis gezogen (Kopf).
Es heißt Josephine Rund,	Der Kreis wird in die entgegengesetzte Richtung gezogen.
Hat Augen,	Der Zeigefinger tupft zweimal einen Punkt in die Handfläche (Augen).
Nas'	Zwischen die Punkte wird ein Strich gezogen (Nase).
Und Mund.	Unter die Punkte wird ein Strich gezogen (Mund).

Punkt, Punkt, Komma, Strich, ich male jetzt ein Handgesicht …

„Hallo Fuß!“ ⓪❶❷❸❺❻❾

Ausgangsstellung:
Die Kinder sitzen oder stehen im Kreis.

Spruch und Bewegungsablauf

Hallo Fuß	Eine Hand tippt an einen Fuß.
Und hallo Füße.	Beide Hände tippen an beide Füße.
Ich schick euch schöne Grüße.	Die Hände streicheln die Füße.
Ich wünsch euch einen schönen Tag,	
Weil ich euch beide gerne mag.	

„Guten Morgen, Hand und Fuß“ 0 1 2 3 5 6 7 8 9

Ausgangsstellung:
Die Kinder stehen oder sitzen im Kreis.

Spruch und Bewegungsablauf
Dies Spiel wird mit „Heidi Hand und Hansi Hand, den Spinnen aus dem Zwillingsland“ (Hände) und den „Tausendfüßlern Fritzchen und Marleen, die so gerne barfuß geh'n“ (Füße) gespielt[44].

Hansi sagt dem Fritzchen „Guten Tag“	Eine Hand und ein Fuß fassen sich an.
Heidi, der Marleen, weil sie die mag.	Die andere Hand und der anderer Fuß fassen sich an.
Fritzchen winkt dem Hansi nun	Ein Fuß und eine Hand winken sich zu.
Marleen will das mit Heidi tun.	Der andere Fuß und die andere Hand winken sich zu.
Alle vier treffen sich auf einem Platz	Beide Hände fassen beide Füße an.
Und sagen dann den schönen Satz:	
„Guten Morgen, piep, piep piep	Alle Kinder sagen gemeinsam den Satz.
Wir haben uns alle lieb.“	

Heidi Hand und Hansi Hand, die Spinnen aus dem Zwillingsland treffen ihre Freunde Fritzchen und Marleen, die so gerne barfuß geh'n. (Beide Hände fassen beide Füße an.)

---

[44] *Diese Tiere sind Willis Freunde aus dem Buch „Ich wär' jetzt mal 'ne Fledermaus“ (Integration Handgreifreflex/Fußgreifreflex)*

„Alle meine Fingerlein, wollen Willis Freunde sein“ ⓪①②③⑤

Ausgangsstellung:
Die Kinder stehen oder sitzen im Kreis. Das Spiel kann ein- oder beidhändig gespielt werden.

Spruch und Bewegungsablauf

Alle meine Fingerlein	Fünf Finger werden in die Höhe gestreckt.
Wollen Willis Tiere sein.	
Dieser Daumen rund und fein,	Nur der Daumen bewegt sich.
Ist das kleine Käferlein.	
Zeigefinger ist der Floh,	Nur der Zeigefinger wird ausgestreckt und bewegt.
Winkt uns allen immer so.	
Mittelfinger ist der Uhu	Nur der Mittelfinger wird ausgestreckt
Oben auf dem Baum,	und bewegt.
Er kann zu uns herunter schau’n.	
Ringfinger, das ist unser Hase,	Nur der Ringfinger wird ausgestreckt und bewegt
Er kitzelt Dich an Deiner Nase.	Ringfinger kitzelt Kind an der Nase
Kleiner Finger – schnick schnack Schnecke,	Nur der kleine Finger wird ausgestreckt und bewegt.
Versteckt sich in der dichten Hecke.	Die Hand geht hinter den Rücken.
Ruft alle and’ren in das Schneckenhaus	Hand vor den Körper holen, alle Finger in die Faust legen, die Faust bewegt sich in der Luft.
Und die Geschichte ist jetzt aus.	Die Faust bewegt sich in der Luft.

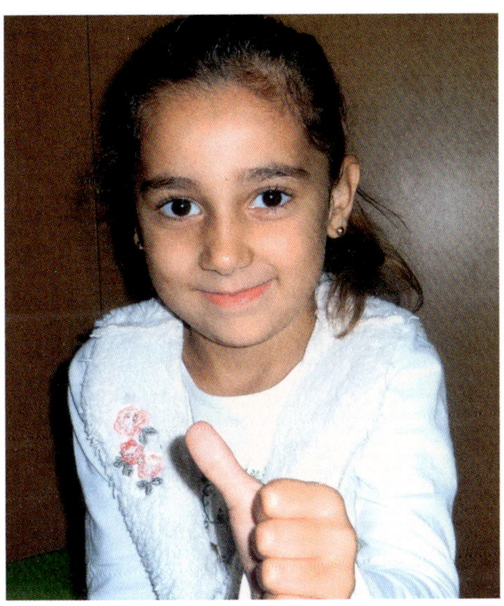

„Dieser Daumen rund und fein, ist das kleine Käferlein“.

„In Willis Haus fünf Freunde sitzen!“ 0 1 2 3 4 5 8

Hinweis: Das Fingerspiel kann ein- oder beidhändig gespielt werden.

Ausgangsstellung:
Die Kinder stehen oder sitzen im Kreis. Beide Hände sind zur Faust geschlossen.

Spruch und Bewegungsablauf

In Willis Haus fünf Freunde sitzen	Die Finger werden zur Faust geschlossen, der Daumen liegt innen.
Die Schecke kriecht heraus und sagt: „Wir schwitzen!“	Daumen zeigen.
Der Floh, der ruft: „Mir ist es hier zu heiß!“	Zeigefinger zeigen.
Der Käfer sagt: „Ich brauche jetzt ein Eis“	Mittelfinger zeigen.
Nun flattert auch der Uhu raus:	
„Mir ist zu warm, ich halt' s nicht aus!“	Ringfinger zeigen.
Der Hase lacht: „Wir sind doch alle gern in diesem Haus.“	Den kleinen Finger zeigen.
Nun rufen alle: „Ja das stimmt –	Alle Finger sind gestreckt in der Luft.
Doch Willi dreh die Heizung aus!“	Bei den Worten „doch Willi dreh die Heizung aus“ klatschen die Kinder in die Hände.
Da wird es kalt im ganzen Haus.	Kinder reiben die flachen Hände auf den gegenüberliegenden Oberarmen.
Nun zittern alle Freunde sehr: „Ach, wenn's doch wieder wärmer wär!“	Alle Finger zappeln.

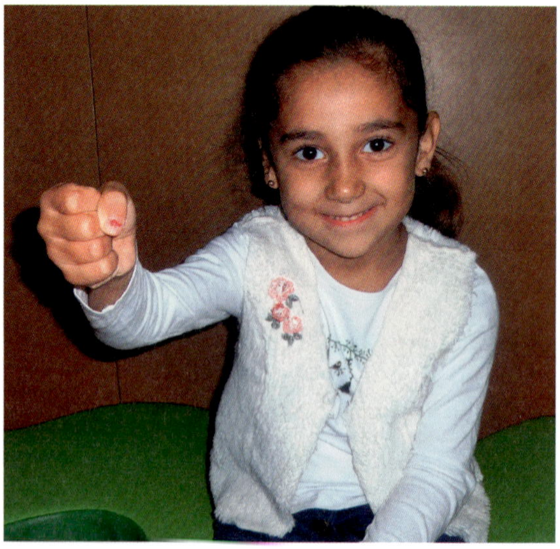

Das Haus von Willibald wird gezeigt.

„Ein Finger-Haus für Finger Tiere“ ⓪❶❷❸❹❺

Ausgangsstellung:
Die Kinder stehen oder sitzen im Kreis.

Spruch und Bewegungsablauf

Meine Hände sind das Haus,	Mit beiden Händen ein Hausdach formen.
Die Finger sehen wie die Tiere aus.	Die Finger einer Hand zappeln.
Dieses dicke Däumchen mein,	Daumen in die Luft zeigen.
Soll die lahme Schnecke sein.	
Zeigefinger ist der Floh,	Zeigefinger in die Luft zeigen.
Der hüpft hin und her, mal so mal so.	
Mittelfinger ist das Käferlein,	Mittelfinger in die Luft zeigen.
Es läuft über Stock und Stein.	
Ringfinger mein,	Ringfinger in die Luft zeigen.
Du sollst im Wald der Uhu sein.	
Kleine Finger, nett und fein,	Den kleinen Finger in die Luft zeigen.
Soll der Hoppelhase sein.	
All zusammen sind sie	Mit den Händen eine Zipfelmütze formen.
Freunde vom kleinen Zwerg.	
Schaut, der schläft dort im	Den Kopf neigen und auf die flach aufeinander gelegten
Häuschen hinterm Berg.	Hände legen – die Augen schließen.

„Die verhexte Schnecke" ⓪①②③④⑤⑧

Ausgangsstellung:
Die Kinder stehen oder sitzen im Kreis.

Spruch und Bewegungsablauf

Die verhexte Schnecke

Schnick, schnack, schnecke,

Kommt gar nicht vom Flecke. — Eine Hand liegt flach auf dem Oberschenkel. Sie bewegt sich nicht.

Schnick, schnack, schnecke,

Kriecht nur langsam um die Ecke. — Die Hand streicht langsam über den Oberschenkel.

Schnick, schnack, schnexe, — Die andere Hand legt sich auf die Hand.

Da kommt 'ne Zauberhexe.

Schnick schnack schnille, — Die oberer Hand kitzelt die untere Hand.

Die macht kille, kille.

Schnick schnack schnecke, — Die untere flache Hand streicht ganz schnell kreuz und quer

Jetzt flitzt sie um die Ecke. — über den Oberschenkel.

Schnick, schnack, schnatschen, — Alle klatschen in die Hände.

Da müssen alle klatschen.

Die Zauberschnecke

„Willis Freunde haben Spaß!“ 0 1 2 3 4 5 8

Hinweis: Das Fingerspiel kann auch mit kleinen Kindern im Eltern-Kind-Kontakt gespielt werden. Dabei übernehmen die Eltern die Bewegungsabläufe und berühren die jeweiligen Körperteile mit einem beliebigen Finger.

Ausgangsstellung: Die Kinder stehen oder sitzen im Kreis.

Spruch und Bewegungsablauf

Die kleine Schnecke hat heut ihren Spaß,	Die flache Hand macht auf dem gegenüberliegenden Arm bis zum Gesicht Kriechbewegungen.
Sie schleicht ganz langsam auf die Nas’.	Der Daumen berührt die Nase.
Der Floh, der hüpft schnell auf mein Ohr	Der Zeigefinger macht Hüpfbewegungen auf dem Körper.
Und guckt von dort ganz lustig vor.	Zuletzt berührt der Zeigefinger das Ohr.
Das Käferlein krabbelt hoch hinauf	Die Finger machen Krabbelbewegungen bis zum Kopf.
Und setzt sich mein Köpfchen drauf.	Der Mittelfinger berührt die Haare.
Der Uhu, der hat keine Bange,	Der Zeigefinger und Mittelfinger sind gestreckt. Zeigefinger wird abgespreizt, der Mittelfinger wird neben den Zeigefinger gelegt.
Im Seitwärtsschritt geht er auf meine Wange.	Die Wange wird vom Ringfinger kurz gestreichelt.
Der Hase hoppelt ganz gesund	Kleine Finger- und Ringfinger liegen nebeneinander und machen Hoppelbewegungen auf den Fingerkuppen.
Und findet Platz auf meinem Mund.	Der kleine Finger berührt den Mund.

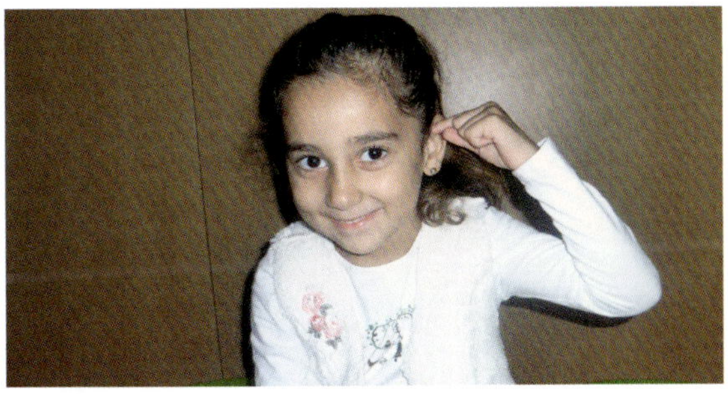

Der Floh, der hüpft schnell auf mein Ohr ... und guckt von dort ganz lustig vor.

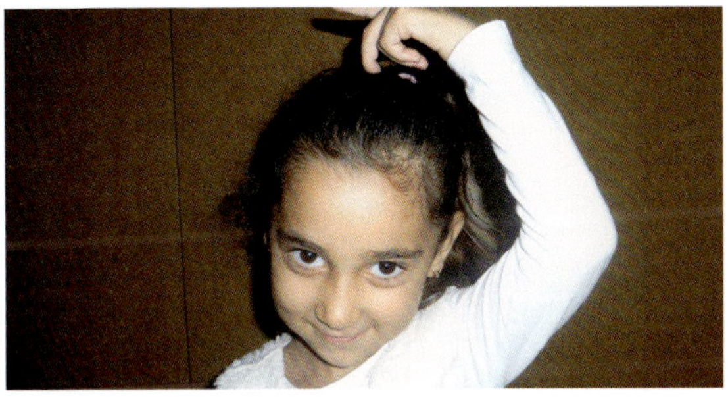

Das Käferlein krabbelt hoch hinauf ... und setzt sich mein Köpfchen drauf

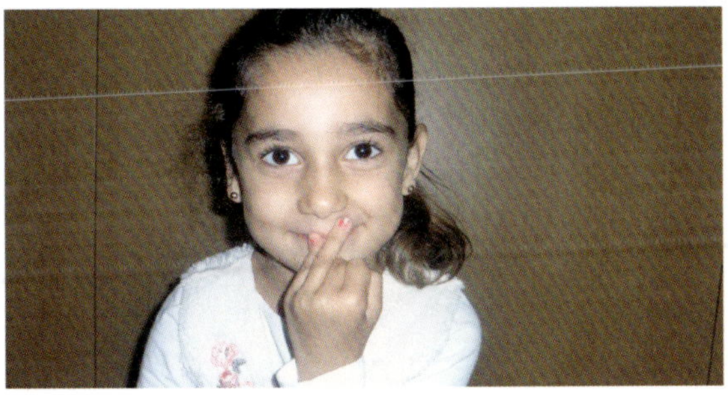

Der Hase hoppelt ganz gesund ... und findet Platz auf meinem Mund.

„Hier sitzt der kleine Hase“ 0 1 2 3 5 7 8

Hinweis: Das Fingerspiel kann auch mit kleinen Kindern im Eltern-Kind-Kontakt gespielt werden. Dabei spielen die Eltern die Fingergeschichte mit ihren Fingern vor.

Ausgangsstellung:
Die Kinder stehen oder sitzen im Kreis.

Hier sitz der kleine Hase	Daumen, Ringfinger und kleiner Finger einer Hand berühren sich, Zeige- und Mittelfinger werden als Hasenohren in die Luft gestreckt.
Und schnuppert mit der Nase.	Mund und Nase bewegen sich zum Schnuppern.
Jetzt kommt das kleine Käferlein	Die fünf Finger der anderen Hand machen Krabbelbewegungen in Richtung der anderen Hand.
Und streichelt ihm die Ohren fein.	Die fünf Finger streicheln die aufgestellten Zeige- und Mittelfinger der anderen Hand.
Das gefällt dem Hasen sehr,	Die Kinder lächeln.
Er hüpft herum und will noch mehr.	Die Hand mit den aufgestellten Fingern macht Hüpfbewegungen.
Der Käfer sagt nun aber „Schluss“	Kopf schütteln.
Und schickt dem Hasen einen Kuss.	Die „Käferhand“ schickt einen Handkuss zur „Hasenhand“.

Das ist der kleine Hase …

„In Willis Häuschen“ 0 1 2 3 4 5 8 9

Hinweis: Das Fingerspiel kann auch mit kleinen Kindern im Eltern-Kind-Kontakt gespielt werden. Dabei übernehmen die Eltern die komplexeren Bewegungsabläufe. Kinder und Eltern klatschen und patschen gemeinsam, strecken die Arme zusammen in die Luft, schaukeln gemeinsam hin und hier.

Ausgangsstellung:
Die Kinder stehen oder sitzen im Kreis.

Spruch und Bewegungsablauf

In einem Häuschen hinterm Berg,	Eine Hand wird leicht gefaustet in die Luft gezeigt
Da wohnt der kleine Willi-Zwerg.	Zeigefinger der anderen Hand wird von unten in der Faust gesteckt, sodass er oben ein Stückchen heraus gucken und sich bewegen kann.
Er will mit Freunden heute wandern	Der Zeigefinger wird aus der Faust gezogen und in die Luft gezeigt.
Und setz jetzt einen Fuß schon vor	Der Zeigefinger wird hin und her bewegt,
Den andern.	die Füße beginnen zur selben Zeit Schrittbewegungen zu machen.
Er trifft die Freunde klapp, klapp, klapp.	Bei klapp, klapp, klapp wird in die Hände geklatscht.
Sie wandern mit ihm trapp, trapp, trapp.	Bei trapp, trapp, trapp wir mit den Füßen gestampft.
Sie lachen mit ihm ha, ha, ha.	Bei ha, ha, ha werden beide Arme jeweils in die Luft gestreckt.
Sie singen mit ihm ja, ja, ja.	Bei ja, ja, ja schunkeln die Kinder hin und her.
Sie werden müde oh, oh, oh	Bei oh, oh, oh legen sich die flach aufeinander liegenden Hände unter den leicht gebeugten Kopf
Und schlafen müde so, so, so.	Die Augen werden geschlossen.

Sie singen mit Zwerg Willi „ja, ja, ja“.

„Willi und sein Hase“ ⓪❶❷❸❺❽

Ausgangsstellung:
Die Kinder stehen oder sitzen im Kreis.

Die Hände sind gefaustet. Die Daumen sind nach oben gestreckt.

Das ist der Willi	Linker Daumen verbeugt sich.
Und das ist sein Hase.	Rechter Daumen verbeugt sich.
Willi läuft los …	Auf- und Ab-Bewegungen vom linken Daumen / linker Faust in Brusthöhe.
Doch wo ist der Hase?	Rechter Daumen versteckt sich in der rechten Faust.
Ich sehe ihn nicht mehr.	Linker Daumen bewegt sich zu den Seiten als ob er sich suchend umschaut.
Der Hase hat den Willi geneckt	Faust mit verstecktem Daumen in die Luft zeigen.
Und hat sich in seiner Höhle versteckt.	
Der Willi läuft schon wieder los.	Auf- und Ab-Bewegungen vom linken Daumen / linker Faust in Brusthöhe.
Wo bleibt denn nur der Hase bloß?	
Der läuft auch auf die Wiese raus,	Auf- und Ab-Bewegungen vom rechten und vom linken Daumen in Brusthöhe.
Doch Willi geht die Puste aus.	Linker Daumen bewegt sich nicht mehr.
Sie werfen beide sich ins weiche Gras.	Die Hände flach auf die Oberschenkel legen.
Zusammen ausruh’n, das macht Spaß!	Die Hände streicheln sich.

„Zwerg Willis Zauberapfel“

⓪❶❷❸❹❺❽

Ausgangsstellung:
Die Kinder stehen oder sitzen im Kreis.

Spruch und Bewegungsablauf
Das Fingerspiel wird mit beiden Händen gespielt.

Seht, dies ist Willis Apfel,	Eine Hand wird zur Faust geschlossen.
Ein kleiner runder Apfel,	Die andere Hand wird auch zur Faust geschlossen.
Der wollt' die Welt mal seh'n.	Zeigefinger und Daumen beider Hände bilden einen Kreis, das Kind guckt hindurch.
Er wünschte sich zwei Füße,	Zeigefinger und Mittelfinger der Hände machen
Er wollt' spazieren geh'n.	Laufbewegungen über den jeweils gegenüberliegenden Arm.
Er trippelt damit hin,	Zeigefinger und Mittelfinger der Hände machen weiter
Er trippelt damit her,	Laufbewegungen über den jeweils gegenüberliegenden Arm.
Dreht sich herum trittschtratsch.	Beide Hände drehen sich im Handgelenk, Handinnenflächen zeigen nach oben.
Und hopste gar ganz wild,	Beide Hände öffnen und schließen im Wechsel.
Fiel hin und war nun Matsch.	Die Hände klatschen flach auf die Oberschenkel.
Da platscht er nun der Apfel,	Die Hände klatschen nochmals flach auf die Oberschenkel.
Der kleine matsche Apfel	Die Hände klatschen erneut flach auf die Oberschenkel.
Und lacht dazu ganz keck.	Die Hände klatschen zum letzten Mal flach auf die Oberschenkel.
Er klatscht in seine Hände,	Es wird in die Hände geklatscht.
Auf einmal war er weg!	Die Hände werden hinter dem Rücken versteckt.

Der kleine, runde Apfel, der wollt die Welt mal seh'n.

„A-E-U – wie heißt Du?“ ❶❶❷❸❺

Ausgangsstellung:
Die Kinder stehen oder sitzen im Kreis. Beide Hände sind zur Faust geschlossen.

Spruch und Bewegungsablauf

Ein A, ein E, ein U	Die gefausteten Hände (Daumenseite nach oben) werden im Rhythmus
Ein Ha, ein He, ein Hu,	während des gesamten Verses wechselseitig
Wir sagen unsren Namen	leicht aufeinander geklopft.
Im Rhythmus jetzt dazu.	
Und wie heißt Du?	Der Spielleiter zeigt auf ein Kind.
Susanne (Name des Kindes)	Das Kind nennt seinen Namen und klatscht dabei die Silben des Namen (z. B. Su-san-ne).
Su-san-ne (Beispiel)	Alle Kinder wiederholen den Namen und klatschen dabei die Silben.

Der Vers beginnt von neuem, das zuletzt benannte Kind ist der neue Spielleiter.

Variation: Anstelle des aufeinander Klopfens mit den gefausteten Händen, tippen die Zeigefinger beider Hände gleichzeitig im Wechsel auf die Oberschenkel (oder auf den Tisch).

Variation:
Anstelle des aufeinander Klopfens mit den gefausteten Händen tippen die Finger beider Hände zur gleichen Zeit nacheinander (zuerst mit Daumen, dann mit Zeigefinger Mittelfinger, Ringfinger, kleinem Finger) im Wechsel auf die Oberschenkel (oder auf den Tisch).

Variation: Anstelle des aufeinander Klopfens mit den gefausteten Händen tippen erst die Finger einer Hand, danach die Finger der anderen Hand (zuerst mit Daumen, dann mit Zeigefinger Mittelfinger, Ringfinger, kleinem Finger) nacheinander auf die Oberschenkel (oder auf den Tisch).

Variation für Kleingruppen
Zuerst sprechen alle Kinder den Spruch und klatschen im Rhythmus mit. Danach spricht ein Kind nach dem anderen seinen Namen (und Nachnamen) und klatscht (oder patscht oder schnips oder tippt ...) silbenmäßig dazu.

Variation zum Spruch/Spiel:

Ausgangsstellung:
Die Kinder stehen oder sitzen im Kreis. Beide Hände sind zur Faust geschlossen.

Spruch und Bewegungsablauf

„I like!" ⓪❶❷❸❺

I like to sing,	Die gefausteten Hände (Daumenseite nach oben) werden
	im Rhythmus
I like to learn.	während des gesamten Verses wechselseitig
	aufeinander geklopft.
I like to hear your name	Der Spielleiter zeigt auf ein Kind.
Peter (Name des Kindes)	Das Kind nennt seinen Namen und klatscht dabei die Silben des Namen (z. B. Pe-ter).
Pe-ter (Beispiel)	Alle Kinder wiederholen den Namen und klatschen dabei die Silben.

Der Vers beginnt von neuem, das zuletzt benannte Kind ist der neue Spielleiter.

Variation zum Spruch

I sing, I spring,	Die gefausteten Hände (Daumenseite nach oben) werden
	im Rhythmus
I put on my shoe.	während des gesamten Verses wechselseitig
	aufeinander geklopft
And what do you?	Der Spielleiter zeigt auf ein Kind.
I eat (Beispiel)	Das Kind nennt eine Tätigkeit und klatscht dabei die Silben.
She eats (Beispiel)	Alle Kinder wiederholen die Tätigkeit (Achtung in der grammatisch richtigen Form) und klatschen dabei.

Die gefausteten Hände werden im Rhythmus des Spruchs im Wechsel aufeinander gesetzt.

3.1.1 Hintergrund zu Finger- und Fußspielen und der Zusammenhang mit frühkindlichen Reflexen

Während der Schwangerschaft und in den ersten Lebensmonaten bewegt sich das Kind vorwiegend mit Hilfe sogenannter frühkindlicher oder primitiver Reflexe. Dies sind stereotyp, immer gleichablaufende Bewegungsmuster, die durch einen Wahrnehmungsreiz (taktil, vestibulär, visuell, auditiv[45] ...) ausgelöst werden.
Frühkindliche Reflexe reifen während der Schwangerschaft – beginnend etwa um die 5. Schwangerschaftswoche – heran. Sie haben einen wesentlichen Anteil an der vorgeburtlichen Entwicklung des Kindes. Bereits im Mutterleib helfen die frühkindlichen Reflexe dem Ungeborenen, Positionen einzunehmen, die Fortschritte in der Entwicklung der Motorik (Bewegung) und Sensorik (Wahrnehmung) unterstützen."[46]

Frühkindliche Reflexe sind körperliche Reaktionen, die dem Neugeborenen das Überleben unter veränderten Bedingungen außerhalb des Mutterleibs ermöglichen, wie z.B. der Saugreflex, der die Nahrungsaufnahme ermöglicht.
Auch in den ersten Lebensmonaten bewegt sich das Kind vorwiegend mit Hilfe von frühkindlichen Reflexen. Diese werden durch bestimmte Wahrnehmungsreize ausgelöst – vielfach ist die Kopfbewegung des Babys der Auslöser für eine nachfolgende reflexhafte Bewegung.
Jeder einzelne der frühkindlichen Reflexe hat eine bestimmte Aufgabe, ist in der Entwicklung des Menschen vorgesehen und bildet die Grundlage für spätere bewusst gesteuerte Fertigkeiten.
Beispiel frühkindlicher Reflexe:

- Moro-Reflex
- Palmar-Reflex
- Plantar-Reflex
- Saug- und Suchreflex
- Tonischer Labyrinth Reflex
- Asymmetrisch Tonischer Nackenreflex
- Symmetrisch Tonischer Nackenreflex

Übersicht zur Entstehung und Ausreifung, der im Buch benannten frühkindlichen Reflexe:

Bewegungsangebote aus Kap. 1 - Kap. 4 unterstützen die Ausreifung und Integration der frühkindlichen Reflexe und zeigen positive Auswirkungen auf Verhalten, Lernen und Leisten

Frühkindliches Bewegungsmuster	Zeitraum	Bezug	Positive Auswirkung
Palmar Reflex 11. SSW bis 3./4. LM	11. SSW bis 3./4. LM	Feinmotorik Finger, Hand, Mund, Fuß, Zehen	Drei-Finger-Griff, Feinmotorisches Geschick, Grafomotorik, Schriftbild, Mundmotorik
Plantar Reflex 11.SW bis 9. LM	11.SW bis 9./11. LM	Feinmotorik Fuß, Zehen, Finger, Hand, Mund	Stehen auf den Füßen, Abrollen der Füße, Feinmotorisches Geschick, Grafomotorik, Schriftbild, Mundmotorik
Saug- und Suchreflex	24.-28.SSW bis 3./4. LM	Aussprache, Feinmotorik im Mundbereich, Finger, Hand	Sprachentwicklung, deutliche Artikulation, Feinmotorisches Geschick
Moro Reflex 9. SW bis 3. LM	7-9. SW bis 3./4. LM	Berührung, Gleichgewichtsreize, Sehwahrnehmung, Hörwahrnehmung, Gerüche	Angemessene Verarbeitung von taktilen, vestibularen, visuellen, auditiven, olfaktorischen Eindrücken. Bewältigung neuer Situationen. Abbau von Angst, Selbstvertrauen, Selbstbewusstsein, Selbstsicherheit, Atmung
Asymmetrisch Tonischer Nackenreflex (ATNR) 16.-18.SSW bis 4-6.LM	16.-18.SSW bis 4-6.LM	Überkreuzen der Körpermittellinie Dominanz von Hand, Auge, Ohr, Gleichgewicht	Lesen, Schreiben, Dominanz von Hand, Ohr, Auge, Körperkoordination, Auge-Hand-Koordination, Geschicklichkeit, Rechts-links-Sicherheit, Schreibhaltung .
Tonischer Labyrinthreflex (TLR)	7.SSW- 3./4.LM	Zusammenarbeit obere-untere Körperhälfte, Sehwahrnehmung, Hörwahrnehmung, Gleichgewicht,	Schreiben, Rechnen, Körperkoordination, Orientierung im Zahlen- und Mengenraum, Orientierung im Raum, Geschicklichkeit, oben-unten Sicherheit, Höhe, Serialität, motorische Ruhe, Ordnung .
Symmetrisch Tonischer Nackenreflex (STNR)	6.LM-11./12.LM	Zusammenarbeit obere-untere Körperhälfte, Sehwahrnehmung, Hörwahrnehmung, Gleichgewicht	Schreiben, Rechnen, Körperkoordination, Orientierung im Zahlen- und Mengenraum, Orientierung im Raum, Geschicklichkeit, oben-unten Sicherheit, Höhe, Serialität, motorische Ruhe, Ordnung, Sitzhaltung.

---

45 *Taktil: Die Tastempfindung betreffend. Vestibular: Das Gleichgewicht betreffend. Visuell: das Sehen betreffend. Auditiv: Das Hören betreffend.*

46 *Flügel und Wurzeln, Kap. 3*

Wenn die frühkindlichen Reflexe ihre Aufgabe erfüllt haben, übernehmen höhere Zentren im Gehirn die Steuerung. Sie hemmen und kontrollieren die primitiven Reflexe, verfeinern und koordinieren die gesteuerten Bewegungen.
Bleiben die frühkindlichen Reflexe über ihre vorgesehene Zeit aktiv, spricht die Pädagogik von Restreaktionen frühkindlicher Reflexe. Diese Restreaktionen begünstigen Auffälligkeiten im Wahrnehmungs- und Bewegungsbereich, beim Lernen und Leisten, im Emotional- und Sozialbereich, im Bereich der Sprache und des Sprechens.
Die benannten Schwierigkeiten können unabhängig von Gesundheit und Intelligenz beobachtet werden.

3.1.2 Infos zum Bildungsbaustein „Palmar-Reflex“

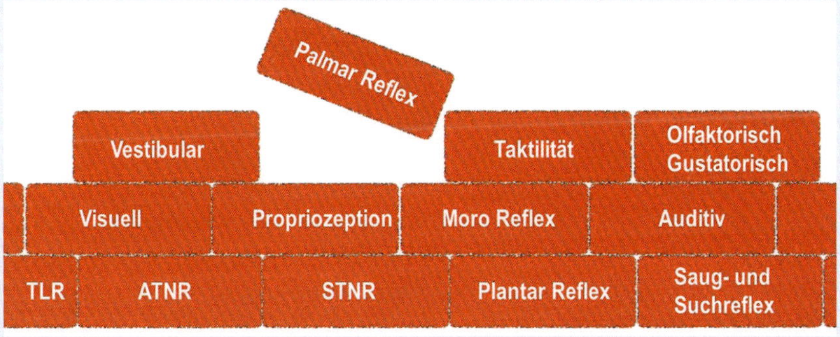

Der Handgreifreflex

Der Palmar-Reflex zeigt sich vorgeburtlich bereits um die 11. Schwangerschaftswoche und ist bei der Geburt vollständig vorhanden.
Der Reflex wird über die Berührung oder den Druck in der Handinnenfläche ausgelöst und führt zum Schließen der Hand.
Um den 3./4. Lebensmonat wird der Reflex integriert. Die Integration unterstützt die schrittweise Entwicklung des willkürlichen Greifens und die verfeinerte Kontrolle über die Finger.
Im Alter von vier bis sechs Monaten ermöglicht die Integration dieses Reflexes das Loslassen eines Gegenstandes und die Entwicklung zum späteren Pinzettengriff (Gegenstand wird zwischen Daumen und Zeigefinger gehalten) und zum Dreifinger-Griff (optimale Haltung von Daumen, Zeigefinger, Mittelfinger der Schreibhand).
Besteht der Reflex über seine vorgesehene Zeit hinaus, können die feinmotorische und die grafomotorische[47] Entwicklung erschwert werden. Dies kann zu Schwierigkeiten bei der Stifthaltung führen, Malen und Schreiben werden ungern ausgeübt – möglichst vermieden.
Auch das Abstützen auf die offene Hand kann beim Persistieren des Palmar-Reflexes nicht optimal erfolgen, d. h. Gleichgewichtsreaktionen werden beeinträchtigt.
Zwischen dem Palmar-Reflex, dem Plantar- und dem Saug- und Suchreflex (alle zählen wie der Moro-Reflex zur Gruppe der Klammerreflexe) bestehen enge Verbindungen. Der Palmar-Reflex ist daher sowohl in einem engen Zusammenhang mit späterer feinmotorischer Koordination im Hand- und Fußbereich zu sehen, als auch mit Sprachentwicklung und Artikulation.

Hilfreiche Unterstützung für Elternhaus, Kindergarten und Schule[48] *sind z. B.*
Finger- und Fußspiele, Klatsch- und Patschspiele, Malen, Kneten, Matschen, Basteln, Fadenspiele. Buddeln, im Sand spielen. Kindgerechtes Einbeziehen in Garten- und Hausarbeit. Spielen mit Klicker, Perlen, Klammern, Naturmaterialien.

[47] *Grafomotorik: das Schreiben betreffend.*
[48] *Weitere Anregungen und Informationen in Beigel, D., Flügel und Wurzeln, Kap. 4*

3.1.3 Spiele und Informationen zur Unterstützung der Ausreifung des Handgreifreflexes

Zusätzliche Spiele und Informationen zum Handgreifreflex finden Interessierte in ***Kapitel 1–4 dieses Buches*** *und in folgenden Büchern*

„Von Anfang an im Gleichgewicht“
(U3 bis 8 Jahre)
Begleitbuch
Schnecke – klatsch, klatsch, klatsch, Seite 74
Hallo Floh, Seite 75
Käferlein, Käferlein, Seite 75
Die Uhus schau'n, die Uhus seh'n, Seite 75
Da ist der Has ..., Seite 75
Daumen rein, Daumen raus ..., Seite 76
Ach, wie sieht's denn draußen aus, Seite 78

„Bildung kommt ins Gleichgewicht“
(Klasse 1 bis Klasse 13)
Kalender, Übungen, Stufe 1–5

„Kita und Schule – ein starkes Team“
(4 bis 8 Jahre)
Eine kleine Zwergenmaus, Seite 83
Ich habe einen Teddybär ..., Seite 83
Willis Fingergeschichten, Seite 83
Willis Fingertheater, Seite 84
Willis Klammeraffen, Seite 84
Willi besucht Peter Knopf und Petra Loch, Seite 84
Willis Ballschule, Seite 84
Willis Malschule, Seite 84
Willis Zauberblatt, Seite 84
Willis Knick-Post, Seite 84

„Ich wär jetzt mal 'ne Fledermaus“
(3 bis 10 Jahre)
Geschichten mit Heidi Hand und Hansi Hand, den Spinnen aus dem Zwillingsland
Spiele zum Kennenlernen des Körpers, Seite 188 ff.

„Beweg dich, Schule!“
(Vorklasse bis Klasse 13)
Schwerpunkt Mathematik
1×1-Klatschen, Seite 102
1×1-Partnerklatschen, Seite 104
1×1-Massage, Seite 109
Zahlen raten mit Handdruck, Seite 121
Schwerpunkt Deutsch
Oma besuchen, Seite 127
Blindes Worte schreiben, Seite 129
Faxgerät, Seite 133
Aufsatztanz, Seite 142
Körpergrammatik, Seite 148
Erwischen, Seite 151
Schwerpunkt Fächerübergreifende Spiele
Löffelfechten, Seite 172
Rückenmassage, Seite 171
Rückentafel, Seite 173
Mini-Sportbewegungen und Mini-Entspannungsübungen
Hausputz, Seite 186
Käferkrabbeln, Seite 197
Fahrstuhl, Seite 198
Regentropfen, Seite 202
Fingergymnastik, Seite 243
Kleine Bewegungspausen
Affenstark, Seite 240
Schere, Stein, Papier, Seite 244
Zehn Messer ..., Seite 244
Ein Hut, ein Stock ..., Seite 248
Fingerolympiade 1, Seite 250
Fingerolympiade 2, Seite 251
Tafelputzen, Seite 252
Pizza backen, Seite 252
Gartenarbeit, Seite 252
Wetterkarte, Seite 252
Body-Percussion, Seite 259
Ohrmassage, Seite 260
Klatsch- und Fingerspiele
Steigt der Peter, Seite 267
Fünf Gespenster, Seite 267
Da kommt der Bär, Seite 267
Larifari, Seite 268
Klatsch- und Fingerspiele, Seite 265 ff.

„Was ist los in meinem Kopf?“
(5 bis 12 Jahre)
Echo-Spiel, Seite 27
Supermann, Seite 29
Klatschspiel, Seite 30
Bewegung tut gut, Seite 31

Zusätzliche fachliche Informationen und Ratschläge zur Ausreifung des Handgreifreflexes finden Interessierte in:
Flügel und Wurzeln, Kapitel 3.1.2, Seite 91 ff.
Flügel und Wurzeln, Kapitel 4.6, Seite 154 ff.

3.2 Spiele mit den Füßen[49]

Füße gehören zu den wichtigsten Körperteilen des Menschen. Sie tragen das gesamte Körpergewicht und ermöglichen es, dass der Mensch aufrecht gehen und stehen kann. Beim Laufen, Hüpfen und Springen stemmen Füße ein Vielfaches des Körpergewichts. Im Laufe des Lebens tragen die Füße den Menschen drei- bis viermal um die Welt.
Füße sind ein Kunstwerk aus Knochen, Sehnen und Muskeln. Damit sie funktionieren, muss die Muskulatur durch Bewegung gekräftigt werden.
Kinder lieben Fuß- und Zehenspiele ebenso wie Hand- und Fingerspiele. Sie haben besonderen Spaß am Bewegen der Füße, wenn die Aktivitäten mit lustigen Reime verbunden werden.
Besonders wirkungsvoll – und doch einfach – sind Barfußspiele.
Spiele mit Füßen und Zehen tragen auch hervorragend zur Ausreifung des Fußgreifreflexes bei, der in enger Verbindung zur Feinmotorik im Hand- und Mundbereich steht.

[49] *Texte und Spielideen: Dorothea Beigel*

„Wie läuft denn heut Zwerg Willi?“ ⓪❶❷❸❻

Ausgangsstellung:
Die Kinder sitzen im Kreis. Die Erzieherin hat Zwerg Willibald auf dem Schoß. Er macht alle Bewegungen mit.

Spruch und Bewegungsablauf

Wie läuft denn Zwerg Willi?	
Tapp tapp tapp,	
Berg hinauf und Berg hinab.	Die Kinder machen mit den Füße Schrittbewegungen.
Wie läuft denn der müde Zwerg Willi?	
Traaab, traaab, traaab,	
Langsam hoch und dann hinab.	Die Kinder machen mit den Füßen langsame, schwerfällige Schrittbewegungen.
Wie läuft denn der wilde Zwerg Willi?	
Tippeldi, tippeldi, tapp	
Schnell hinauf und schnell hinab.	Die Kinder machen mit den Füße schnelle, kleine Tippelbewegungen.

„Meine Füße, meine Zehen“ ⓪❶❷❸❻

Ausgangsstellung:
Die Kinder sitzen oder liegen im Kreis.

Spruch und Bewegungsablauf

Füße wollen laufen,	Mit den Füßen Schrittbewegungen machen.
Woll'n sich auch mal raufen.	Die Füße reiben sich aneinander.
Zehen woll'n sich recken	Die Zehen werden gestreckt.
Und dann schnell verstecken.	Die Zehen werden eingekrallt.
Füße woll'n auf Fersen steh'n	Die Füße werden auf die Fersen gestellt.
Und nach beiden Seiten seh'n.	Die Füße werden seitlich hin und her bewegt.
Füße sagen nun auf Wiederseh'n,	Die Füße winken.
Denn sie woll'n nach Hause geh'n.	Mit den Füßen Schrittbewegungen machen.

„Was Füße alles können“ 0 1 2 3 6 9

Ausgangsstellung:
Die Kinder sitzen oder stehen im Kreis.

Spruch und Bewegungsablauf

Füße können gehen.	Mit den Füßen Schrittbewegungen machen.
Füße können stehen.	Stehen bleiben.
Füße könn' sich drehen.	Füße hin und her drehen.
Füße könn' auf Zehen gehen.	Auf den Zehenspitzen gehen.
Füße können viele Sachen ...	
Wer weiß denn, was sie sonst noch machen?	Ein Kind benennt was die Füße noch können und macht es vor. Die Kinder der Gruppe machen es nach.

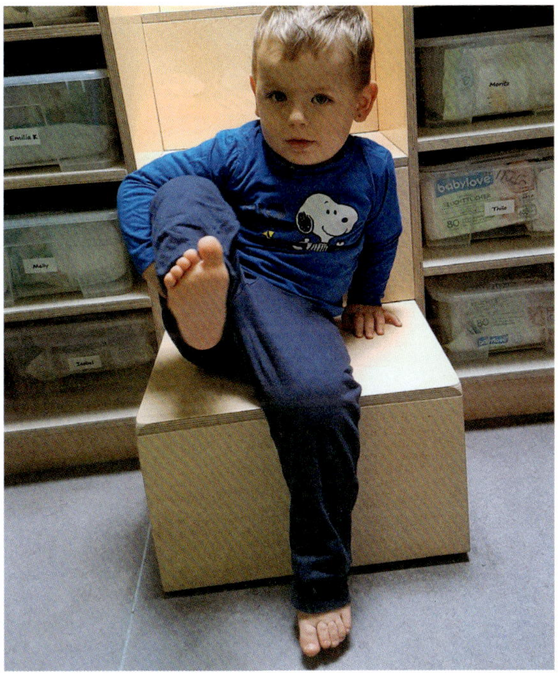

Füße können winken.

„Willis Spiel mit Händen und Füßen“ 0 1 2 3 5 6 8 9

Ausgangsstellung:
Die Kinder stehen oder sitzen im Kreis.
Die Erzieherin hat Zwerg Willi auf dem Arm (Schoß) und macht mit Willis Händen und Füßen alle Bewegungen mit.

Spruch und Bewegungsablauf

Fünf Finger hat der Willi	Eine Hand wird mit gespreizten Fingern
An der einen …	in die Luft gezeigt.
Und auch an der and'ren Hand.	Die andere Hand wird mit gespreizten Fingern
Damit kann er machen allerhand.	in die Luft gezeigt.
Hand und Finger können tanzen,	Beide Hände drehen sich hin und her, die Finger bewegen sich.
Greifen,	Die Hände macht Greifbewegungen.
Klatschen	Die Hände klatschen zusammen.
Sie können auf die Füße patschen.	Die Hände patschen auf die Fußrücken.
Jeder Willi-Fuß, der hat fünf Zehen,	Nacheinander werden die Füße in die Luft gezeigt.
Damit kann er auch gut barfuß gehen.	Auf der Stelle gehen.
Fuß und Zehen können wischen,	Mit den Füßen flach über den Boden wischen.
Winken,	Mit den Füßen winken.
Greifen.	Mit den Zehen Greifbewegungen machen.
Sie können tippen	Mit den Zehen auf den Boden tippen.
Und sich lieb abstreifen.	Die Füße streifen sich gegenseitig ab.
Sie sagen uns für heute: „Jetzt ist Ende!“	
Es winken alle Füße und die Hände.	Alle winken sich mit Füßen und Händen zu.

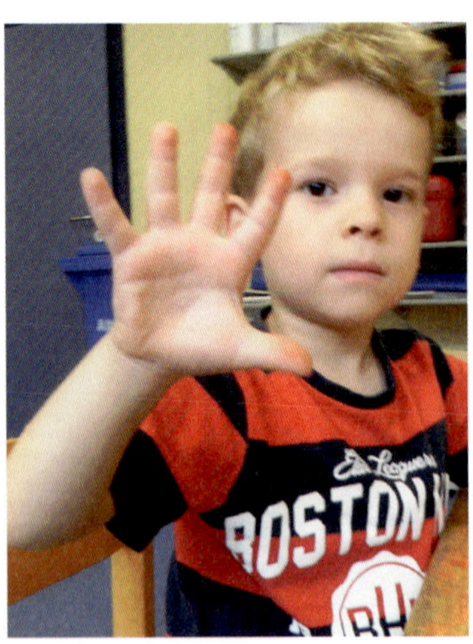

Fünf Finger an der Hand …

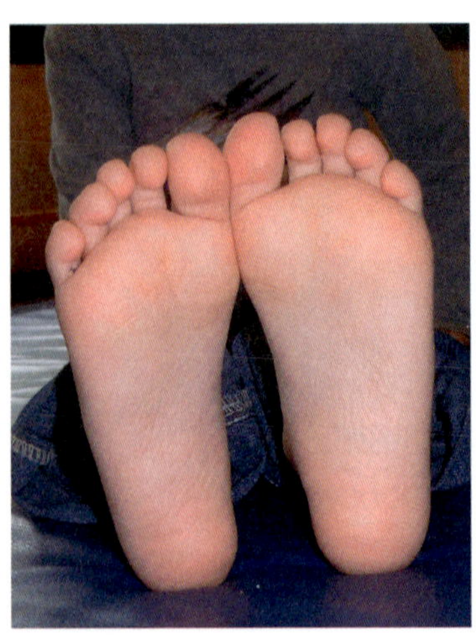

Jeder Fuß, der hat fünf Zehen …

„Barfuß durch die Entwicklung“ 0 1 2 3 4 6 9

Ausgangsstellung:
Die Kinder stehen im Kreis.

Spruch und Bewegungsablauf
Die Kinder gehen beim Aufsagen des Verses – möglichst barfuß – durch den Raum.

Meine Füße, meine Zehen,
Wollen gern spazieren gehen.
Schritt für Schritt, kommt alle mit,
Das Laufen hält uns alle fit.

Die Kinder gehen vorwärts durch den Raum. Sie sprechen den Spruch laut mit.

Meine Füße, meine Zehen,
Wollen gerne rückwärtsgehen.
Schritt für Schritt, kommt alle mit,
Das Rückwärtsgehen hält uns alle fit.

Die Kinder gehen rückwärts durch den Raum. Sie sprechen den Spruch laut mit.

Meine Füße, meine Zehen,
Wollen gerne seitwärts gehen.
Schritt für Schritt, kommt alle mit,
Das Seitwärtsgehen hält uns alle fit.

Die Kinder gehen seitwärts durch den Raum. Sie sprechen den Spruch laut mit.

Meine Füße, meine Zehen,
Wollen mich jetzt hüpfen sehen.
Hüpf und hüpf, kommt alle mit,
Denn das Hüpfen hält uns alle fit.

Die Kinder hüpfen durch den Raum. Sie sprechen den Spruch laut mit.

Meine Füße, meine Zehen,
Wollen mich jetzt balancieren sehen.
Schritt vor Schritt, kommt alle mit,
Denn das Balancieren hält uns alle fit.

Die Kinder gehen einen Fuß vor den anderen setzend durch den Raum. Sie sprechen den Spruch laut mit.

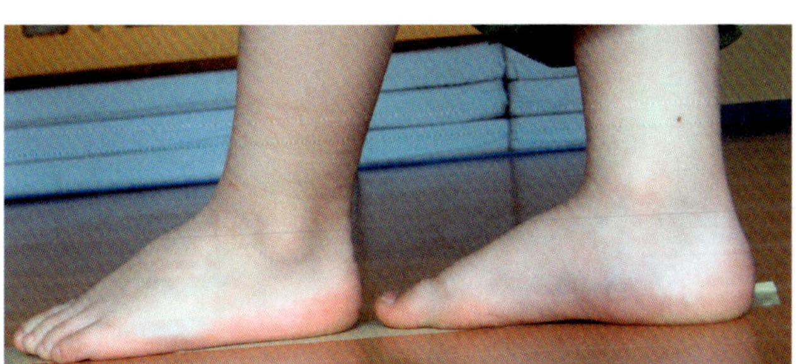

Schritt vor Schritt, kommt alle mit, denn das Balancieren hält uns alle fit.

„Schuhe anziehen mit Willi!“ 0 1 2 3 4 5 6 8 9

Ausgangsstellung:
Die Kinder stehen oder sitzen im Kreis.

Spruch und Bewegungsablauf

Siehst Du die Zipfelmütze hinterm Berg	Die Kinder führen ihre Hände auf dem Kopf zu einem
Das ist ja Willi unser Lieblingszwerg!	Dreieck zusammen, Sie bewegen ihren Kopf leicht hin und her.
Was macht er da, der kleine Wicht?	Die Kinder klatschen in die Hände.
Er zieht die Schuhe aus, er will sie nicht.	Die Kinder ziehen ihre Schuhe (und Strümpfe) aus.
Er zappelt jetzt mit seinen Zeh'n,	Die Kinder wackeln mit den Zehen.
Ihr könnt es alle, alle seh'n.	
Er rollt die Füße auf und nieder,	Die Kinder rollen ihre Fußsohlen von vorn nach hinten auf der Erde ab.
Er macht das immer, immer wieder.	
Er rollt sie hin und rollt sie her,	Die Kinder rollen ihre Fußsohlen von einer zur anderen Seite ab.
Das macht ihm Spaß und ist nicht schwer.	
Er krallt jetzt ein die Zehen,	Die Kinder krallen mehrmals ihre Fußzehen ein.
Will er denn so nach Hause gehen?	
Nein, er holt die Zehen wieder raus,	Die Kinder setzen die Füße flach auf die Erde.
Und ruft	
„Applaus! Applaus!“	Die Füße klatschen mit den Fußsohlen zusammen.
Und schaut, was er nun kann:	Die Kinder ziehen ihre Schuhe (und Strümpfe)
Er zieht sich seine Schuhe wieder an.	wieder an.

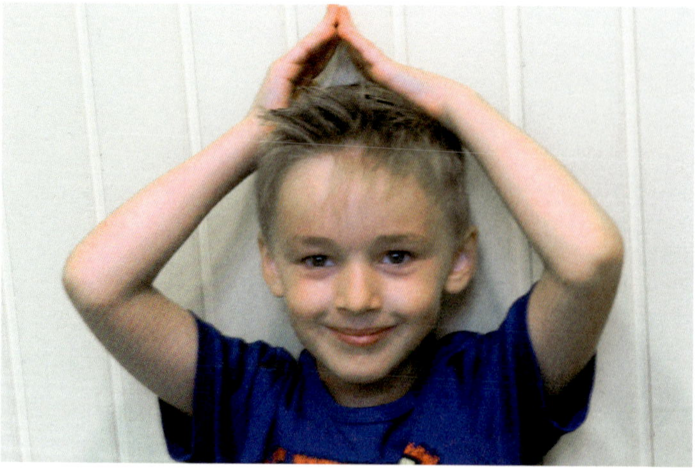

Siehst Du die Zipfelmütze hinterm Berg ...

Und schaut was sie nun kann: Sie zieht sich ihre Schuhe wieder an.

„Regenwetter“

⓪❶❷❸❹❺❻❽❾

Ausgangsstellung:
Die Kinder sitzen oder liegen im Kreis. Das Spiel wird barfuß gespielt.

Spielverlauf:

Die Spielleiterin macht mit den Füßen ein Regengeräusch – dazu reibt sie die ihre flachen Füße auf- oder gegeneinander.

Das rechts neben ihr sitzende Kind macht das Regengeräusch ebenfalls mit den Füßen.

Jetzt beginnt das nächste rechts sitzende Kind mit dem Geräusch.

Nacheinander übernimmt so die ganze Gruppe das Regengeräusch.

Ist das Geräusch (Reiben der flachen Füße) bei der Spielleiterin angekommen, macht sie das Geräusch einzelner Regentropfen – sie tippt mit dem großen Zeh auf den Boden.

Nacheinander übernehmen die Kinder das Geräusch der Regentropfen.

Ist das Regentropfengeräusch (Tippen mit dem großen Zeh) wieder bei der Spielleiterin angekommen, klatscht diese in die flachen Füße.

Nacheinander übernimmt so die ganze Gruppe das Regenklatschen.

Ist dies Geräusch des Regenklatschens wieder bei der Spielleiterin angekommen, klopft diese mit der Fersen auf den Boden (Donnergrollen).

Ist das Geräusch des Donnergrollens wieder bei der Spielleiterin angekommen, klatscht diese in die flachen Füße.

Nacheinander übernimmt so die ganze Gruppe das Regenklatschen.

Ist das Regenklatschen wieder bei der Spielleiterin angekommen, tippt diese mit dem großen Zeh auf die Erde (einzelne Regentropfen).

Nacheinander übernehmen die Kinder das Geräusch der Regentropfen.

Ist das Geräusch der Regentropfen wieder bei der Spielleiterin angekommen, reibt diese die flachen Füße (Regenrauschen).

Ist das Geräusch des Regenrauschens wieder bei der Spielleiterin angekommen, legt sie ihre Füße still ab.

Nacheinander legen die Kinder die Füße still ab.

Alle genießen die Stille.

Regengeräusch mit den Füßen

Variation:
Mit den flachen Händen Regengeräusche erzeugen.

Die Spielleiterin macht mit den Händen ein Regengeräusch – dazu reibt sie die ihre flachen Hände gegeneinander.

Das rechts neben ihr sitzende Kind macht das Regengeräusch ebenfalls.

Jetzt beginnt das nächste rechts sitzende Kind mit dem Geräusch.

Nacheinander übernimmt so die ganze Gruppe das Regengeräusch.

Ist das Geräusch (Reiben der flachen Hände) bei der Spielleiterin angekommen, macht sie das Geräusch einzelner Regentropfen – sie schnipst mit den Fingern (alternativ: sie tippt mit den Fingern auf den Boden).

Nacheinander übernehmen die Kinder das Geräusch der Regentropfen.

Ist das Regentropfengeräusch (Schnipsen/Tippen) wieder bei der Spielleiterin angekommen, klatscht diese in die flachen Hände.

Nacheinander übernimmt so die ganze Gruppe das Regenklatschen.

Ist dies Geräusch des Regenklatschens wieder bei der Spielleiterin angekommen, rollt diese die Hände zu Fäusten und klopft mit der Kleinfingerseite der geschlossenen Fäuste auf den Boden (Donnergrollen).

Ist das Geräusch wieder bei der Spielleiterin angekommen, klatscht diese in die flachen Hände.

Nacheinander übernimmt so die ganze Gruppe das Regenklatschen.

Ist das Regenklatschen wieder bei der Spielleiterin angekommen, schnipst/tippt diese mit den Fingern (einzelne Regentropfen).

Nacheinander übernehmen die Kinder das Geräusch der Regentropfen.

Ist das Geräusch der Regentropfen wieder bei der Spielleiterin angekommen, reibt diese die flachen Hände (Regenrauschen).

Ist das Geräusch des Regenrauschens wieder bei der Spielleiterin angekommen, legt sie ihre Hände still ab.

Nacheinander legen die Kinder die Hände still ab.

Alle genießen die Stille.

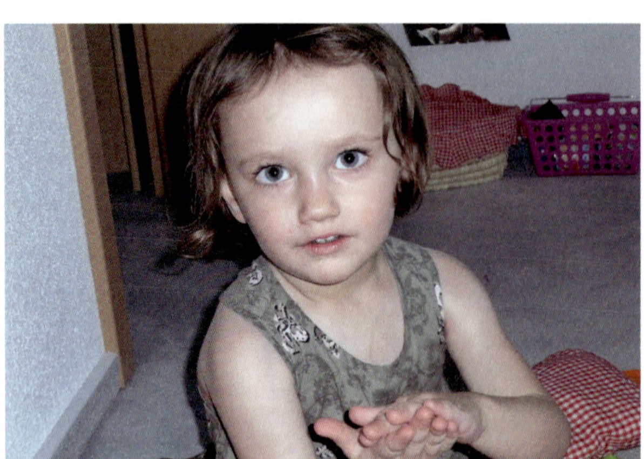

Der Regen rauscht ...

„Es gingen zum Bus!"

⓿❶❷❸❹❺❻❼❽❾

Ausgangsstellung:
Die Kinder sitzen im Kreis.

Spruch und Bewegungsablauf

Es gingen zum Bus	Es wird abwechselnd in die Hände und auf die Oberschenkel geklatscht.
Frau Kuss	Eine Hand wird in die Luft gehoben.
Und Frau Nuss.	Die andere Hand wird in die Luft gehoben.
Frau Kuss	Eine Hand wird in die Luft gehoben.
Und Frau Nuss	Die andere Hand wird in die Luft gehoben.
Die gingen zum Bus.	Es wird abwechselnd in die Hände und auf die Oberschenkel geklatscht.
Sie winkten mal hier	Eine Hand winkt.
Und winkten mal dort.	Die andere Hand winkt.
Dann fuhr'n sie im Bus	
Ganz fröhlich zum Sport.	Es wird abwechselnd in die Hände und auf die Oberschenkel geklatscht.

„Es gingen zum Bus Frau Kuss und Frau Nuss"
Eine Hand winkt ... dann winkt die andere Hand.

Es gingen zum Bus	Es wird abwechselnd in die Hände und auf die Oberschenkel geklatscht.
Herr Kuss	Ein Fuß wird in die Luft gehoben.
Und Herr Nuss.	Der andere Fuß wird in die Luft gehoben.
Herr Kuss	Ein Fuß wird in die Luft gehoben.
Und Herr Nuss	Der andere Fuß wird in die Luft gehoben.
Die gingen zum Bus.	Es wird abwechselnd in die Hände und auf die Oberschenkel geklatscht.
Sie winkten mal hier	Ein Fuß winkt.

Und winkten mal dort.	Der andere Fuß winkt.
Dann fuhr'n sie im Bus	
Ganz fröhlich zum Sport.	Es wird abwechselnd in die Hände und auf die Oberschenkel geklatscht.

„Es gingen zum Bus Herr Kuss und Herr Nuss"
Ein Fuß winkt ... dann winkt der andere Fuß.

Es gingen zum Bus	Es wird abwechselnd in die Hände und auf die Oberschenkel geklatscht.
Kind Kuss	Die Zunge wird zur einen Seite aus dem Mund gestreckt.
Und Kind Nuss.	Die Zunge wird zur anderen Seite aus dem Mund gestreckt.
Kind Kuss	Die Zunge wird zur einen Seite aus dem Mund gestreckt.
Und Kind Nuss	Die Zunge wird zur anderen Seite aus dem Mund gestreckt.
Die gingen zum Bus.	Es wird abwechselnd in die Hände und auf die Oberschenkel geklatscht.
Sie winkten mal hier	Die Zunge wird zur einen Seite aus dem Mund gestreckt.
Und winkten mal dort.	Die Zunge wird zur anderen Seite aus dem Mund gestreckt.
Dann fuhr'n sie im Bus	
Ganz fröhlich zum Sport.	Es wird abwechselnd in die Hände und auf die Oberschenkel geklatscht.

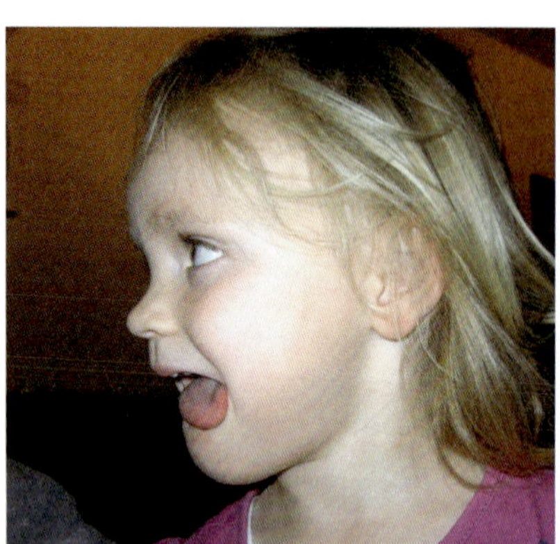

„Es gingen zum Bus Kind Kuss und Kind Nuss"
Die Zunge wird erst zur einen Seite, dann zur anderen Seite gestreckt.

Erweiterung

Es gingen zum Bus	Es wird abwechselnd in die Hände und auf die Oberschenkel geklatscht.
Hund Kuss	Ein Daumen wird in die Luft gehoben.
Und Hund Nuss.	Der andere Daumen wird in die Luft gehoben.
…	
Es gingen zum Bus	Es wird abwechselnd in die Hände und auf die Oberschenkel geklatscht.
Katz Kuss	Ein Zeigefinger wird in die Luft gehoben.
Und Katz Nuss.	Der andere Zeigefinger wird in die Luft gehoben.
…	
Kuh	Mittelfinger
Schwein	Ringfinger
Maus	Kleiner Finger
Pferd	Schulter
Hahn	Augen

Variation:
Bewegungsablauf:
Die Füße werden – anstelle des abwechselnden in die Hände und auf die Oberschenkel Klatschens – beim Aufsagen des Spruchs im Wechsel silbenmäßig aufgesetzt.
Variation:
Es wird zum Spruch silbenmäßig in die Hände geklatscht, gleichzeitig werden die Füße silbenmäßig im Wechsel aufgesetzt.
Variation:
Es wird zum Spruch silbenmäßig mit den Fingern geschnipst, gleichzeitig werden die Füße beidbeinig (oder im Wechsel) aufgesetzt.

„Apfelmus!“ 0 1 2 3 6 8

Ausgangsstellung:
Die Kinder stehen im Raum. Die Beine sind leicht grätscht, die Knie leicht gebeugt.
Alternative. Die Kinder sitzen im Kreis.

Ein Arm wird als Elefantenrüssel nach vorn gestreckt.
Die Hand des anderen Arms greift unter den gestreckten Arm und unterstützt ihn etwa unterhalb des Ellenbogens.
Der Kopf beugt sich zur Seite des angehobenen Arms, das Ohr wird auf dem Oberarm abgelegt.
Die Kinder malen mit dem angehobenen Arm liegende Achten.
Alternativ zum Malen von liegenden Achten können Kinder, denen das Malen von liegenden Achten noch nicht gelingt, auch Kreise oder Wellen mit ihrem „Rüssel“ malen.

Spruch und Bewegungsablauf

Ein Elefant mit Namen Schnapfel,	Der nach vorn gestreckte Arm malt große liegende Achten in die Luft. Kopf und Körper folgen der Bewegung.
Der aß so gerne einen Apfel.	
Der Apfel rollt den Berg hinab,	Beide Arme werden gebeugt, Ellenbogen zeigen nach außen. Die Unterarme werden vor dem Körper umeinander gedreht.
Der Elefant stampft	Die Füße stampfen im Wechsel fest auf den Boden.
Trapp,	Die Füße stampfen im Wechsel fest auf den Boden.
Trapp,	Die Füße stampfen im Wechsel fest auf den Boden.
Trapp,	Die Füße stampfen im Wechsel fest auf den Boden.
Gleich hinterher	Die Füße stampfen im Wechsel fest auf den Boden,
Auf festem Fuß.	Die Füße stampfen im Wechsel fest auf den Boden.
	Stoppen.
Erwischt den Apfel! –	Ein Fuß wird nach vorn fest aufgestampft.
Apfelmus!	Die Hände klatschen zusammen.

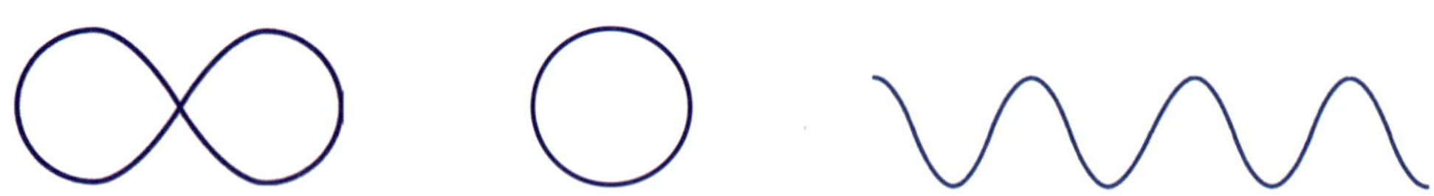

„Wanderung!“ 0 1 2 3 5 6

Ausgangsstellung:
Stehen oder sitzen im Kreis. Das Spiel wird barfuß oder in Socken gespielt.

Spruch und Bewegungsablauf

Wir wandern, wir wandern,	Die Füße werden im Rhythmus
Jetzt ohne Strümpf' und Schuh.	während des gesamten Verses wechselseitig
Wir sagen unsren Namen	auf den Boden gesetzt.
Im Rhythmus jetzt dazu.	
Und wie heißt Du?	Der Spielleiter zeigt auf ein Kind.
Ma-rei-ke (Name des Kindes)	Das Kind nennt seinen Namen und stampftt dabei die Silben des Namen (z. B. Ma-rei-ke).
Ma-rei-ke (Beispiel)	Alle Kinder wiederholen den Namen und stampfen dabei die Silben.

Der Vers beginnt von neuem, das zuletzt benannte Kind ist der neue Spielleiter.

Variation:
Der Name des Kindes wird gleichzeitig mit den Füßen gestampft und mit den Händen geklatscht.
Der Name des Kindes wird gleichzeitig mit den Füßen gestampft und mit den Fingern geschnipst.
Der Name des Kindes wird gleichzeitig mit einem Fuß gestampft und mit den Fingern der gegenüberliegenden Hand geschnipst.

„Meine beiden Tanten!“ 0 1 2 3 4 5 6 7 8 9

Ausgangsstellung:
Die Kinder stehen oder sitzen im Raum.

Spruch und Bewegungsablauf
Alle sprechen den Spruch und bewegen sich dazu.

Meine beiden Tanten,	Es wird abwechselnd in die Hände und auf
Hab 'n fünf Elefanten.	die gleichseitigen Oberschenkel geklatscht.
Der Erste, der stampft.	Es wird mit flachen Füßen gestampft.
Der Zweite, der mampft.	Die Lippen öffnen und schließen sich im Wechsel.
Der Dritte, der patscht.	Die flachen Hände patschen auf die Oberschenkel.
Der Vierte, der klatscht.	Es wird in die Hände geklatscht.
Der Fünfte, der schaut,	Die Hand mit der Handkante an die Stirn legen
Wer an der Reihe ist	und zu den Seiten schauen.
Und fragt Dich, wer Du bist.	Der Spielleiter zeigt auf ein Kind.
...	
Das Kind nennt seinen Namen	Das Kind klatscht die Silben des Namens (z. B. Mi-ka)

Alle wiederholen den Namen des Kindes und klatschen dabei die Silben des Namens.

Variation:

Das Kind nennt seinen Namen.	Das Kind stampft, mampft, klatscht oder patscht die Silben des Namens.

Alle wiederholen den Namen des Kindes und stampfen, mampfen, patschen oder klatschen dabei die Silben des Namens.

Es wird im Wechsel in die eigenen Hände und auf die Oberschenkel geklatscht.

„Was rollt da über die Straße" ⓿❶❷❸❹❺❽❾

Ausgangsstellung:
Die Kinder sitzen im Kreis.

Spruch und Bewegungsablauf

Ein Apfel	Ein Finger wird in die Luft gezeigt.
Konnte nicht warten,	Leicht mit dem Kopf schütteln.
Rollte auf die Autobahn.	Die Unterarme umeinander rollen.
Kam ein Laster angefahr'n.	Hände drehen an einem imaginären Lenkrad.
War ein Laster von Herrn Hus …	Hände in die Luft halten, Handinnenflächen zeigen nach oben.
Der Apfel ist nun Mus.	In die Hände klatschen.
Apfelmus, Apfelmus!	Es wird abwechselnd in die Hände und auf die Oberschenkel geklatscht.
Zwei Bananen,	Zwei Finger in die Luft zeigen.
Konnten nicht warten,	Leicht mit dem Kopf schütteln.
Rollten auf die Autobahn.	Die Unterarme umeinander rollen.

Kam ein Laster angefahr'n.	Hände drehen an einem imaginären Lenkrad.
War ein Laster von Herrn May …	Hände in die Luft halten, Handinnenflächen zeigen nach oben.
Die Bananen sind nun Brei.	In die Hände klatschen.
Bananenbrei, Bananenbrei!	Es wird abwechselnd in die Hände und auf die Oberschenkel geklatscht.

Die Kinder drehen am Lenkrad vom Laster.

Drei Kartoffeln	Drei Finger in die Luft zeigen.
Konnten nicht warten,	Leicht mit dem Kopf schütteln.
Rollten auf die Autobahn,	Die Unterarme umeinander rollen.
Kam ein Laster angefahr'n.	Hände drehen an einem imaginären Lenkrad.
War ein Laster von Herrn Hampf …	Hände in die Luft halten, Handinnenflächen zeigen nach oben.
Die Kartoffeln sind nun Stampf.	In die Hände klatschen.
Kartoffelstampf, Kartoffelstampf!	Es wird abwechselnd in die Hände und auf die Oberschenkel geklatscht.

Vier Tomaten,	Vier Finger in die Luft zeigen.
Konnten nicht warten,	Leicht mit dem Kopf schütteln.
Rollten auf die Autobahn.	Die Unterarme umeinander rollen.
Kam ein Laster angefahr'n.	Hände drehen an einem imaginären Lenkrad.
War ein Laster von Herrn Matt …	Hände in die Luft halten, Handinnenflächen zeigen nach oben.
Die Tomaten sind nun platt.	In die Hände klatschen.
Ketchup, Ketchup!	Es wird abwechselnd in die Hände und auf die Oberschenkel geklatscht.

Fünf Birnen,	Fünf Finger in die Luft zeigen.
Konnten nicht warten,	Leicht mit dem Kopf schütteln.
Rollten auf die Autobahn.	Die Unterarme umeinander rollen.
Kam ein Laster angefahr'n.	Hände drehen an einem imaginären Lenkrad.
War ein Laster von Herrn Klaps ...	Hände in die Luft halten, Handinnenflächen zeigen nach oben.
Die Birnen sind nun Schnaps.	In die Hände klatschen.
Birnenschnaps, Birnenschnaps!	Es wird abwechselnd in die Hände und auf die Oberschenkel geklatscht.
Sechs Orangen,	Sechs Finger in die Luft zeigen.
Konnten nicht warten,	Leicht mit dem Kopf schütteln.
Rollten auf die Autobahn.	Die Unterarme umeinander rollen.
Kam ein Laster angefahr'n.	Hände drehen an einem imaginären Lenkrad.
War ein Laster von Herrn Raft.	Hände in die Luft halten, Handinnenflächen zeigen nach oben.
Die Orangen sind nun Saft.	In die Hände klatschen.
Orangensaft, Orangensaft!	Es wird abwechselnd in die Hände und auf die Oberschenkel geklatscht.
Sieben Trauben,	Sieben Finger in die Luft zeigen.
Konnten nicht warten,	Leicht mit dem Kopf schütteln.
Rollten auf die Autobahn.	Die Unterarme umeinander rollen.
Kam ein Laster angefahr'n.	Hände drehen an einem imaginären Lenkrad.
War ein Laster von Herrn Hein ...	Hände in die Luft halten, Handinnenflächen zeigen nach oben.
Die Trauben sind nun Wein.	In die Hände klatschen.
Traubenwein, Traubenwein!	Es wird abwechselnd in die Hände und auf die Oberschenkel geklatscht.
Acht Gurken	Acht Finger in die Luft zeigen.
Konnten nicht warten,	Leicht mit dem Kopf schütteln.
Rollten auf die Autobahn.	Die Unterarme umeinander rollen.
Kam ein Laster angefahr'n.	Hände drehen an einem imaginären Lenkrad.
War ein Laster von Herrn Rat ...	Hände in die Luft halten, Handinnenflächen zeigen nach oben.
Die Gurken wurden zum Salat.	In die Hände klatschen.
Gurkensalat, Gurkensalat!	Es wird abwechselnd in die Hände und auf die Oberschenkel geklatscht.

Neun Kohlköpfe	Acht Finger in die Luft zeigen.
Konnten nicht warten,	Leicht mit dem Kopf schütteln.
Rollten auf die Autobahn.	Die Unterarme umeinander rollen.
Kam ein Laster angefahr'n.	Hände drehen an einem imaginären Lenkrad.
War ein Laster von Herrn Haut …	Hände in die Luft halten, Handinnenflächen zeigen nach oben.
Der Kohl, der ist nun Sauerkraut.	In die Hände klatschen.
Sauerkraut, Sauerkraut!	Es wird abwechselnd in die Hände und auf die Oberschenkel geklatscht.

Zehn Bücher	Zehn Finger in die Luft zeigen.
Konnten nicht warten,	Leicht mit dem Kopf schütteln.
Rollten auf die Autobahn.	Die Unterarme umeinander rollen.
Kam ein Laster angefahr'n.	Hände drehen an einem imaginären Lenkrad.
War ein Laster von Herrn Maus …	Hände in die Luft halten, Handinnenflächen zeigen nach oben.
Die Schule (Kita) ist jetzt aus.	In die Hände klatschen.
Schule aus! Schule aus!	Es wird abwechselnd in die Hände und auf die Oberschenkel geklatscht.

Geschickte Füße können:

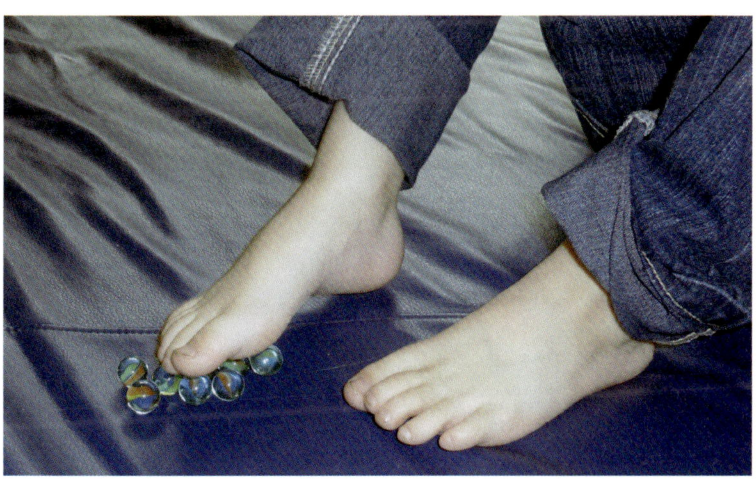

- Murmeln greifen und transportieren
- Im Sand malen
- Mit Fingerfarben Steine bemalen
- Mit einem Seil einen Knoten machen
- Klammern an Material klammern
- Zeitungspapier zu Bällen knüllen
- Zeitungspapier reißen
- Mit Stiften, Kreide, Wasserfarben … malen
- Morsen
- Kneten

- Fuß-Druck-Bilder machen
- In einer Schlange (Partner liegen sich gegenüber) mit Füßen Gegenstände transportieren
- Fußspiele mit den Tausendfüßlern Fritzchen und Marleen[50], anbieten
- Hüpfspiele, Seil springen

Füße lieben ein Leben lang
- Barfuß gehen
- Wasser treten
- Fußbäder
- Wattlaufen

3.2.1 Infos zum Bildungsbaustein „Plantar-Reflex“

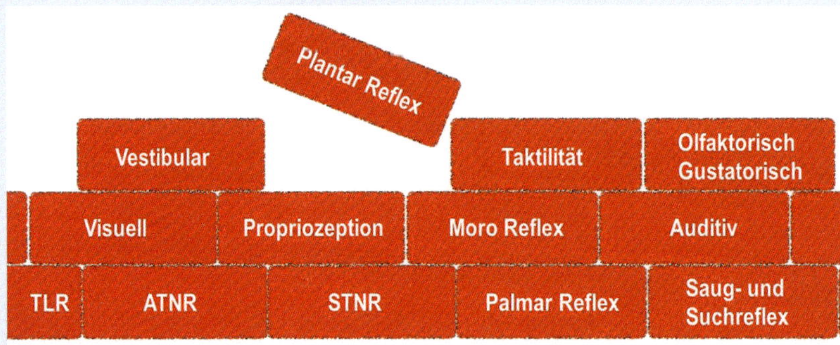

Der Fußgreifreflex

Der Plantar-Reflex zeigt sich vorgeburtlich um die 11. Schwangerschaftswoche und ist bei der Geburt vollständig vorhanden.
Der Reflex wird über die Berührung oder den Druck am Fußballen ausgelöst und führt zum Einkrallen der Zehen.
Um den 7.–9. Lebensmonat wird der Reflex integriert. Die Integration des Plantar-Reflexes ermöglicht das Abrollen des Fußes beim Gehen.
Besteht dieser Reflex über seine vorgesehene Zeit hinaus, kann die Entwicklung des Stehens und Gehens verzögert sein. Wiederholtes oder ständiges Einkrallen der Zehen durch Auslösen des Reflexes beeinträchtigt die Gleichgewichtsfähigkeit des Kindes. Auch orthopädische Fehlhaltungen durch ständige Kompensationsmechanismen in der Fuß- und Beinhaltung sind bekannt.
Durch die enge Verbindung von Plantar-Reflex, Palmar-Reflex und Saug- und Suchreflex, können auch die feinmotorische Entwicklung im Hand- und Mundbereich, die Grafomotorik und die Sprachentwicklung vom Persistieren des Plantar-Reflexes betroffen sein.
Hilfreiche Unterstützung für Elternhaus, Kindergarten und Schule[51] sind z.B.
Finger- und Fußspiele, Klatsch- und Patschspiele, Barfußspiele, Barfußgehen. Mit den Füßen im Sand und im Wasser spielen.

---

[50] *Beigel D., Grönemeyer D.: „Ich wär' jetzt mal 'ne Fledermaus". BORGMANN MEDIA. Dortmund*

[51] *Weitere Anregungen und Informationen in Beigel, D. Flügel und Wurzeln. Kap. 4*

3.2.2 Spiele und Informationen zur Unterstützung der Ausreifung des Fußgreifreflexes

Zusätzliche Spiele und Informationen zur Unterstützung der Ausreifung des Fußgreifreflexes finden Interessierte in ***Kapitel 1–4 dieses Buches*** *und in folgenden Büchern*

„Von Anfang an im Gleichgewicht“ (U3 bis 8 Jahre)
Begleitbuch
Vater Abraham, Seite 79
Brüderchen komm tanz mit mir, Seite 80
Ich nehme meine Leiter, Seite 81

„Bildung kommt ins Gleichgewicht“ (Klasse 1 bis Klasse 13)
Kalender, Übungen, Stufe 1–5

„Kita und Schule – ein starkes Team“ (4 bis 8 Jahre)
Geschickte Zwergenfüße, Seite 82
Willis Fußgasse, Seite 83
Zwergen-Zirkus, Seite 83
Muster aus dem Willi-Wald, Seite 87
Anregungen zur motorischen Entwicklung, Seite 88

„Ich wär jetzt mal 'ne Fledermaus“ (3 bis 10 Jahre)
Geschichten mit den Tausendfüßlern Fritzchen und Marleen, die so gerne barfuß geh'n.
Spiele zum Kennenlernen des Körpers, Seite 188 ff.

„Beweg dich, Schule!“ (Vorklasse bis Klasse 13)
Schwerpunkt Mathematik
Sekunden-Spiel, Seite 107
Rechenjogging, Seite 116
Schwerpunkt Deutsch
Aufsatztanz, Seite 142
Blindenführer, Seite 151
Mini-Sportbewegungen und Mini-Entspannungsübungen
Sporttreff, Seite 184
Hüpfburg, Seite 190
Radiergummi-Kunst, Seite 191
Kleine Bewegungspausen
Ein Hut, ein Stock ..., Seite 248
Body-Percussion, Seite 259
Klatsch- und Fingerspiele, Seite 265 ff.

„Was ist los in meinem Kopf?“ (5 bis 12 Jahre)
Hahnenkampf, Seite 28
Klatschspiel, Seite 30

Zusätzliche fachliche Informationen und Ratschläge zur Ausreifung des Fußgreifreflexes finden Interessierte in folgender Literatur:
Flügel und Wurzeln, Kapitel 3.1.2, Seite 91 ff.

3.3 Fingerspiele, die alternativ auch als Klatsch- oder als Bewegungsspiele eingesetzt werden können[52]

Die meisten Spiele in diesem Buch sind mit Reimen verbunden.

Reime sind bei Kindern beliebt. Sie faszinieren durch ihren Rhythmus und ihr Wortspiel.

Sie wecken bei den Kindern den Wunsch nach Wiederholung und animieren zum Mitsprechen oder Ergänzen von Reimworten.

Durch die Kombination der Reime mit Finger- und Fußspielen, Klatsch- und Patschspielen, Massagen und Bewegungsspielen schulen sie insbesondere die Gedächtnis- und Denkfähigkeit, die Sprach- und Sprechentwicklung, die Fein-, Grob- und Grafomotorik.

Reime intensivieren die Zusammenarbeit der beiden Gehirnhälften, fördern und fordern das Hören und Zuhören, die Konzentration und die Aufmerksamkeit der Kinder.

Reimen bedeutet auch neue Worte und Wortkombinationen kennenzulernen und den eigenen Wortschatz zu erweitern.

„Auch für die phonologische Bewusstheit, die in der internationalen Forschung als Kernvoraussetzung für erfolgreichen Schriftspracherwerb gilt, zählt das Erkennen von Reimen als wichtige Fähigkeit."[53]

---

[52] *Texte und Spielideen: Dorothea Beigel*

[53] *Beigel, D. Grönemeyer, D.: Von Anfang an im Gleichgewicht. BORGMANN MEDIA. Dortmund*

Fingerspiel „Wie hoppeln Willis Hasen?!“ 0 1 2 3 5 7 8

Hinweis: Das Fingerspiel kann auch mit kleinen Kindern im U3-Bereich im Eltern-Kind-Kontakt gespielt werden.
Dabei übernehmen die Eltern die Bewegungsabläufe/Berührungen beim Kind.

Ausgangsstellung:
Die Kinder stehen oder sitzen im Kreis.

Spruch und Bewegungsablauf

Wie hoppeln die kleinen Hasen?	
Hopp, hopp, hopp.	Mittelfinger und Zeigefinger machen Hüpfbewegungen auf dem gegenüberliegenden Arm.
Wie hoppeln die müden Hasen?	
A-hopp, a-hopp, a-hopp.	Mittelfinger und Zeigefinger machen sehr langsame Hüpfbewegungen auf dem gegenüberliegenden Arm.
Wie hoppeln die wilden Hasen?	
Hoppela, hoppela, hopp – popp popp!	Mittelfinger und Zeigefinger machen kleine, sehr schnelle Hüpfbewegungen auf dem gegenüberliegenden Arm.
Wie kriechen die kleinen Schnecken?	
Schnick, schneck, schnick, schneck.	Die flache Hand macht Kriechbewegungen auf dem gegenüberliegenden Arm.
Wie kriechen die müden Schnecken?	
Sch-sch-schneck, sch-sch-schneck.	Die flache Hand macht sehr langsame Kriechbewegungen auf dem gegenüberliegenden Arm.
Wie kriechen die wilden Schecken?	
Schnick, schneck, schnack, *Schnick, schneck, schnack!*	Die flache Hand macht sehr schnelle Kriechbewegungen auf dem gegenüberliegenden Arm.
Wie hüpfen die kleinen Flöhe?	
Hüpf, hüpf, hüpf.	Zeigefinger macht Hüpfbewegungen auf dem gegenüberliegenden Arm.
Wie hüpfen die müden Flöhe?	
H-hüpf, h-hüpf, h-hüpf.	Zeigefinger macht sehr langsame Hüpfbewegungen auf dem gegenüberliegenden Arm.
Wie hüpfen die wilden Flöhe?	
Hüppidi hüppedi, hüpf, *Hüppidi hüppedi, hüpf!*	Zeigefinger macht kleine, sehr schnelle Hüpfbewegungen auf dem gegenüberliegenden Arm.

Wie krabbeln die kleinen Käfer?	
Krabbel, krabbel, krabbel.	Die Finger machen Krabbelbewegungen auf dem gegenüberliegenden Arm.
Wie krabbeln die müden Käfer?	
Ka-krabbel, ka-krabbel. ka-krabbel.	Die Finger machen sehr langsame Krabbelbewegungen auf dem gegenüberliegenden Arm.
Wie krabbeln die wilden Käfer?	
Ki-ka-kabbel, ki-ka-krabbel, ki-ka-krabbel!	Die Finger machen sehr schnelle Krabbelbewegungen auf dem gegenüberliegenden Arm.
Wie gehen die kleinen Uhus?	
Seit-wärts-ge-hen, seit-wärts-ge-hen.	Der Zeigefinger wird abgespreizt, der Mittelfinger neben den Zeigefinger gelegt, Zeigefinger wird wieder abgespreizt, der Mittelfinger wieder neben den Zeigefinger gelegt.
Wie gehen die müden Uhus?	
Sei-seit-wärts, sei-seit-wärts, sei-seitwärts.	Der Zeigefinger wird sehr langsam abgespreizt, der Mittelfinger sehr langsam neben den Zeigefinger gelegt.
Wie gehen die wilden Uhus?	
Seit, seit, seit, seit!!!	Der Zeigefinger wird sehr schnell abgespreizt, der Mittelfinger sehr schnell neben den Zeigefinger gelegt.

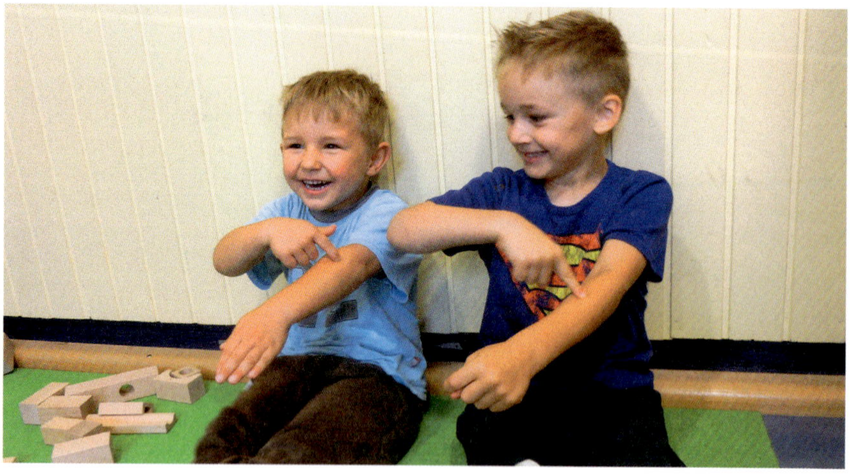

Wie hüpfen die wilden Flöhe? Hüppidi hüppedi, hüpf …

Bewegungsspiel „Wie hoppeln Willis Hasen?!“ 0 1 2 3 5 6 8 9

Hinweis: Das Bewegungsspiel kann auch mit kleinen Kindern im U3-Bereich im Eltern-Kind-Kontakt gespielt werden.
Dabei machen Eltern und Kinder die Bewegungen gemeinsam.

Ausgangsstellung:
Die Kinder stehen oder sitzen im Kreis.

Spruch und Bewegungsablauf	*Erzieherin oder ein Kind stellt die Frage.*
Wie hoppeln die kleinen Hasen?	
Hopp, hopp, hopp.	Die Kinder hüpfen beidbeinig durch den Raum. Die Hände werden als Hasenohren an den Kopf gelegt.
Wie hoppeln die müden Hasen?	
A-hopp, a-hopp,a-hopp.	Die Kinder hüpfen langsam beidbeinig durch den Raum. Die Hände werden als Hasenohren an den Kopf gelegt.
Wie hoppeln die wilden Hasen?	
Hoppela, hoppela, hopp – popp popp!	Die Kinder hüpfen sehr schnell beidbeinig durch den Raum. Die Hände werden als Hasenohren an den Kopf gelegt.
Wie kriechen die kleinen Schnecken?	
Schnick, schneck, schnick, schneck.	Die Kinder kriechen auf dem Bauch durch den Raum.
Wie kriechen die müden Schnecken?	
Sch-sch-schneck, sch-sch-schneck.	Die Kinder kriechen langsam auf dem Bauch durch den Raum.
Wie kriechen die wilden Schecken?	
Schnick, schneck, schnack,	Die Kinder kriechen sehr schnell auf dem Bauch
Schnick, schneck, schnack!	durch den Raum.

Wir hoppeln wie die Hasen ...

Wie hüpfen die kleinen Flöhe?	
Hüpf, hüpf, hüpf.	Die Kinder hüpfen auf einem Bein durch den Raum.
Wie hüpfen die müden Flöhe?	
H-hüpf, h-hüpf, h-hüpf.	Die Kinder hüpfen auf einem Bein langsam durch den Raum.
Wie hüpfen die wilden Flöhe?	
Hüppidi hüppedi, hüpf,	Die Kinder hüpfen sehr schnell auf einem Bein
Hüppidi hüppedi, hüpf!	durch den Raum.
Wie krabbeln die kleinen Käfer?	
Krabbel, krabbel, krabbel.	Die Kinder krabbeln auf Händen und Knien durch den Raum.
Wie krabbeln die müden Käfer?	
Ka-krabbel, ka-krabbel. ka-krabbel.	Die Kinder krabbeln langsam auf Händen und Knien durch den Raum.
Wie krabbeln die wilden Käfer?	
Ki-ka-Krabbel, ki-ka-krabbel. Ki-ka-krabbel!	Die Kinder krabbeln sehr schnell auf Händen und Knien durch den Raum.
Wie gehen die kleinen Uhus?	
Seit-wärts-ge-hen, seit-wärts-ge-hen.	Die Kinder gehen seitwärts durch den Raum.

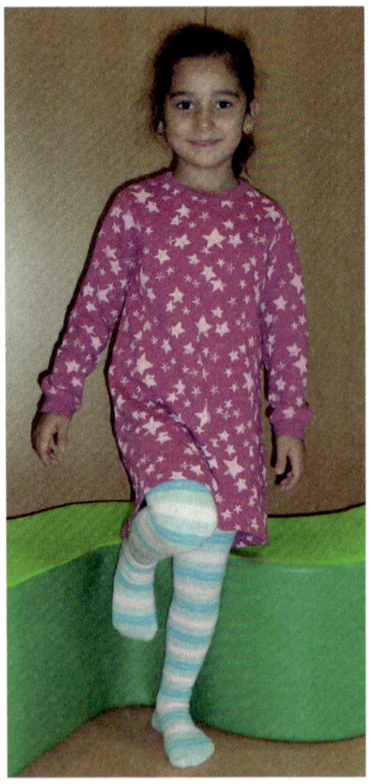

Hüpfen wie die Flöhe

Wie gehen die müden Uhus?	
Sei-seit-wärts, sei-seit-wärts, sei-seitwärts.	Die Kinder gehen langsam seitwärts durch den Raum.
Wie gehen die wilden Uhus?	
Seit, seit, seit, seit!!!	Die Kinder gehen sehr schnell seitwärts durch den Raum.

Fingerspiel „Guten Tag, sagt Willis Floh" 0 1 2 3 5 8

Ausgangsstellung:
Die Kinder stehen oder sitzen sich gegenüber.

Spruch und Bewegungsablauf

Es war einmal ein Floh,	Ein Finger macht Hüpfbewegungen auf dem eigenen gegenüberliegenden Arm.
Der hüpfte immer so ...	
Und weil er Dich so mag,	Die Kinder geben sich die Hände und sagen freundlich
Sagt er Dir „Guten Tag."	„Guten Tag"

Willis Freund der Floh

Klatschspiel „Guten Tag, sagt Willis Floh" 0 1 2 3 4 5 8

Spruch und Bewegungsablauf je nach Entwicklungsstand/Alter der Kinder:

Vorschlag für U3- und 3-Jährige:
Die Kinder klatschen silbenmäßig in die eigenen Hände. Bei den Worten „Sagt er dir: Guten Tag", geben sie sich die Hände und begrüßen sich freundlich.

Vorschlag für 4-Jährige:
Die Kinder klatschen silbenmäßig abwechselnd in die eigenen Hände und auf die eigenen Oberschenkel. Bei den Worten „Sagt er dir: Guten Tag", geben sie sich die Hände und begrüßen sich freundlich.

Ab 5 Jahre:
Die Kinder stehen sich gegenüber. Sie klatschen mit flachen Händen, silbenmäßig abwechselnd

- In die eigenen Hände
- Mit der rechten Hand auf die rechte Hand der Spielpartnerin
- In die eigenen Hände
- Mit der linken Hand auf die linke Hand der Spielpartnerin

Es war einmal ein Floh,	
Der hüpfte immer so ...	
Und weil er Dich so mag,	
Sagt er Dir „Guten Tag."	Die Kinder geben sich die Hände und sagen freundlich „Guten Tag"

Bewegungsspiel „Guten Tag, sagt Willis Floh“ ⓪❶❷❸❹❺❻❽❾

Es war einmal ein Floh,	Die Kinder hüpfen auf einem Bein durch den Raum
Der hüpfte immer so ...	
Und weil er Dich so mag,	Die Kinder bleiben stehen, sie geben einem anderen Kind die Hand und sagen freundlich
Sagt er Dir „Guten Tag!“	„Guten Tag!“

Und weil er Dich so mag, sagt er Dir „Guten Tag“.

Fingerspiel „Ohne Socken!“ 0 1 2 3 5 8

Ausgangsstellung:
Die Kinder stehen oder sitzen im Kreis.

Spruch und Bewegungsablauf

Spruch	Bewegungsablauf
Der Has' hat keine Socken an, *Weil er damit nicht hoppeln kann.* *Er hoppelt heut zu Willis Park,* *Denn Hoppeln macht die Beine stark.*	Zeigefinger und Mittelfinger machen auf dem gegenüberliegenden Arm Hoppel-Bewegungen,
Der Floh hat keine Socken an, *Weil er damit nicht hüpfen kann.* *Er hüpfet heut zu Willis Park,* *Denn Hüpfen macht die Beine stark.*	Zeigefinger macht auf dem gegenüberliegenden Arm Hüpfbewegungen.
Der Käfer hat keine Socken an, *Weil er damit nicht krabbeln kann.* *Er krabbelt heut zu Willis Park,* *Denn Krabbeln macht die Arme stark.*	Die Finger machen auf dem gegenüberliegende Arm Krabbelbewegungen.
Die Schneck' hat keine Socken an, *Weil sie damit nicht kriechen kann.* *Sie kriechet heut zu Willis Park,* *Denn Kriechen macht die Arme stark.*	Die flache Hand macht auf dem gegenüberliegenden Arm Kriechbewegungen.
Der Uhu hat keine Socken an, *Weil er damit nicht seitwärts gehen kann.* *Er geht heut seitwärts hin zu Willis Park,* *Denn Seitwärtsgehen macht die Beine stark.*	Zeigefinger und Mittelfinger machen jeweils Spreiz- und Schließbewegungen auf dem gegenüberliegenden Arm.

Klatschspiel „Ohne Socken“ ⓪❶❷❸❹❺❻❽❾

Ausgangsstellung:

Die Kinder stehen sich gegenüber. Sie klatschen mit flachen Händen, silbenmäßig abwechselnd
- In die eigenen Hände
- Mit der rechten Hand auf die rechte Hand der Spielpartnerin
- In die eigenen Hände
- Mit der linken Hand auf die linke Hand der Spielpartnerin

Der Has' hat keine Socken an,	Klatschen, s. o.
Weil er damit nicht hoppeln kann.	
Er hoppelt heut zu Willis Park,	Die Kinder hüpfen parallel zum Klatschen
Denn Hoppeln macht die Beine stark.	beidbeinig auf der Stelle.
Der Floh hat keine Socken an,	Klatschen, s. o.
Weil er damit nicht hüpfen kann.	
Er hüpfet heut zu Willis Park,	Die Kinder hüpfen parallel zum Klatschen auf
Denn Hüpfen macht die Beine stark.	einem Bein auf der Stelle.
Der Käfer hat keine Socken an,	Klatschen, s. o.
Weil er damit nicht krabbeln kann.	
Er krabbelt heut zu Willis Park,	Die Kinder machen gleichzeitig zum Klatschen
Denn Krabbeln macht die Arme stark.	Trippelschritte auf der Stelle.
Die Schneck' hat keine Socken an,	Klatschen, s. o.
Weil sie damit nicht kriechen kann.	
Sie kriechet heut zu Willis Park,	Die Kinder schieben parallel zum Klatschen die
Denn Kriechen macht die Arme stark.	Füße leicht vor und zurück.
Der Uhu hat keine Socken an,	Klatschen, s. o.
Weil er damit nicht seitwärts gehen kann.	
Er geht heut seitwärts hin zu Willis Park,	Die Kinder gehen beim Klatschen abwechselnd
Denn Seitwärtsgehen macht die Beine stark.	einen Schritt nach links und einen Schritt nach rechts zur Seite.

Bewegungsspiel „Ohne Socken“

0 1 2 3 4 5 6 8 9

Ausgangsstellung:
Die Kinder stehen oder sitzen im Kreis.

Der Has' hat keine Socken an,	Es wird im Wechsel in die eigenen Hände
Weil er damit nicht hoppeln kann.	und auf die eigenen Oberschenkel geklatscht.
Er hoppelt heut zu Willis Park,	Die Kinder hüpfen auf zwei Beinen
Denn Hoppeln macht die Beine stark.	durch den Raum.
Der Floh hat keine Socken an,	Es wird im Wechsel in die eigenen Hände
Weil er damit nicht hüpfen kann.	und auf die eigenen Oberschenkel geklatscht.
Er hüpfet heut zu Willis Park,	Die Kinder hüpfen auf einem Bein
Denn Hüpfen macht die Beine stark.	durch den Raum.
Der Käfer hat keine Socken an,	Es wird im Wechsel in die eigenen Hände
Weil er damit nicht krabbeln kann.	und auf die eigenen Oberschenkel geklatscht.
Er krabbelt heut zu Willis Park,	Die Kinder krabbeln auf
Denn Krabbeln macht die Arme stark.	Händen und Knien durch den Raum.
Die Schneck' hat keine Socken an,	Es wird im Wechsel in die eigenen Hände
Weil sie damit nicht kriechen kann.	und auf die eigenen Oberschenkel geklatscht.
Sie kriechet heut zu Willis Park,	Die Kinder kriechen auf dem Bauch
Denn Kriechen macht die Arme stark.	durch den Raum.
Der Uhu hat keine Socken an,	Es wird im Wechsel in die eigenen Hände
Weil er damit nicht seitwärts gehen kann.	und auf die eigenen Oberschenkel geklatscht.
Er geht heut seitwärts hin zu Willis Park,	Die Kinder gehen im
Denn Seitwärtsgehen macht die Beine stark.	Seitwärtsschritt durch den Raum.

Der Käfer krabbelt heut durch Willis Park,
denn Krabbeln macht die Arme stark.

Fingerspiel „Es war einmal ein Hase“ 0 1 2 3 4 5 8

Ausgangsstellung:
Die Kinder stehen oder sitzen im Kreis.

Spruch und Bewegungsablauf

Es war einmal ein Hase,	Die Kinder machen eine geschlossene Faust, sie strecken Zeigefinger und Mittelfinger als Hasenohren heraus.
Ein kleiner brauner Hase,	Die Kinder schließen die andere Hand zur Faust. Sie strecken auch hier Zeigefinger und Mittelfinger als Hasenohren heraus.
Der wollt' die Welt mal sehen.	Zeigefinger und Daumen beider Hände bilden einen Kreis. Die entstandenen Fingerkreise werden wie eine Brille vor die Augen gesetzt.
Er fing gleich an zu hoppeln,	Zeigefinger und Mittelfinger der einen Hand hüpfen auf dem gegenüberliegenden Arm.
Er wollt' spazieren gehen.	Zeigefinger und Mittelfinger der anderen Hand hüpfen auf dem gegenüberliegenden Arm.
Er hoppelt einmal hin,	Zeigefinger und Mittelfinger der ersten Hand hüpfen auf dem gegenüberliegenden Arm.
Er hoppelt einmal her,	Zeigefinger und Mittelfinger der zweiten Hand hüpfen auf dem gegenüberliegenden Arm.
Dreht sich herum plitsch platsch.	Beide Hände drehen sich im Handgelenk.
Er hoppelt ganz, ganz wild,	Beide Hände öffnen und schließen sich schnell im Wechsel.
Rutscht aus und fällt in Matsch.	Die Hände klatschen flach auf die Oberschenkel.
Da patscht er nun der Hase,	Beide Hände patschen flach auf die Oberschenkel.
Der kleine braune Hase,	Beide Hände patschen nochmals flach auf die Oberschenkel.
Und lacht dazu ganz keck.	Beide Hände patschen nochmals flach auf die Oberschenkel.
Er klatscht in seine Pfoten,	Das Kind klatscht in die Hände.
Und hoppelt ganz schnell weg!	Die Hände werden hinter dem Rücken versteckt.

Klatsch-Bewegungsspiel „Es war einmal ein Hase“ 0 1 2 3 4 5 6 8 9

Ausgangsstellung:
Die Kinder stehen sich gegenüber.

Spruch	Bewegungsablauf
Es war einmal ein Hase, *Ein kleiner brauner Hase,* *Der wollt' die Welt mal sehen.*	Die Kinder klatschen mehrmals beidhändig abwechselnd in die eigenen Hände und dann auf die eigenen Oberschenkel.
Er fing gleich an zu hoppeln, *Er wollt' spazieren gehen.*	Die Kinder klatschen im Wechsel: ▪ In die eigene Hände ▪ Rechte Hand auf rechte Hand der Spielpartnerin ▪ In die eigene Hände ▪ Linke Hand auf linke Hand der Spielpartnerin
Er hoppelt einmal hin, *Er hoppelt einmal her.*	Die Kinder klatschen mehrmals beidhändig abwechselnd in die eigenen Hände und dann auf die eigenen Oberschenkel.
Dreht sich herum plitsch-platsch.	Die Kinder drehen sich um sich selbst herum.
Er hoppelt ganz, ganz wild,	Die Kinder zappeln wild mit Armen und Beinen.
Rutscht aus und fällt in Matsch.	Die Kinder lassen sich auf den Boden fallen.
Da patscht er nun der Hase, *Der kleine braune Hase,* *Und lacht dazu ganz keck.*	Die Kinder klatschen beidhändig-im Liegen abwechselnd in die eigenen Hände und dann auf die eigenen Oberschenkel.
Er klatscht in seine Pfoten,	Die Kinder klatschen mehrmals in ihre Hände.
Und hoppelt ganz schnell weg!	Die Kinder hoppeln wie die Hasen auf ihre Plätze.

Fingerspiel „Wochentage“ 0 1 2 3 4 5 6 8 9

Ausgangsstellung:
Die Kinder stehen oder sitzen im Kreis.

Spruch und Bewegungsablauf

Montag kommt Willis Schnecke,	Der Daumen wird gezeigt.
Kriecht jetzt um die Ecke.	Der Daumen macht Kriechbewegungen auf Arm oder Bein.
Dienstag kommt der Floh,	Der Zeigefinger wird gezeigt.
Der macht immer so ...	Der Zeigefinger macht Hüpfbewegungen auf Arm oder Bein.
Mittwoch kommt das Käferlein,	Der Mittelfinger wird gezeigt.
Krabbelt in mein Hosenbein.	Mittelfinger und Zeigefinger machen gemeinsam Krabbelbewegungen auf Arm oder Bein.
Donnerstag ist Uhu-Tag,	Der Ring wird gezeigt.
Er fliegt auf meinen Kopf,	Der Ringfinger bewegt sich und wird dann auf den Kopf
Weil er das mag.	gelegt.
Freitag kommt der Hase,	Der kleine Finger wird gezeigt.
Der stupst mich auf die Nase.	Der kleine Finger berührt die Nase.
Samstag, Sonntag ruhen alle aus,	Die Hand liegt flach auf Arm oder Bein.
Nur der Willi-Zwerg bleibt nicht zu Haus.	Die Kinder formen eine Zwergenmütze mit den Händen.
Läuft und klatscht in seine Hände ...	Die Kinder machen mit den Füßen Laufbewegungen und klatschen in die Hände.
Hallo,	
Die Geschichte ist jetzt auch zu Ende!	Alle strecken die Arme in die Luft.

Freitag kommt der Hase – Der kleine Finger wird gezeigt.

Klatschspiel „Wochentage“ 0 1 2 3 4 5 8

Die Kinder stehen sich gegenüber.

Sie sagen den Vers und klatschen dabei mit flachen Händen, silbenmäßig abwechselnd
- In die eigenen Hände
- Mit der rechten Hand auf die rechte Hand der Spielpartnerin
- In die eigenen Hände
- Mit der linken Hand auf die linke Hand der Spielpartnerin

Montag kommt Willis Schnecke, kriecht jetzt um die Ecke.

Dienstag kommt der Floh, der ist immer froh ...

Mittwoch kommt das Käferlein, krabbelt in mein Hosenbein.

Donnerstag ist Uhu-Tag, er fliegt auf meinen Kopf, weil er das mag.

Freitag kommt der Hase, der stupst mich auf die Nase.

Samstag Sonntag ruhen alle aus, nur der Willi-Zwerg bleibt nicht zu Haus.

Läuft und klatscht in seine Hände –

Hallo, die Geschichte ist jetzt auch zu Ende!

Bewegungsspiel „Wochentage“ 0 1 2 3 4 5 6 8 9

Die Kinder stehen im Raum.
Sie sagen den Vers (s. Klatschspiel) und bewegen sich jeweils so, wie die Tiere von denen der Vers erzählt.

Schnecke	Alle kriechen auf dem Bauch
Floh	Alle hüpfen auf einem Bein durch den Raum.
Käfer	Alle krabbeln durch den Raum.
Uhu	Alle fliegen durch den Raum.
Hase	Alle hüpfen beidbeinig durch den Raum.
Willi	Alle laufen durch den Raum und klatschen dabei in die Hände.
Hallo,	
Die Geschichte ist jetzt auch zu Ende!	Alle bleiben stehen.
	Alternativ: Alle setzen sich auf ihren Platz.

3.3.1 Infos zum Bildungsbaustein „Saug- und Suchreflex“

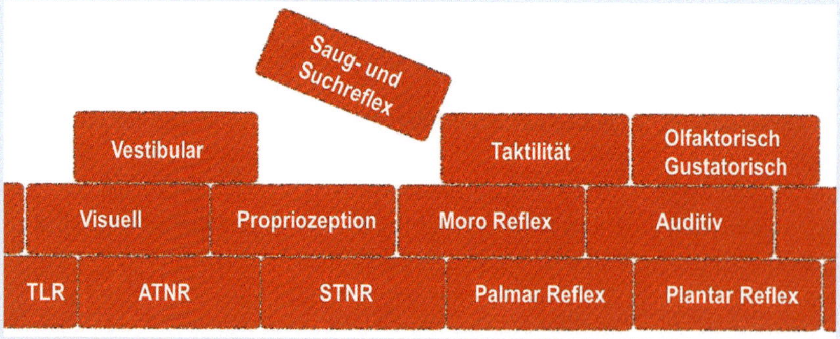

Der Saug- und Suchreflex zeigt sich vorgeburtlich um die 24.–28. Schwangerschaftswoche und ist bei der Geburt vollständig vorhanden.
Der Reflex wird über Reizung an der Wange und/oder Reizung im Mundbereich ausgelöst.
Durch leichtes Berühren der Wange oder des Mundwinkels dreht sich der Kopf des Kindes in die stimulierte Richtung, der Mund öffnet sich und die Zunge wird zum Saugen herausgestreckt.
Besteht der Saug- und Suchreflex über seine vorgesehene Zeit hinaus, kann sich dies z. B. in Form von Überempfindlichkeit im Lippen- und Mundbereich zeigen. Das Bedürfnis, auch noch im Schulalter am Daumen oder an Gegenständen zu nuckeln, Kaubeschwerden, Sprach- und Artikulationsprobleme können die Folge sein.
Durch die enge Verbindung von Plantar- und Palmar-Reflex zum Saug- und Suchreflex kann auch die manuelle Geschicklichkeit betroffen sein.

Hilfreiche Unterstützung für Elternhaus, Kindergarten und Schule[54] *sind z. B.*
Finger- und Fußspiele, Klatsch- und Patschspiele, Kniereiter, Tänze, Bewegungsspiele
Sprechen, Singen, Reimen, Spaß- und Unsinnverse, Bilderbuchbetrachtung.
Gutes Sprachvorbild der Eltern (der Betreuungspersonen) durch langsames, deutliches Sprechen mit Blickkontakt zum Kind.

---

[54] *Weitere Anregungen und Informationen in Beigel, D. Flügel und Wurzeln. Kap. 4*

3.3.2 Spiele und Informationen zur Unterstützung der Ausreifung des Saug- und Suchreflexes

Zusätzliche Spiele und Informationen zum Saug- und Suchreflex finden Interessierte in ***Kapitel 1–4 dieses Buches*** *und in folgenden Büchern*

„Von Anfang an im Gleichgewicht“
(U3 bis 8 Jahre)
Begleitbuch
Alle Spiele, die bereits zum Handgreif- und zum Fußgreifreflex benannt wurden.

„Bildung kommt ins Gleichgewicht“
(Klasse 1 bis Klasse 13)
Kalender, Übungen, Stufe 1–5

„Kita und Schule – ein starkes Team“
(4 bis 8 Jahre)
Willis Pustemäuse, Seite 76
Hindernisse im Willi-Wald, Seite 76
Willi Transport, Seite 76
Willis Blasrohr, Seite 76
Stuhlrücken mit Willi, Seite 77
Verrückte Willi-Antworten, Seite 77
Zungenbrecher, Seite 78

„Ich wär jetzt mal 'ne Fledermaus“
(3 bis 10 Jahre)
Geschichten mit Heidi Hand und Hansi Hand, den Spinnen aus dem Zwillingsland
Geschichten von den Tausendfüßlern Fritzchen und Marleen, die so gerne barfuß geh'n.
Geschichten von Babsie, die Ball-Biene
Spiele zum Kennenlernen des Körpers, Seite 188 ff.

„Beweg dich, Schule!“
(Vorklasse bis Klasse 13)
Alle Spiele, die bereits zum Handgreif- und zum Fußgreifreflex benannt wurden.

„Was ist los in meinem Kopf?“
(5 bis 12 Jahre)
Echo-Spiel, Seite 27
Supermann, Seite 29
Klatschspiel, Seite 30
Bewegung tut gut, Seite 31
Körperreise, Seite 31

Zusätzliche fachliche Informationen und Ratschläge zur Ausreifung des Handgreifreflexes finden Interessierte in:
Flügel und Wurzeln, Kapitel 3.1.2, Seite 91 ff.
Flügel und Wurzeln, Kapitel 4.6, Seite 154 ff.

3.4 Klatsch- und Patschspiele[55]

Klatsch- und Patschspiele sind ebenso wie Finger- und Fußspiele Klassiker unter den Kinderspielen. Trotzdem geraten sie in den letzten Jahren immer häufiger in Vergessenheit.
Es lohnt sich jedoch, ihre Werte für die Gesamtentwicklung der Kinder genau zu betrachten.
Das Klatschen, das Zusammenschlagen beider Handflächen, gehört ebenso wie das Patschen, der Schlag einer oder beider Hände auf ein anderes Körperteil (oft auch „Bodypercussion" genannt) zu den elementaren menschlichen Klatschgesten.
Klatschen und Patschen machen auch schon sehr jungen Kindern Spaß, erfordern und fördern das Zusammenspiel verschiedener Körperteile und schulen die kindliche Körperkoordination.
Eine gute Körperkoordination ermöglicht das Zusammenspiel von Wahrnehmung, Denken, Planen und gezieltem Bewegen. Sie unterstützt die Grobmotorik, die Feinmotorik, die Grafomotorik und die Mundmotorik, sie hat Auswirkungen auf das Bewegen und Spielen, auf das Malen, Basteln, Werken und Schreiben, auf die Aussprache und Artikulation des Kindes. Koordinative Schwierigkeiten können sich durch unbeholfenes und unkoordiniertes fein- und grobmotorisches Bewegungsverhalten, Bewegungsunlust, häufige Unfälle und Sprachauffälligkeiten zeigen.
Da Klatsch- und Patschspiele vorwiegend mit flachen Händen durchgeführt werden, unterstützen sie auch die Integration des Handgreifreflexes und die darauf aufbauende Entwicklung zum Drei-Finger Griff, der den Schreibprozess der Kinder maßgeblich unterstützt.
Beim Klatschen und Patschen kommt es zudem zu einer eigenen taktilen Stimulation (Hautberührung), die zur Aufmerksamkeit, zum Körperbewusstsein und zur Körperorientierung beiträgt. Die Kenntnis vom eigenen Körper und das Erleben der Körpergrenzen sind wichtige Bausteine zur Entwicklung eines positiven Ich-Gefühls.
Aus der modernen Gehirnforschung ist bekannt, dass Kinder, die viel Hautkontakt bekommen, weniger Stress empfinden und eine entsprechend geringere Aggressionsbereitschaft aufweisen.
Studien[56] belegen, dass Klatschspiele nicht nur positive Auswirkung auf Konzentration und feinmotorische Leistungen von Kindern haben (z. B. Handschrift), sondern auch die soziale Entwicklung unterstützen.
Rhythmisches Klatschen und Patschen macht Kindern und Erwachsenen Spaß, verschafft ein Gemeinschaftsgefühl und schult zudem spielerisch erste musikalische Fähigkeiten.

Selbst Erwachsene berichten, dass sie sich durch Handklatschspiele konzentrierter, entspannter und besser gelaunt fühlen.[57]

Klatschmöglichkeiten für U3-Jährige
Mit etwa einem Jahr gelingt es dem Kind, seine Hände bewusst zusammen zu klatschen.
Ab etwa drei Jahren kann das Kind einen Rhythmus klatschen.

Klatschmöglichkeiten zum Text
- In die eigenen Hände klatschen.

Alternativ:
- Auf die eigenen Oberschenkel patschen.

Alternativ:
- Abwechselnd in die eigenen Hände und dann mit den Händen parallel auf die eigenen Oberschenkel patschen.

55 *Texte uns Spielideen: Dorothea Beigel*
56 *http://www.aabgu.org/media-center/news-releases/ben-gurion-research-handclapping.html*
57 *http://www.netdoktor.de/News/Kinder-Haendeklatschen-fuer-1132761.html*

Klatschmöglichkeiten für 3–6-Jährige

Partnerspiele:
Die Kinder stehen sich gegenüber und klatschen zum Text

- Abwechselnd: parallel in die Hände der Spielpartnerin und in die eigenen Hände

Alternativ:

- Abwechselnd: mit den Händen auf die eigenen Oberschenkel und dann parallel in die Hände der Spielpartnerin.

Alternativ:

- Zuerst in die eigenen Hände.
  Dann mit der rechten Hand in die rechte Hand der Partnerin.
  In die eigenen Hände.
  Mit der linken Hand in die linke Hand der Partnerin.
  Wieder in die eigenen Hände

Klatschmöglichkeiten für „Profis" ab 6 Jahre

Ältere Kindergartenkinder und Kinder im Grundschulalter können selbstständig Klatschspiele entwickeln.

Die Kinder stehen sich gegenüber. Alle klatschen zum Text

- Zuerst in die eigenen Hände, zeitgleich gehen die eigenen Knie zusammen.
  Dann mit der rechten Hand in die rechte Hand der Partnerin, zeitgleich geht das linkes Knie zum linken Knie der Partnerin.
  Danach wieder in die eigenen Hände, zeitgleich gehen die eigenen Knie zusammen.
  Dann mit der linken Hand in die linke Hand der Partnerin, zeitgleich geht das rechtes Knie zum rechten Knie der Partnerin.
- Danach wieder in die eigenen Hände, zeitgleich gehen die eigenen Knie zusammen.

„Klatschen-Patschen“ 0 1 2 3 4 5

Ausgangsstellung:
Die Kinder stehen im Kreis.

Spruch und Bewegungsablauf

Klatschen, patschen, alle steh'n.	Alle klatschen in die Hände, patschen auf die Oberschenkel – stehen auf der Stelle.
Klatschen, patschen, alle dreh'n.	Alle klatschen in die Hände, patschen auf die Oberschenkel – drehen sich im Kreis.
Klatschen, patschen, alle geh'n.	Alle klatschen in die Hände, patschen auf die Oberschenkel – gehen durch den Raum.
Klatschen, patschen, nochmal steh'n.	Alle klatschen in die Hände, patschen auf die Oberschenkel – stehen auf der Stelle.
Klatschen, patschen, alle Freunde seh'n.	Alle klatschen in die Hände, patschen auf die Oberschekel – lächeln den anderen Kindern zu.
Klatschen, patschen, tschüß – auf Wiederseh'n.	Alle klatschen in die Hände, patschen auf die Oberschenkel – winken den anderen Kindern zu.

„Willilein“ 0 1 2 3 4 5

Ausgangsstellung
Die Kinder sitzen auf der Erde oder auf dem Stuhl.

Mein Willilein,	Einmal in die flachen Hände klatschen.
Mein Willilein,	Noch einmal in die flachen Hände klatschen.
Das ist ein kleines	Beide Hände zu einer Zwergenmütze formen
Zwerglein fein.	und auf den Kopf setzen.

„Mein Willilein“ – Die Kinder klatschen einmal in die Hände.

„Das ist ein kleines Zwerglein fein“ – Die Kinder formen mit beiden Hände eine Zwergenmütze.

Er macht	Einmal in die flachen Hände klatschen.
Mit seinen	Noch einmal in die flachen Hände klatschen.
Freunden	Noch einmal in die flachen Hände klatschen.
Quatsch.	Noch einmal in die flachen Hände klatschen.
Da fallen alle in den Matsch.	Schnell mit flachen Händen auf die Oberschenkel patschen.
	Alternativ:
	Alle Kinder lassen sich auf die Erde gleiten.

„Klatsch-patsch schau mal hier“ 0 1 2 3 4 5

Ausgangsstellung:
Die Kinder sitzen im Kreis.

Spruch und Bewegungsablauf für alle Kinder

Klatsch,	Die Kinder klatschen zuerst in die Hände
Patsch,	Die Kinder patschen auf ihre Oberschenkel
Schau mal hier.	Die Spielleiterin schaut zu einem Kind.
Alle Kinder sind ein Tier	Das angeschaute Kind macht die Bewegung eines Tieres vor – alle anderen Kinder machen mit.

Bewegungsspiel und Spruch beginnen von Neuem.

Variation für ältere Kinder

„Klatsch-patsch schnips mal hier“ 0 1 2 3 4 5

Ausgangsstellung:
Die Kinder stehen im Kreis. Ein Kind steht in der Mitte.

Spruch und Bewegungsablauf für alle Kinder

Klatsch,	Die Kinder klatschen zuerst in die Hände
Patsch,	Die Kinder patschen auf ihre Oberschenkel
Schnips mal hier.	Die Kinder schnipsen mit den Fingern.
Alle Kinder sind ein Tier	Das Kind in der Mitte macht die Bewegung eines Tieres vor – alle anderen machen mit.

Das Kind in der Mitte zeigt auf ein anderes Kind, welches nun in die Mitte geht. Das Bewegungsspiel und der Spruch beginnen von Neuem.

„Willi, Willi, kleiner Zwerg“ ⓪❶❷❸❹❺❽

Ausgangsstellung
Die Kinder stehen sich gegenüber.

Bewegung: Silbenmäßiges Klatschen für Anfänger:
- Die eigenen Hände klatschen in der Mitte zusammen.
- Parallel in die Hände des Partners klatschen.
- Die eigenen Hände klatschen in der Mitte zusammen.
- Parallel in die Hände des Partners klatschen.

Willi, Willi, kleiner Zwerg,

Wohnst im Haus gleich hinterm Berg.

Wenn wir dich besuchen,

Backen wir 'nen Kuchen.

Gemeinsame Klatschspiele sind beliebt und pflegen Kontakte!

Variation

Silbenmäßiges Klatschen für „Fortgeschrittene“:

- Die eigenen Hände klatschen in der Mitte zusammen.
- Die rechte Hand klatscht mit der rechten Hand des Partners zusammen.
- Die eigenen Hände klatschen in der Mitte zusammen.
- Die linke Hand klatscht mit der linken Hand des Partners zusammen.

„In einem kleinen Willi-Wald“ ⓪❶❷❸❹❺❽

Ausgangsstellung
Die Kinder stehen sich gegenüber.

Bewegung: Silbenmäßiges Klatschen:
- Die eigenen Hände klatschen in der Mitte zusammen.
- Die rechte Hand klatscht mit der rechten Hand des Partners zusammen.
- Die eigenen Hände klatschen in der Mitte zusammen.
- Die linke Hand klatscht mit der linken Hand des Partners zusammen.

In einem kleinen Willi-Wald,	Silbenmäßiges Klatschen
Da wohnt der kleine Willibald.	
Er ist mein Freund und ist sehr nett,	
Doch will er abends nicht ins Bett.	
Will lieber spielen immerzu.	
Sag ihm jetzt bitte:	
„Geh zur Ruh“.	Den Kopf sanft auf die Hände legen, die Augen schließen

Variation
Silbenmäßiges Klatschen für „Profis“:

- Die eigenen Hände klatschen in der Mitte zusammen.
- Die eigenen Hände werden in die Hüften gesetzt.
- Die eigenen Hände patschen auf die eigenen Oberschenkel.
- Die Hände klatschen parallel in die Hände des Partners.

„Backe, backe Willis Kuchen“[58] ⓿❶❷❸❹❺❽

Ausgangsstellung
Die Kinder stehen sich gegenüber.

Bewegung: Silbenmäßiges Klatschen:

- Die eigenen Hände klatschen in der Mitte zusammen.
- Die rechte Hand klatscht mit der rechten Hand des Partners zusammen.
- Die eigenen Hände klatschen in der Mitte zusammen.
- Die linke Hand klatscht mit der linken Hand des Partners zusammen.

Backe, backe Kuchen, Silbenmäßiges Klatschen

Zwerg Willi hat gerufen.

Wer will mit ihm Kuchen backen,

Der muss haben diese Sachen:

Ei, Milch, Apfel, auch Zitrone,

Willis Kuchen geht nicht ohne.

Schieb, schieb in Willis Ofen rein.

Oh, was schmeckt der Kuchen fein!!!

Variation

Silbenmäßiges Klatschen für „Profis“:

- Die eigenen Hände klatschen in der Mitte zusammen.
- Die eigenen Hände klatschen auf die eigenen gegenüberliegenden Schultern.
- Die Hände klatschen parallel in die Hände des Partners.
- Die eigenen Hände patschen auf die eigenen Oberschenkel.

Variation

Silbenmäßiges Klatschen mit geschlossenen Augen für „Profis +“:

- Die eigenen Hände klatschen in der Mitte zusammen.
- Die eigenen Hände klatschen auf die eigenen gegenüberliegenden Schultern.
- Die Hände klatschen parallel in die Hände des Partners.
- Die eigenen Hände patschen auf die eigenen Oberschenkel.

Variation

Silbenmäßiges Klatschen im Einbeinstand für „Profis +“

Variation

Silbenmäßiges Klatschen im Einbeinstand mit geschlossenen Augen für „Profis ++“

[58] *Angelehnt an das alte Volkslied „Backe, backe Kuchen“ (1840)*

„Ich trink Wasser“ 0 1 2 3 4 5 8

Ausgangsstellung

Die Kinder stehen sich gegenüber.

- Bewegung: Silbenmäßiges Klatschen:
- Die eigenen Hände klatschen in der Mitte zusammen.
- Die rechte Hand klatscht mit der rechten Hand des Partners zusammen.
- Die eigenen Hände klatschen in der Mitte zusammen.
- Die linke Hand klatscht mit der linken Hand des Partners zusammen.

Wasser!

„Ich trinke Wasser,	Silbenmäßiges Klatschen
Wer macht mit?	
Es macht munter,	
Hält uns alle fit!“	
„Ich trinke Wasser,	Silbenmäßiges Klatschen
Ich weiß wieso,	
Es hält mich wach beim Denken	
Und macht gesund und froh.	

Variation

Silbenmäßiges Klatschen für „Fortgeschrittene“:

Zum Klatschen der 1. Strophe gehen die Partner in eine Richtung (ein Kind geht vorwärts, das andere Kind geht rückwärts)

Zum Klatschen der 2. Strophe gehen die Partner in die andere Richtung (das andere Kind geht nun rückwärts).

Silbenmäßiges Klatschen ist eine prima Vorbereitung für schulisches Lernen.

„Vier Muscheln“ ⓪❶❷❸❹❺⑧

Ausgangsstellung
Die Kinder stehen sich gegenüber.

Bewegung: Silbenmäßiges Klatschen:

- Die eigenen Hände klatschen in der Mitte zusammen.
- Die rechte Hand klatscht mit der rechten Hand des Partners zusammen.
- Die eigenen Hände klatschen in der Mitte zusammen.
- Die linke Hand klatscht mit der linken Hand des Partners zusammen.

Vier Muscheln lagen an einem Strand,	Silbenmäßiges Klatschen
Wo ein Kind sie alle fand.	
Da fragte das Kind die Muscheln:	
„Kann man mit euch kuscheln?“	
Da lachten die Muscheln sehr:	
„Nein, wirf uns zurück ins Meer.“	
Vier Würmchen lagen an einem Strand,	Silbenmäßiges Klatschen
Wo ein Kind sie alle fand.	
Da fragte das Kind die Würmchen:	
„Baut ihr mit Sand ein Türmchen?“	
„Ja“, sagte sie geschwind,	
„Weil wir Wattwürmchen sind“.	

Variationen: wie beim Spiel „Ich trink Wasser“ und „Backe, backe Willis Kuchen“

Vier Muscheln lagen am Strand ...

Das Türmchen von den Wattwürmchen.

„Segelboot“ 0 1 2 3 4 5 8 9

Ausgangsstellung

Die Kinder stehen sich gegenüber.

Bewegung: Silbenmäßiges Klatschen:

- Die eigenen Hände klatschen in der Mitte zusammen.
- Die rechte Hand klatscht mit der rechten Hand des Partners zusammen.
- Die eigenen Hände klatschen in der Mitte zusammen.
- Die linke Hand klatscht mit der linken Hand des Partners zusammen.

Bei Wind da fährt ein Segelboot.	Silbenmäßiges Klatschen
Es stürmt und gleich schlecht Wetter droht.	
Da zieht es seine Segel ein	
Und wird ganz klein.	Die Kinder gehen leicht in die Hocke.
Bei Wind da fährt ein Segelboot.	Silbenmäßiges Klatschen in der leichten Hocke.
Es stürmt und gleich schlecht Wetter droht.	
Da zieht es seine Segel ein	
Und wird ganz klein.	Die Kinder gehen tief in die Hocke.
Bei Wind da fährt ein Segelboot.	Silbenmäßiges Klatschen in der tiefen Hocke.
Es stürmt und gleich schlecht Wetter droht.	
Da zieht es seine Segel ein	
Und wird ganz klein.	Die Kinder setzen sich auf den Boden setzen.

Das Segelboot fährt los und ist am Anfang noch ganz groß.

Das Segelboot zieht seine Segel ein und wird ganz klein.

Bei Sonne fährt ein Segelboot.	Silbenmäßiges Klatschen im Sitzen auf dem Boden.
Am Abend ist der Himmel rot.	
Da lässt es seine Leinen los,	
Die Segel werden ganz, ganz groß.	Die Kinder stehen auf und stellen sich auf die Zehenspitzen.

Kombi-Klatschspiele für Profis „In Willis Zwergen-Wald" 0 1 2 3 4 5 8 9

Die Kinder stehen sich gegenüber. Während des Spiels gehen sie auf der auf der Stelle. Dazu sagen sie den Spruch und machen folgende Klatschbewegung mit den Händen (Silbenmäßiges Klatschen)

- Die eigenen Hände klatschen in der Mitte zusammen.
- Die rechte Hand klatscht mit der rechten Hand des Partners zusammen.
- Die eigenen Hände klatschen in der Mitte zusammen.
- Die linke Hand klatscht mit der linken Hand des Partners zusammen.

In Willis Zwergen-Wald	Silbenmäßiges Klatschen
Gehen wir jetzt bald.	
Dort ist es lustig,	
Macht uns froh.	Beim Wort „froh" werden die Arme in die Luft gestreckt.
Wir spielen dort	Silbenmäßiges Klatschen
Mit Schnecke,	
Käfer,	
Hase,	
Uhu,	
Und dem Floh.	Beim Wort „Floh" stellen sich alle auf ein Bein und hüpfen danach einbeinig zu ihrem Platz.

„Freundschafts-Spiel" 0 1 2 3 4 5 8 9

Ausgangsstellung
Die Kinder stehen sich gegenüber.

Bewegung zum Klatschspiel:

- Die eigenen Hände klatschen in der Mitte zusammen.
- Die rechte Hand klatscht mit der rechten Hand des Partners zusammen.
- Die eigenen Hände klatschen in der Mitte zusammen.
- Die linke Hand klatscht mit der linken Hand des Partners zusammen.

Bei „Hello" werden beide Arme in die Luft gestreckt.

Bei „How are you" („I like you") klatschen die Hände parallel in die Hände des gegenüberstehenden Kindes.

Wir sind Freunde,	Silbenmäßiges Klatschen
Ich und Du.	
Ich sag' „Hello!“	Beide Arme in die Luft strecken.
„How are you?“	Die Hände klatschen parallel in die Hände des gegenüberstehenden Kindes.
Wir sind Freunde,	Silbenmäßiges Klatschen
Ich und Du.	
Ich sag' „Hello!“	Beide Arme in die Luft strecken.
„I like you!“	Die Hände klatschen parallel in die Hände des gegenüberstehenden Kindes.

Freundschaftsspiel

„Ich bin super!“ 0 1 2 3 4 5 8 9

Ausgangsstellung
Die Kinder sitzen oder stehen im Raum.

Bewegung und Spruch:

Mark ist stark.	Die Kinder klatschen in ihre Hände.
Babette ist nett.	Die Kinder patschen auf ihre Oberschenkel.
Aber ich	Die Kinder klopfen locker auf ihre Brust.
Heiper, huper,	
Ich bin super!	Die Kinder strecken ihre Arme in die Luft.
Nick ist schick.	Die Kinder klatschen in ihre Hände.
Isabell ist schnell.	Die Kinder patschen auf ihre Oberschenkel.
Aber ich	Die Kinder klopfen locker auf ihre Brust.
Heiper, huper,	
Ich bin super!	Die Kinder strecken ihre Arme in die Luft.

Jule ist 'ne coole.	Die Kinder klatschen in ihre Hände.
Hilde ist 'ne wilde.	Die Kinder patschen auf ihre Oberschenkel.
Aber ich	Die Kinder klopfen locker auf ihre Brust.
Heiper, huper,	
Ich bin super!	Die Kinder strecken ihre Arme in die Luft.
Peter springt drei Meter.	Die Kinder klatschen in ihre Hände.
Grit ist superfit.	Die Kinder patschen auf ihre Oberschenkel.
Aber ich	Die Kinder klopfen locker auf ihre Brust.
Heiper, huper,	
Ich bin super!	Die Kinder strecken ihre Arme in die Luft.

„Mark ist stark ...“.
Die Kinder klatschen in ihre Hände.

„Babette ist nett ...“.
Die Kinder patschen auf ihre Oberschenkel.

„Aber ich – heiper, huper ...“.
Die Kinder klopfen sich auf die Brust.

„Ich bin super!!!“
Die Arme werden mit Freude in die Luft gestreckt.

„Schnecke Ratzefatz“ ⓪①②③④⑤

Das Spiel orientiert sich an dem alten Kinderspiel „Ringlein, Ringlein, du musst wandern ...“

Ausgangsstellung

Die Kinder stehen im Kreis oder in einer Reihe.
Ein Kind steht den anderen Kindern gegenüber, es hat einen Schatz (kleinen, flachen Gegenstand) zwischen den flachen Händen.
Das Kind sagt:

„Uns're Schnecke Ratzefatz, will verstecken einen Schatz.“

Jetzt strecken alle Kinder ihre Arme nach vorn und legen die Handflächen dicht nebeneinander.
Das Kind mit dem Schatz geht von Kind zu Kind und streicht mit seinen flach aneinander gelegten Händen, die den Schatz enthalten, durch die ebenfalls flach aufeinander gehaltenen Hände der Kinder.
Dabei lässt es den Schatz bei einem der Kinder so in die Hände gleiten, dass es von den anderen Kindern möglichst nicht bemerkt wird.
Während des Rundgangs zu allen Kindern, singen alle zusammen – nach der Melodie „Ringlein, Ringlein, du musst wandern ... – folgenden Text:

Schnecke, Schnecke, du musst wandern,
Von der einen Hand zur andern.
Ach wie schön, ach wie schön, ist das Schnecklein anzuseh' n.

Hat das Kind durch die Hände aller Kinder gestrichen, sagt es:

„Nun sag mir liebes Kind geschwind,
Wo das Schnecken-Schätzchen sich befind.“

Das Kind, das errät, in welchen Händen sich der Schatz befindet, bekommt den Schatz. Es legt ihn zwischen seine flach aufeinanderliegenden Hände und das Spiel beginnt von vorn.

3.4.1 Infos zum Bildungsbaustein „Tonischer Labyrinthreflex" (TLR)

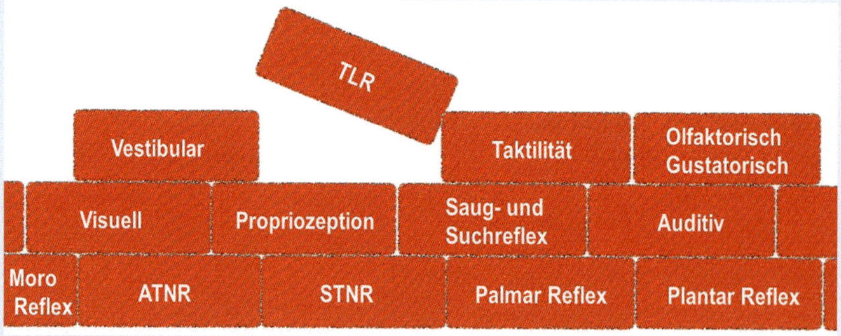

Zusammenarbeit der oberen und der unteren Körperhälfte

Der Tonische Labyrinthreflex (TLR) [59] ist vorgeburtlich bereits sehr früh aktiv und unterstützt den Geburtsprozess.
Beim Tonischen Labyrinthreflex wird zwischen dem Tonischem Labyrinthreflex vorwärts (Beugung des Kopfes führt zu Beugung des gesamten Körpers) und dem Tonischem Labyrinthreflex rückwärts (Kopfstreckung nach hinten führt zu Streckung des gesamten Körpers) unterschieden.
Der Reflex beeinflusst durch sein Auslösen somit den gesamten Muskeltonus unterhalb des Kopfes.
Die allmähliche Ausreifung und Integration des Reflexes unterstützt die gezielten Bewegungs- und Koordinationsmöglichkeiten der oberen und unteren Körperhälften sowie die Entwicklung der Halte- und Stellreaktionen.
Unreifen in der Integration des Tonischen Labyrinthreflexes können das Krabbeln auf Händen und Knien verhindern, Schwierigkeiten in der Gleichgewichtsverarbeitung zur Folge haben oder sich in motorischer Unruhe und in Konzentrationsschwierigkeiten zeigen.
Ein weiteres Merkmal in der Schule ist die vielfach dürftige Reihenfolge- und Ordnungsfähigkeit der Kinder. Die Auswirkungen zeigen sich z. B. in der Schwierigkeit, grammatisch richtige Sätze zu bilden, Buchstaben in der richtigen Reihenfolge hintereinander zu setzen, damit das Wort richtig geschrieben wird oder in Reihenfolgeproblemen beim Aufsatzschreiben (Einleitung-Hauptteil-Schluss).
Auch der mathematische Bereich ist oftmals betroffen.

Hilfreiche Unterstützung für Elternhaus, Kindergarten und Schule sind u. a. [60]
Fingerspiele, Fußspiele, Klatsch- und Patschspiele. Kniereiterspiele und Huckepackspiele.
Reimen, singen, tanzen, kriechen, krabbeln, hopsen.
Bewegungsspiele mit und ohne Material.
Geregelter Tagesablauf (Rituale).
Sortieren und Ordnen von Spiel- und Alltagsmaterialien.
Liebevolle, klare, kurze Anweisungen.
Ziele in überschaubaren Schritten erarbeiten, z. B. Aufräumen von Spielsachen.

[59] *Weitere ausführliche Informationen zum Tonischen Labyrinthreflex in: Beigel, D.: Flügel und Wurzel. verlag modernes lernen. Dortmund*

[60] *Weitere Anregungen und Informationen in Beigel, D. Flügel und Wurzeln. Kap. 4*

3.4.2 Spiele und Informationen zur Unterstützung der Integration des Tonischen Labyrinthreflexes

Zusätzliche Spiele und Informationen zur Ausreifung des Tonischen Labyrinthreflexes finden Interessierte in
***Kapitel 1–4 dieses Buches** und in folgenden Büchern*

„Von Anfang an im Gleichgewicht“
(U3 bis 8 Jahre)
Begleitbuch
Käfer krabbeln mit der Mutter, Seite 70
Hase Hoppeln mit der Mutter, Seite 71
Auf der Donau woll'n wir fahren, Seite 72
Tante Cordula, Seite 78
Schlangentanz, Seite 78
Schnecken-Transport, Seite 78
Laurentia, Seite 79
Vater Abraham, Seite 79
Häschen in der Grube, Seite 80
Brüderchen, komm tanz mit mir, Seite 80
Ich nehme meine Leiter, Seite 81
Auf den Meeren woll'n wir segeln, Seite 81
Käfer im Dunkeln, Seite 78

„Bildung kommt ins Gleichgewicht“
(Klasse bis Klasse 13)
Kalender, Übungen, Stufe 1–5

„Kita und Schule – ein starkes Team“
(4 bis 8 Jahre)
Willis Oma, Seite 77
Lockrufe im Willi-Wald, Seite 79
Willis Kinderturm, Seite 80
Willis Himmel, Seite 81
Aufgepasst! Willis Hasen, Willis Bienen, Seite 81
Willi-Wald im Nebel, Seite 85
Willlis Pferde, Seite 86
Willis Tanz, Seite 86
Zwerge begegnen sich im Wald, Seite 87

„Ich wär jetzt mal 'ne Fledermaus“
(3 bis 10 Jahre)
Geschichten mit Ritchie, Ringel-Regenwurm
Ritchie, der Ringel-Regenwurm – Im Körbchen, Seite 141
Ritchie, der Ringel-Regenwurm – Auf der Regenwurm-Wiese, Seite 143
Ritchie, der Ringel-Regenwurm – Der Traum, Seite 145
Ritchie, der Ringel-Regenwurm – Der Artist, Seite 147
Ritchie, der Regenwurm macht ein Foto vom Ringelturm, Seite 149
Ritchie, der Regenwurm – Fotos mit Ringelhut, Seite 151
Ritchie, der Regenwurm – Im Zirkus, Seite 153
Ritchie, der Ringel-Regenwurm – Der Kopf-Künstler, Seite 155
Ritchie, der Ringel-Regenwurm – Der Bein-Künstler, Seite 157
Ritchie, der Ringel-Regenwurm – Der Zauberflug, Seite 158
Ritchie, der Ringel-Regenwurm – Der Ringeltanz mit Ringelhut, Seite 159
Spiele zum Kennenlernen des Körpers, Seite 188 ff.

„Beweg dich, Schule!“
(Vorklasse bis Klasse 13)
Schwerpunkt Mathematik
Größer als ..., kleiner als, Seite 85
Beine würfeln, Seite 86
Rechnen mit dem Körper, Seite 89
Sekunden Spiel, Seite 105
Rechenjogging, Seite 116
Schwerpunkt Deutsch
Oma besuchen, Seite 127
Blindes Worte schreiben, Seite 129
Fotografieren, Seite 131
Aufsatztanz, Seite 142
Körpergrammatik, Seite 148
Blindenführer, Seite 153
Schwerpunkt Fächerübergreifend
Wochentagsport, Seite 168
Löffelfechten, Seite 172
Auf und nieder ..., Seite 174
Mini-Sportbewegungen und Mini-Entspannungsübungen
Laurentia, Seite 186
Tollkirsche, Seite 188
Strecken, necken, Seite 185
Heißer Hintern, Seite 195
Wasser kommt, Seite 195
Fahrstuhl, Seite 198
Schütteln, Seite 199

Kleine Bewegungspausen
Affenstark, Seite 240
Hexenschritte, Seite 244
Ein Hut, ein Stock ..., Seite 248
Klatsch- und Fingerspiele, Seite 265 ff.

„Was ist los in meinem Kopf?“
(5 bis 12 Jahre)
Supermann, Seite 29
Mühlenspiele, Seite 32

Zusätzliche fachliche Informationen zum Tonischen Labyrinthreflex finden Interessierte in:
Flügel und Wurzeln, Kapitel 3.1.5, Seite 97 ff.
Flügel und Wurzeln, Kapitel 4.3, Seite 134 ff.

3.5 Spiele zur Entspannung – Spielideen zur Kindermassage[61]

„Gute Atmosphäre, die zur Bildung hilft, bildet sich nicht ohne Stille!“
Maria Montessori[62]

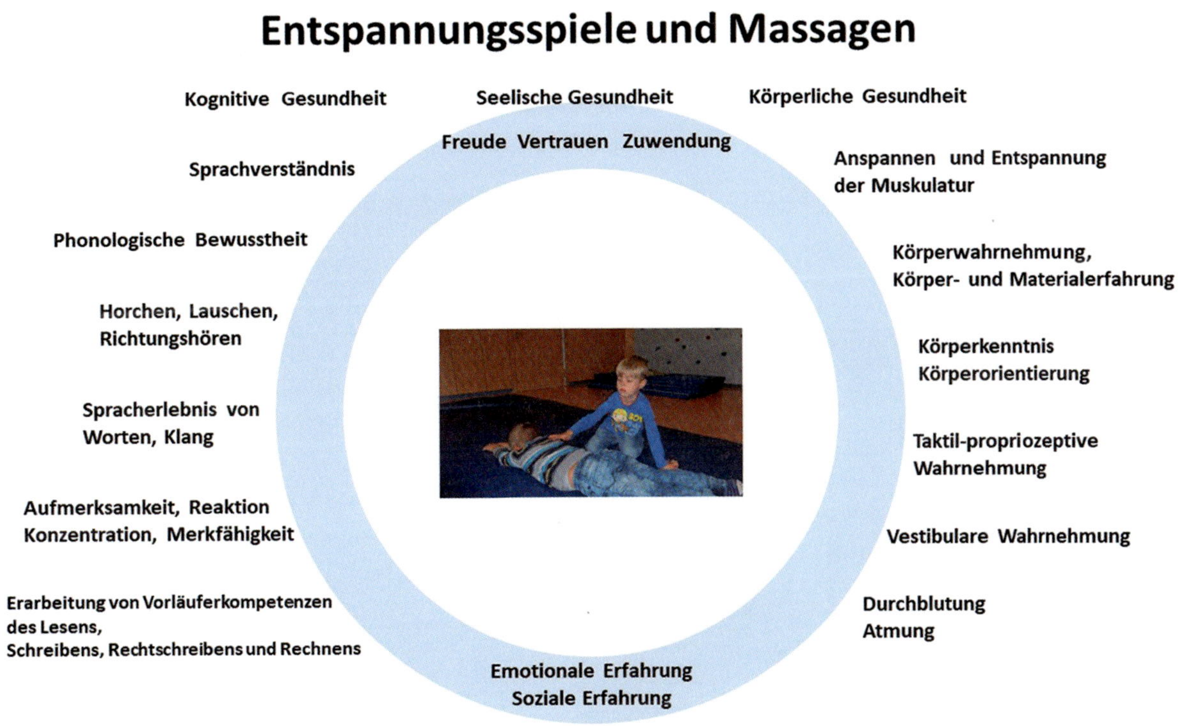

3.5.1 Entspannungsspiele[63]

Entspannung ist ein wichtiges Thema im Bereich der Bewegungs- und Gesundheitsförderung, denn Hektik, Stress und Reizüberflutung gehören heute schon zum Lebensalltag von jungen Kindern.
In der Bewegung ist das Kind aktiv und seine Aufmerksamkeit ist vorwiegend nach außen gerichtet. Die Entspannungszeit verschafft ein Senken des Aktivitätsniveaus, die Aufmerksamkeit kann sich nach innen richten.
Ruhe gibt dem Kind Zeit, um Eindrücke zu verarbeiten und sich ihrer bewusst zu werden. Entspannung wirkt sich auf der körperlichen Ebene, z. B. in Muskelentspannung und gleichmäßiger Atmung aus.
Im seelischen Bereich zeigen sich beispielsweise ein zunehmendes Wohlbefinden, ein Aufkommen von positiver Stimmung und das Erleben angenehmer Gefühle.
Der Wechsel von Anspannung und Entspannung ist eine wichtige Erfahrung für Kinder.
Das Ergebnis beider Anteile ist in geistiger Frische zu spüren, z. B. durch verbesserte Konzentration und Aufmerksamkeit, aber auch in zunehmender motorischer Ruhe im Tagesablauf.
Die folgenden Spiele helfen Kindern dabei, den eigenen Körper kennenzulernen, einzelne Körperteile zu spüren, zu benennen und ein Körpergefühl zu entwickeln.

---

61 *Texte und Spielideen: Dorothea Beigel*
62 *Maria Montessori (1870–1952) italienische Ärztin, Reformpädagogin, Philosophin und Philanthropin, entwickelte die Montessoripädagogik.*
63 *Texte zu den Spielideen: Dorothea Beigel*

„Ich bin ein kleiner Brummelbär“ 0 1 2 3 4 5 8 9

Ausgangslage:
Die Kinder sitzen oder liegen im Raum. Die Augen sind wahlweise geöffnet oder geschlossen.

Spruch und Bewegungsablauf

Ich bin ein kleiner Brummelbär	Die Kinder klopfen sanft mit beiden Händen auf die Brust.
Mein Arm ist warm,	Die Kinder heben einen Arm leicht an.
Mein Arm ist schwer.	Die Kinder heben den anderen Arm leicht an
Ich schüttle ihn herum ...	Die Kinder schütteln beide Arme locker aus ...
Brum, brum, brum.	

„Mein Arm ist warm ... mein Arm ist schwer ...

Ich bin ein kleiner Brummelbär	Die Kinder klopfen sanft mit beiden Händen auf die Brust.
Mein Bein ist warm,	Die Kinder heben ein Bein leicht an.
Mein Bein ist schwer.	Die Kinder heben das andere Bein leicht an
Ich schüttle es herum ...	Die Kinder schütteln beide Beine locker aus ...
Brum, brum, brum.	

Ich bin ein kleiner Brummelbär	Die Kinder klopfen sanft mit beiden Händen auf die Brust.
Meine Schulter ist warm,	Die Kinder heben eine Schulter leicht an.
Meine Schulter ist schwer.	Die Kinder heben die andere Schulter leicht an
Ich schüttle sie herum ...	Die Kinder schütteln beide Schultern locker aus ...
Brum, brum, brum.	

Ich bin ein kleiner Brummelbär	Die Kinder klopfen sanft mit beiden Händen auf die Brust.
Mein Bauch ist warm,	Die Kinder reiben mit einer Hand sanft den Bauch.
Mein Bauch ist schwer.	Die Kinder reiben mit der anderen Hand sanft den Bauch.
Ich schüttle ihn herum ...	Die Kinder schieben den Bauch leicht mit den Händen hin und her ...
Brum, brum, brum.	

„Meine Schulter ist warm ... mein Schulter ist schwer ...

Bewegung und Entspannung mit Zwerg Willi und seinen Freunden ⓿❶❷❸❹❺❽❾

Ausgangslage
Die Kinder liegen auf einer Matte. Die Augen sind wahlweise geöffnet oder geschlossen.

Spruch und Bewegungsablauf

Es war ein Zwerg mit Namen Willibald, *Der lag ganz still im Willi-Wald.*	Die Kinder liegen auf einer Matte.
Im Wald, da schien die Sonne warm. *Da streckt der Willi seinen Arm.*	Sie strecken einen Arm zur Seite aus.
Er streckt nun langsam auch sein Bein, *Jetzt schläft er sieben Jahre ein.*	Sie strecken ein Bein zur Seite aus.
Er schnarcht ganz leise vor sich hin ...	Die Kinder stellen sich schlafend.
Da kitzelt ihn das Käferlein am Kinn.	Die Kinder kitzeln sich am Kinn.
Der Floh, der hüpft auf seine Nase,	Ein Finger macht Hüpfbewegungen auf der Nase.
Jetzt hüpft darauf auch noch der Hase.	Ein Finger der anderen Hand macht auch Hüpfbewegungen auf der Nase.

Der Zwerg hat nur dabei gelacht	Die Kinder lachen.
Und ist ganz einfach aufgewacht.	Die Kinder recken und strecken sich.
Es kratzt nun zum Entzücken,	Die Kinder reiben ihren Rücken auf der Unterlage.
Der Uhu seinen Zwergenrücken.	
Mit Freude krault die Schnecke auch	Die Kinder streicheln ihren Bauch.
Den runden Willi-Zwergenbauch.	
Der Willi rollt zum Sitzen sich mit Hochgenuss	Die Kinder rollen über die Seite zum Sitzen.
Und schickt uns einen lieben Kuss.	Die Kinder machen eine Handkussbewegung.

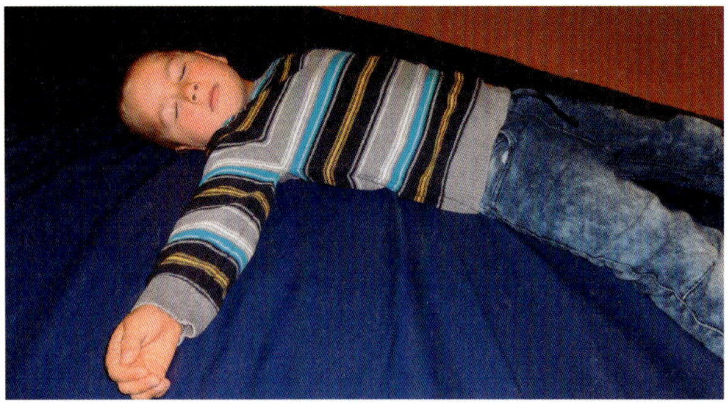

Entspannung mit Zwerg Willibald.
„Da streckt der Willi seinen Arm".

„Kleiner Bär mit Namen Pu!" ⓿❶❷❸❹❽

Ausgangslage:
Die Kinder sitzen im Kreis oder liegen auf einer Matte.

Spruch und Bewegungsablauf

Ich bin ein kleiner Bär mit Namen Pu.	
Ich schließe meine Augen jetzt ganz zu.	Die Augen werden geschlossen.
Mein Mund wird müde und ist still,	Es wird nicht mehr gesprochen.
Weil ich nichts sagen will.	
Ich bin ein kleiner Bär mit Namen Pu.	
Ich schlaf ein bisschen ganz in Ruh'.	Die Augen bleiben geschlossen.
Mein Näschen schaut zum Bauche hin,	Das Kinn wird in Richtung Brustbein gesenkt.
Weil ich so müd' geworden bin.	
Jetzt strecke ich mein Näschen	Der Kopf wird wieder angehoben.
Wieder ganz herauf	
Und klappe meine Augen auf.	Die Augen werden geöffnet.

Ich lach Dich an und wink Dir zu:	Alle lachen sich an, winken und rufen
Mein Freund bist Du!	„Mein Freund bist Du!“

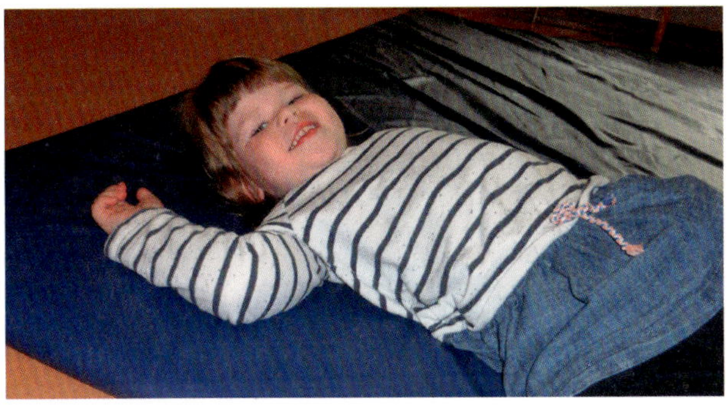

„Ich lach Dich an und wink Dir zu ...“

„Ich begrüße mich – Entspannung“ 0 1 2 3 4 5 6 7 8 9

Ausgangslage
Die Kinder liegen auf einer Matte.

Spruch und Bewegungsablauf[64]

Ich lieg auf meinem Rücken	Die Kinder streicheln ihren Bauch.
Und streichle meinen Bauch.	
Er hat das gern,	
Ich auch.	
Ich lieg auf meinem Rücken	Die Kinder streicheln einen Arm.
Und streichle meinen Arm.	
Er hat das gern	
Und wird ganz warm.	
Ich lieg auf meinem Rücken	Die Kinder streicheln den anderen Arm.
Und streichle meinen ander'n Arm.	
Er hat das gern	
Und wird ganz warm.	
Ich lieg auf meinem Rücken	Die Kinder streicheln ein Bein.
Und streichele mein Bein.	
Es hat das gern	
Und find das fein.	

---

[64] *Zusätzlicher Vers von Astrid Meier, Logopädin, Berlin:*
„Ich lieg auf meinem Rücken und streichle ihn so gut ich kann. Oje, was soll ich machen, ich komme gar nicht dran.“

Ich lieg auf meinem Rücken *Und streichele nun mein and'res Bein.* *Es hat das gern* *Und find das fein.*	Die Kinder streicheln das andere Bein.
Ich lieg auf meinem Rücken *Und streichle meinen Mund.* *Da muss er lächeln,* *Das ist sehr gesund.*	Die Kinder streicheln um ihren Mund.
Ich lieg auf meinem Rücken *Und reibe meine Hände.* *Das gefällt mir gut,* *Doch jetzt ist wirklich Ende.*	Die Kinder reiben ihre Hände.

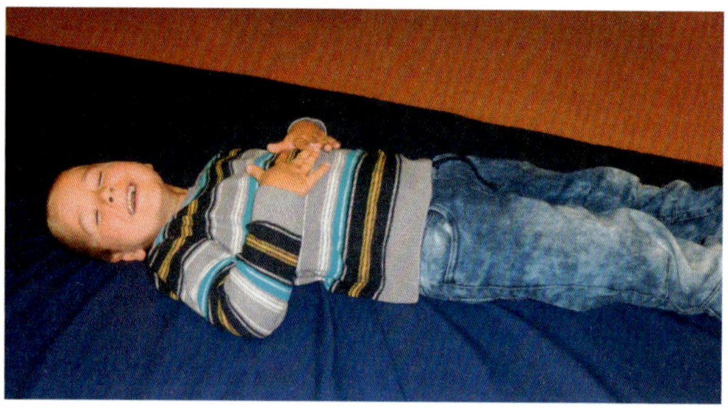

„Das gefällt mir gut!"

Spiel „Zudecken!" LK[65] ⓪❶❷❹ SK[66] ⓪❶❷❸❺❽

Material: Bierdeckel

Ausgangslage:
Die Kinder gehen zu zweit zusammen. Ein Kind liegt in Bauchlage, das andere sitzt daneben. In greifbaren Nähe befinden sich viele Bierdeckel.

Spielablauf:
Das liegende Kind flüstert dem sitzenden Kind zu, welches seiner Körperteile mit Bierdeckeln belegt werden soll (z. B. das Bein).
Mit einem sanften Druck[67] wird das genannte Körperteil (z. B. Bein) mit Bierdeckeln belegt.
Das liegende Kind flüstert dem sitzenden Kind zu, welches seiner Körperteile zusätzlich mit Bierdeckeln belegt werden soll (z. B. der Rücken).

---

65 *LK: Liegendes Kind*
66 *SK: Sitzendes Kind*
67 *Der sanfte Druck soll spürbar sein. Bei einem zu lockeren Auflegen der Bierdeckel können die Reize nicht wahrgenommen und verarbeitet werden.*

Mit sanftem Druck werden Bierdeckel auf das genannte Körperteil (z. B. Rücken) gelegt.
Das liegende Kind flüstert dem sitzenden Kind weitere Körperteile zu, die mit Bierdeckeln belegt werden sollen ...
Das Belegen des Körpers mit Bierdeckeln endet, wenn alle vom liegenden Kind benannten Körperteile bedeckt sind.
Eine kleine Pause wird eingelegt. Beide Kinder sind still.

Das Spiel geht weiter:
Das liegende Kind flüstert dem sitzenden Kind zu, an welcher Stelle des Körpers die Bierdeckel zuerst entfernt werden sollen.
Mit sanftem Druck – so, dass es das liegende Kind spüren kann – werden die Bierdeckel einzeln noch einmal kurz aufgedrückt und dann von dem benannten Körperteil entfernt.
Das liegende Kind flüstert dem sitzenden Kind zu, an welcher Stelle des Körpers die Bierdeckel nun entfernt werden sollen ...
Nachdem alle Bierdeckel vom Körper entfernt wurden, entspannt das liegende Kind noch einen kleinen Moment. Beide Kinder sind still.
Das liegende Kind räkelt und streckt sich nun, bewegt sanft Arme und Beine, Hände und Fußzehen und setzt sich langsam auf.

Dann erfolgt der Wechsel. Das andere Kind wird mit Bierdeckeln belegt.

Der ganze Körper wird mit den Bierdeckel belegt.

Variation mit Spruch:
Das sitzende Kind sagt den Spruch (und setzt dazu jeweils den Namen des liegenden Kindes ein):

Lieber/liebe (Name) sag mir geschwind, wo soll der Bierdeckel auf das Kind.

Das liegende Kind flüstert dem sitzenden Kind zu, welches seiner Körperteile mit Bierdeckeln belegt werden soll (z. B. das Bein).
Das sitzende Kind sagt den Spruch erneut und wartet auf die Antwort, um die Bierdeckel auf das benannte Körperteil zu legen.
Das Belegen des Körpers mit Bierdeckeln endet, wenn alle vom liegenden Kind benannten Körperteile bedeckt sind.
Eine kleine Pause wird eingelegt. Beide Kinder sind still.
Das sitzende Kind sagt einen neuen Spruch (und setzt dazu jeweils den Namen des liegenden Kindes ein):

Lieber/liebe (Name) sag mir geschwind, wo soll der Bierdeckel weg vom Kind.

3.5.2 Kindgemäße Massagen

Spielerische Massagen werden vorwiegend in Partnerarbeit durchgeführt.
Sie helfen Stress abzubauen und haben positive Auswirkungen auf die Atmung, den Stoffwechsel und den Kreislauf.
Sie sorgen für wohltuende taktile Reize und bieten das Erfahren von positiver Zuwendung.

Berührungen benötigen jedoch immer die Akzeptanz des berührten und des berührenden Kindes.
Jedes Kind – egal wie alt es ist – entscheidet selbst, ob es von einem anderen Kind massiert werden möchte oder, ob es die Körperberührung allein am eigenen Körper einsetzen möchte oder, ob es als Zuschauer agiert.
Eine Massage sollte auch von Eltern und Bezugspersonen nur durchgeführt werden, wenn das Kind dies gern zulässt und es genießt.
Eine beliebte Möglichkeit, Kinder an das gegenseitige Massieren heranzuführen, ist das Massieren in Kontakt mit einem Kuscheltier der Kinder.
Das Kind kann am Kuscheltier das aktive sanfte Massieren erproben. Es kann Erfahrungen sammeln, wie es sich anfühlt, wenn es vom Kuscheltier massiert wird.

Stufe 1

„Wunsch-Massage" LK 0 1 2 4 SK 0 1 2 3 8

Ausgangsstellung
Ein Kind liegt auf dem Bauch. Das andere Kind sitzt daneben.

Das sitzende Kind fragt das liegende Kind:
„Wer soll heute Gast auf Deinem Rücken sein?
Willi? Schecke? Floh? Uhu? Hase? oder Käferlein?"

Das liegende Kind bestimmt die Art der Massage. Sagt es:

„Schnecke"	wird der Rücken des Kindes (rechts und links neben der Wirbelsäule) mit flachen Händen sanft auf- und abgestrichen.
„Floh"	wird der Rücken sanft mit einem Finger betupft.
„Uhu"	wird mit flachen Händen leicht über den Rücken gerieben (von der Wirbelsäule nach Außen)
„Hase"	wird mit zwei Fingern (jeder Hand) von oben nach unten (rechts und links neben der Wirbelsäule) schnell getupft.
„Käfer"	wird mit allen Fingern über den Rücken gekrabbelt.
„Willi"	legt sich das massierende Kind lang auf den Rücken des liegenden Kindes.
„Keiner"	schaut das Kind bei der Massage der anderen zu, stört aber nicht.

„Hasen-Massage“ ⓪❶❷❸❹

Ausgangsstellung
Die Kinder sitzen oder stehen Rücken an Rücken.

Spruch und Bewegungsablauf:

Has und Has, die beiden,	Die Kinder reiben ihre Rücken aneinander.
Können sich gut leiden.	
Hüpfen durch den ganzen Wald,	Die Kinder stoßen ihre Rücken leicht gegeneinander.
Werden müde nun schon bald.	Die Kinder halten den Rücken still.
Legen sich zum Schlafen nieder.	
Kraulen ihren Rücken immer wieder,	Die Kinder reiben ihre Rücken aneinander.
Streicheln lieb jetzt ihre Nas'.	Die Kinder streicheln ihre eigene Nase.
Ach, was bin ich für ein toller Has'.	Die Kinder streicheln sich selbst liebevoll über den Kopf.

Die beiden Hasen kraulen ihren Rücken.

Variation:

Has und Has, die beiden,	Die Kinder reiben ihre Rücken aneinander.
Können sich gut leiden.	
Hüpfen durch die ganze Welt,	Die Kinder stoßen ihre Rücken leicht gegeneinander.
Weil es ihnen gut gefällt.	Die Kinder halten den Rücken still.
Strecken ihre Zunge raus,	Die Kinder drehen den Kopf zur Seite, strecken die Zunge
Wollen einfach nicht nach Haus.	aus.

Die beiden Hasen knuffen sich bis Donnerstag.

Rufen „Achtung was ich sag!“	
Wir knuffen uns bis Donnerstag!“	Die Kinder knuffen mit dem Rücken aneinander.

Variation als Eltern-Kind-Spiel

Has und Has, die beiden,	Kinder/Eltern reiben ihre Rücken aneinander.
Können sich gut leiden.	
Hüpfen durch den ganzen Wald,	Kinder/Eltern stoßen ihre Rücken leicht gegeneinander.
Werden müde nun schon bald.	Kinder/Eltern halten den Rücken still.
Legen sich zum Schlafen nieder.	
Kraulen ihren Rücken immer wieder,	Kinder/Eltern reiben ihre Rücken aneinander.
Mögen sich und streicheln sich	Kinder/Eltern drehen sich um und nehmen sich
Sagen laut: Ich freue mich	liebevoll in den Arm.
Denn Du bist mein Stern	
Ich habe dich zum Fressen gern.	

Variation als Eltern-Kind-Spiel für die Kleinsten

Has und Has, die beiden,	Kinder/Eltern reiben ihre Rücken aneinander.
Können sich gut leiden.	
Der Hasen-Rücken, der wird warm,	
Da nehmen sie sich in den Arm.	Kinder/Eltern drehen sich um und nehmen sich liebevoll in den Arm.

Hasen Begrüßung mit der Mama.

„Mal-Massage“ LK 0 1 2 3 4 5 SK 0 1 2 3 8

Ausgangsstellung
Die Kinder sitzen zu zweit hintereinander.
Alternative: Ein Kind liegt auf dem Bauch, das andere Kind sitzt daneben.

Spruch und Bewegungsablauf
Die Kinder malen sich zum Spruch gegenseitig ein Bild auf den Rücken und erraten, was sie gespürt haben. Dazu sagen sie:

„Du bist mein schönes Blatt Papier.

Ich male heut' ein Bild auf Dir.

Aufgepasst, angefasst – es geht los ...

Was ist das bloß?“

Malen in Rückenlage

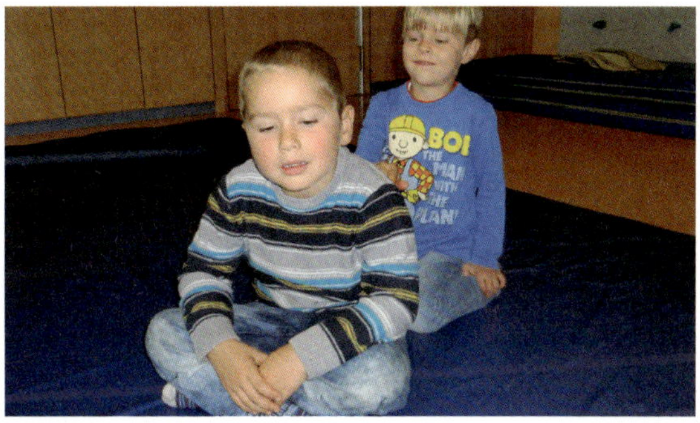

Im Sitzen: Malen und erraten, was es ist.

„Heidi Hand und Hansi Hand-Massage“[68] LK 0 1 2 4 SK 0 1 2 5

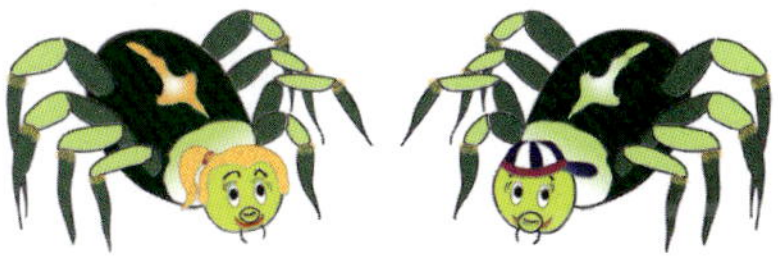

Heidi Hand und Hansi Hand

Ausgangsstellung
Ein Kind liegt auf dem Bauch. Das andere Kind sitzt daneben.

Spruch und Bewegungsablauf:
Das sitzende Kind malt dem liegenden Kind die Geschichte auf dem Rücken.

Heidi Hand und Hansi Hand	Die Hände berühren den Rücken.
Kommen heut' ins Rückenland.	
Rutschen dort den Rücken	Die Hände streichen den Rücken mehrmals von oben
Hoch und wieder runter	... bis unten.
Matschen lustig,	Die Hände kneten den Rücken sanft.
Matschen froh.	

---

[68] *Diese Tiere sind Willis Freunde aus dem Buch „Ich wär' jetzt mal 'ne Fledermaus (Integration Handgreifreflex).*

Hüpfen auf dem Rücken wie ein Floh.	Die Daumen berühren den Rücken an vielen Stellen.
Streicheln Rücken sacht,	Die Hände streicheln den Rücken sanft.
Kitzeln ihn nun bis er lacht.	Die Hände kitzeln den Rücken.

„Tier-Massage“ LK ⓿❶❷❹ SK ⓿❶❷❸❺❽

Ausgangsstellung

Ein Kind liegt auf dem Bauch.
Das andere Kind sitzt daneben und macht alle Tierbewegungen auf dem Rücken des liegenden Kindes.

Spruch und Bewegungsablauf

Die Schnecke will Dich heute entzücken,	Mit der flachen Hand über den
Sie kriecht ganz langsam über Deinen Rücken.	Rücken streichen.
Der Floh hüpft schnell herbei	Den Rücken mit dem Zeigefinger berühren.
Und malt auf Deinen Rücken 1, 2, 3 …	Mit dem Zeigefinger Zahlen auf den Rücken malen.

Der Hase möchte sich auf dem Rücken ausruhen.

Das Käferkein krabbelt auf den Schultern hoch und runter.	Die Finger krabbeln über die Schultern.
Das macht Dich wirklich ganz, ganz munter.	
Der Uhu wischt mit seinem Flügelschlag,	Mit der Hand Wischbewegungen
Den Rücken rauf und runter wie er mag.	über den Rücken machen.
Der Hase hat heut' nichts zu tun,	
Er möcht' auf Deinem Rücken sich ausruh'n.	Das massierende Kind legt seine Arme und seinen Kopf auf den Rücken des liegenden Kindes.

Ganz leise wird es nun im ganzen Wald	Alles Kinder sind still.
...,	
Bis es aus allen Ecken schallt:	
Aufstehen – ansehen!	Alle rufen mit.
Freundlich winken – Wasser trinken!	Alle winken sich zu und trinken gemeinsam einen Schluck Wasser, um wieder frisch zu sein.

„Schnecken-Massage" LK ⓿❶❷❹ SK ⓿❶❷❸❺❽

Ausgangsstellung
Ein Kind liegt auf dem Bauch. Das andere Kind sitzt daneben.

Spruch und Bewegungsablauf:
Das sitzende Kind malt dem liegenden Kind die Geschichte auf dem Rücken.

Im Schneckenhaus schön und rund,	Kreise oder Spiralen auf Rücken malen.
Da wohnt die Schnirkelschnecke Kunigund.	
Jetzt kriecht sie einen Berg hinauf.	Den Rücken hoch streichen.
Und setzt sich oben auf die Schulter drauf.	Hände auf die Schultern legen.
Sie klopf und hämmert dort ganz leise,	Locker auf die Schultern klopfen.
Dann geht zurück die Schneckenreise.	Über den Rücken streichen.
Kriecht hin und her,	Über den Rücken streichen.
Kriecht kreuz und quer.	
Legt sich dann im Schneckenhaus zur Ruh	Hände flach auf den Rücken legen.
Und macht die Augen langsam zu.	
Schecke, Schnecke, schlafe sacht	Hände bleiben auf dem Rücken liegen.
Bis es an der Türe „poch, poch" macht.	Leicht auf den Rücken klopfen.

„Zähl-Massage" – Partnerspiel LK ⓪❶❷❹ SK ⓪❶❷❸❺

Ausgangsstellung
Ein Kind liegt auf dem Bauch, das andere Kind sitzt daneben.

Spruch und Bewegungsablauf
Das sitzende Kind streichelt mit der flachen Hand mehrmals sanft über den Rücken des liegenden Kindes.
Dazu sagt es den Spruch:

„Der Uhu schläft auf seinem Baum.

Viele Blätter fallen, er merkt es kaum

Jetzt werden die Hände vom Rücken genommen – der Spruch geht weiter.

Der Willi kommt und wird ihn wecken.

Uhu sag' mir, wie viele Blätter dich bedecken?"

Nun drückt das sitzende Kind mit der flachen Hand[69] *mehrmals* **langsam** *nacheinander auf den Rücken des liegenden Kindes*[70].

Das liegende Kind versucht die Handabdrücke (Blätter) zu zählen.
Hat der „Uhu" richtig gezählt, geben sich die beiden Spieler die Hand und gratulieren sich.

---

69 *Alternativ können Bierdeckel anstelle der Handabdrücke eingesetzt werden.*

70 *Die Anzahl der Handabdrücke richtet sich nach dem Alter der Kinder. Je jünger die Kinder sind, umso weniger „Blätter" werden maximal aufgelegt. Auch bei älteren Kindern sollten nicht mehr als 10 Handabdrücke erfolgen.*

„Vielerlei-Massage“ LK 0 1 2 4 SK 0 1 3 4 5 8

Ausgangsstellung
Ein Kind liegt auf dem Bauch.

Das andere Kind ist der „Ärger-Vertreiber“ und sitzt daneben.

Spruch und Bewegungsablauf

Ich wische allen Ärger fort, habe keine Sorgen. *Wische hier und wische dort – heute und auch morgen.*	Es wird sanft über den Rücken gewischt.
Ich puste allen Ärger fort, habe keine Sorgen. *Puste hier und puste dort – heute und auch morgen.*	Es wird sanft über den Rücken gepustet.
Ich zupfe allen Ärger fort, habe keine Sorgen. *Zupfe hier und zupfe dort – heute und auch morgen.*	Es wird sanft mit den Fingern am Rücken gezupf.
Ich drücke allen Ärger fort, habe keine Sorgen. *Drücke hier und drücke dort – heute und auch morgen.*	Es wird sanft mit der flachen Hand auf den Rücken gedrückt.
Ich klopfe allen Ärger fort, habe keine Sorgen. *Klopfe hier und klopfe dort – heute und auch morgen.*	Es wird sanft mit den Fäusten auf den Rücken geklopft.
Ich vertreibe Ärger überall, habe keine Sorgen. *Das hilft mir jeden Tag – heute und auch morgen.*	Der Rücken wird sanft gestreichelt.

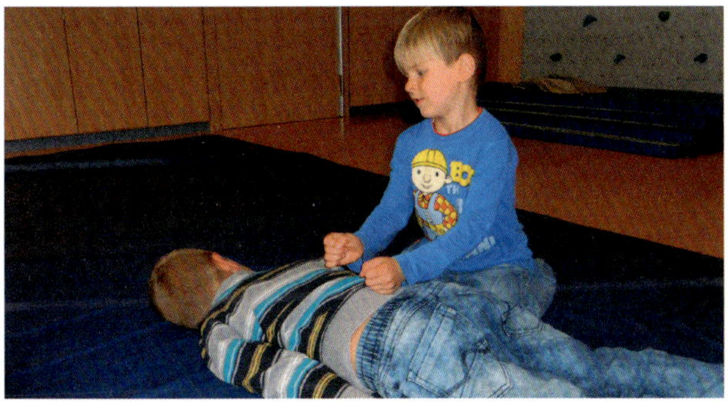

„Ich klopfe allen Ärger fort ...“

Variation: Die Kinder massieren (wischen, pusten, zupfen ...) ihre Arme oder Beine zum Spruch.

Variation:
Das Spiel ist sehr beliebt in Eltern-Kind-Gruppen, beim letzten Vers „Ich vertreibe Ärger überall ...“ wird das Kind fest umarmt.

„Künstler-Massage" LK 0 1 2 4 SK 0 1 3 4 5 8

Ausgangsstellung
Ein Kind (A) liegt auf dem Bauch.
Es hat ein Blatt Papier, einen Stift und ein Radiergummi.
Das andere Kind (B) sitzt oder kniet neben Kind A.

Spiel- und Bewegungsablauf
A beginnt auf dem Blatt Papier zu malen.
Wenn alles fertig gemalt ist, malt B alles, was auf dem Papier zusehen ist, mit den Fingern auf den Rücken von A.

Radiert A danach auf dem Papier, streicht B mit flachen Händen über den Rücken von A.
Nach einer Weile werden die Rollen getauscht.

Variation:
Wird mit einem roten Stift auf das Papier gemalt – wird das Bild mit dem Zeigefinger auf den Rücken gemalt.
Wird mit einem blauen Stift auf das Papier gemalt – wird das Bild mit den Händen auf den Rücken geknetet.
Wird mit einem gelben Stift auf das Papier gemalt – wird das Bild mit den Daumen auf den Rücken getupft.

Variation:
Das „Rückenbild" wird (nach Wahl des liegenden Kindes) mit Materialien gemalt (Klammer, Tennisball, Kastanie ...) [71].

Variation:
Neben den Kindern befindet sich ein Bild vom Körper. Das liegende Kind zeigt auf das Körperteil, auf welches sein Bild übertragen werden soll (Rücken, Bein, Arm, Hand, ...) [72].

Spiel „Wo bin ich" LK 0 1 4 8 9 SK 0 1 3 5 8

Ausgangsstellung
Die Kinder finden sich zu zweit zusammen. Ein Kind liegt (wahlweise) in Rücken- oder Bauchlage auf der Erde, das andere Kind kniet daneben.
Zwischen den einzelnen Paaren der Kinder befindet sich genügend Abstand.
Das Spiel wird auch gern in Eltern-Kind-Stunden eingesetzt.

Spielverlauf
Das liegende Kind schließt die Augen. Das kniende Kind berührt das liegende Kind mit flacher Hand an Armen, Händen, Beinen oder Füßen.
Das liegende Kind reagiert auf das Spüren der Berührung mit Bewegung des berührten Körperteils (z. B. Anheben des Beines).

---

[71] *Variation nach Förderschullehrerin Gesine Karl, Schwalbach.*
[72] *Variation nach Physiotherapeutin Karin Hennies, Euskirchen.*

Variation:
Das kniende Kind berührt das liegende Kind mit flacher Hand an Armen, Händen, Beinen, Füßen, Schultern oder Rücken.
Das liegende Kind reagiert auf das Spüren der Berührung mit Bewegung und Benennung des berührten Körperteils.

Variation:
Das liegende Kind reagiert auf das Spüren der Berührung mit Bewegen der gegenüberliegenden Seite des berührten Körperteils (Rechte Hand wird berührt – linke Hand bewegt sich).

Variation:
Das liegende Kind reagiert auf das Spüren der Berührung mit Bewegen der oberen, bzw. unteren Seite des berührten Körperteils (rechte Hand wird berührt – rechter Fuß bewegt sich).

Variation:
Das liegende Kind reagiert auf das Spüren der Berührung mit Bewegen der oberen, bzw. unteren **und** der gegenüberliegenden Seite des berührten Körperteils (rechte Hand wird berührt – linker Fuß bewegt sich).

Spiel „Was war das!" LK ⓪①④ SK ⓪①②③⑤⑧

Material: Verschiedene Alltagsmaterialien, CD mit Entspannungsmusik

Ausgangslage:
Die Kinder werden in zwei Gruppen geteilt.
Eine Gruppe (Gruppe A) geht vor die Tür.
Die Kinder der Gruppe A wählen vor der Tür verschiedene Gegenstände aus, mit denen später im Raum der Rücken der liegenden Kinder massiert wird (z. B. Löffel, Buch, Kamm, Radierer, Luftballon, geknülltes Blatt Papier ...)
Die andere Gruppe (Gruppe B) bildet einen Kreis und legt sich in Bauchlage auf die Erde.

Spielverlauf:
Die Kinder der Gruppe A kommen in den Raum (der ausgewählte Gegenstand ist nicht sichtbar). Jedes Kind der Gruppe A setzt sich neben ein Kind der Gruppe B.
Entspannungsmusik erklingt.
Während die Musik läuft, werden die Rücken der Liegenden von den Kindern der Gruppe A sanft mit dem gewählten Gegenstand massiert.
Musik stoppt – die Massage endet.
Alle Kinder der Gruppe A stehen auf und gehen nach links weiter zum nächsten liegenden Kind. Ihren Gegenstand, mit dem sie massieren, nehmen sie mit. Sie setzen sich hin.
Musik erklingt – das Massieren der neuen Partnerin beginnt.
Musik stoppt – die Massage endet.
Alle Kinder der Gruppe A stehen auf und gehen nach links weiter zum nächsten liegenden Kind. Ihren Gegenstand, mit dem sie massieren, nehmen sie mit. Sie setzen sich hin. Musik erklingt ...
Hat jedes Kind der Gruppe A seinen Ausgangsplatz wieder erreicht, endet die Massage. Die Liegenden versuchen zu erraten, mit welchen Materialien sie massiert wurden. Sie erzählen auch, welches Material sie besonders gern mochten.
Die Kinder, die massiert haben, zeigen jetzt ihre Gegenstände und benennen sie.

Was ist denn das? Erst zum Schluss wird das verraten!

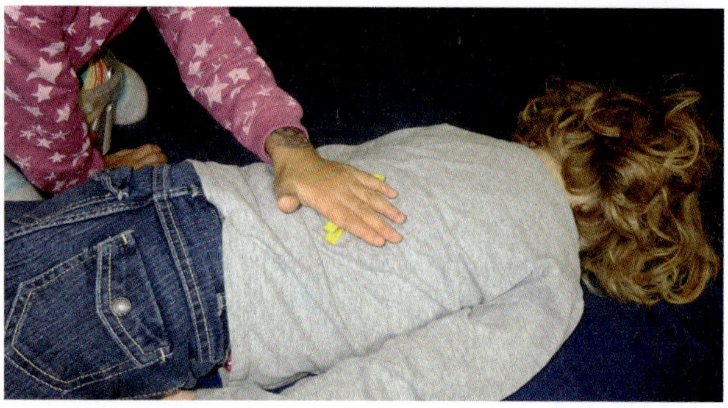

Das ist ja komisch ...!

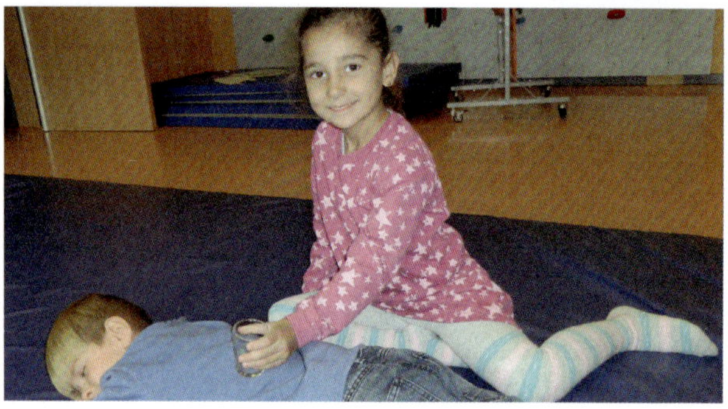

Was soll denn das sein? Schön ist es, ich mag es ...!

Variation für Vorschulkinder/Schulkinder:
Material: Bierdeckel, CD mit Entspannungsmusik

Ausgangslage:

Die Kinder werden in zwei Gruppen geteilt.
Eine Gruppe (Gruppe A) geht vor die Tür.
Die Kinder der Gruppe A wählen vor der Tür eines der von der Spielleiterin angegeben Körperteilen aus, das später im Raum bei den liegenden Kindern massiert werden soll (z. B. rechtes Bein, linkes Bein, Schulter, Rücken, rechter Arm, linker Arm, rechte Hand, linke Hand ...).
Bei der Massage ist die direkte Handmassage oder die Massage mit einem Bierdeckel möglich
Die Kinder der anderen Gruppe (Gruppe B), die im Raum geblieben sind, bilden einen Kreis und legen sich in Bauchlage auf die Erde.

Spielverlauf:

Die Kinder der Gruppe A kommen in den Raum.
Jedes Kind der Gruppe A setzt sich neben ein Kind der Gruppe B.
Entspannungsmusik erklingt.
Während die Musik läuft, wird der gewählte Körperteil des liegenden Kindes von dem Kind der Gruppe A sanft massiert.
Musik stoppt – die Massage endet.
Alle Kinder der Gruppe A stehen auf und gehen nach links weiter zum nächsten liegenden Kind.
Sie setzen sich hin.

Musik erklingt – das Massieren des neuen Kindes beginnt – es wird immer nur das gewählte Körperteil massiert.
Musik stoppt – die Massage endet.
Alle Kinder der Gruppe A stehen auf und gehen nach links weiter zum nächsten liegenden Kind ...
Hat jedes Kind der Gruppe A seinen Ausgangsplatz wieder erreicht, endet die Massage und die liegenden Kinder beschreiben, welche Massage für die Einzelnen besonders angenehm war.

3.5.3 Hintergrund zur Körperorientierung als Grundlage für schulische Fertigkeiten

Körperkontakt und Zuwendung sind für die kindliche Entwicklung unverzichtbar[73]. Wahrnehmungs- und Bewegungserfahrungen in den ersten Lebensjahren bilden das Grundgerüst für das Erfahren und Kennenlernen des eigenen Körpers und tragen damit maßgeblich zur Entwicklung des Körperbewusstseins, der Körperorientierung und der Körperkenntnis bei.
Finger- und Fußspiele, Klatsch- und Patschspiele, Kniereiter, Bewegungs- und Entspannungsspiele sowie kindgerechte Massagen unterstützen das Wissen vom eigenen Körper und das Empfinden des eigenen Ich.
Sie ermöglichen das Kennen, Zuordnen und sprachliche Bennen von Körperteilen.
Sie legen Grundlagen zur Eigenwahrnehmung, ermöglichen dem Kind also sich selbst wahrzunehmen, um darauf aufbauend ein „Selbst-bewusst-sein" zu entwickeln. Selbstbewusstheit ist Voraussetzung für Selbstvertrauen, Selbstwertgefühl, Selbstständigkeit, Selbstwirksamkeit und Selbstsicherheit. Das Genannte trägt zum Entstehen von emotionaler Stärke und sozialer Standfestigkeit bei. Beide sind Elemente der körperlichen und seelischen Widerstandskraft – der Resilienz.
Die Kenntnis vom eigenen Körper ermöglicht dem Kind zudem eine Körperorientierung – oben, unten, vorn, hinten, rechts, links – und davon ausgehend die Orientierung im Raum.
Raumorientierung beinhaltet zuerst die Fähigkeit, sich in dreidimensionalen Räumen zurechtzufinden. Darauf aufbauend entwickelt sich die Fähigkeit der zweidimensionalen Raumorientierung, die z. B. beim Schreiben in Linien/ beim Arbeiten auf dem Papier benötigt wird
Eine gute Körper- und Raumorientierung ist Voraussetzung für zahlreiche schulische Fertigkeiten und sollte deshalb frühzeitig durch vielfältige Sinnes- und Bewegungserfahrungen geschult werden.

3.5.4 Infos zum Bildungsbaustein „Moro-Reflex"

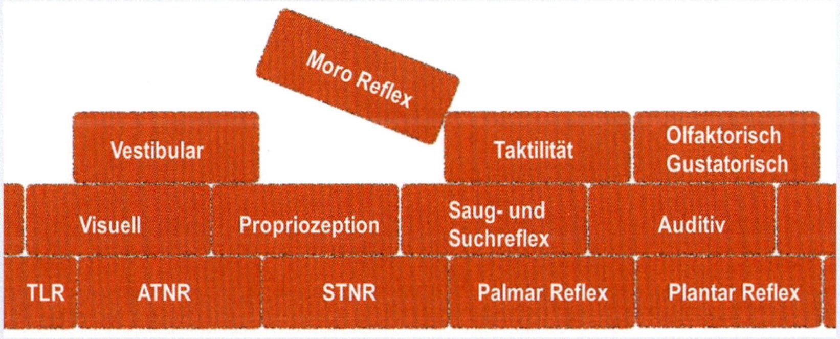

Der Moro-Reflex[74] zeigt sich vorgeburtlich um die 7.–9. Schwangerschaftswoche, entwickelt sich während der gesamten Schwangerschaft weiter und ist bei der Geburt vollständig vorhanden. Er kann

---

[73] *Vgl. Kapitel 1*
[74] *Weitere ausführliche Informationen zum Moro-Reflex in: Beigel, D. Flügel und Wurzel. verlag modernes lernen. Dortmund*

durch unerwartete Gleichgewichtsreize (Lageveränderung), visuelle oder auditive Reize (Lichteinfall, plötzliches Geräusch), taktile Reize (Berührung) ausgelöst werden. Beim Auslösen des Moro-Reflexes kommt es zum reflexartigem Öffnen und Schließen von Armen und Beinen mit gleichzeitiger Ein- und Ausatmung.
Der Moro-Reflex, der nach dem Kinderarzt Dr. Moro benannt wurde, ermöglicht den ersten Schrei und wird um den 3./4. Lebensmonat integriert.
Liebevoller Haut- und Körperkontakt, angemessene Gleichgewichtsreize, gepaart mit möglichst vielfältigen Bewegungsmöglichkeiten, unterstützen das Kind maßgeblich in allen Phasen der weiteren Entwicklung. Sie legen nicht nur wichtige Grundlagen für erfolgreiches und individuell bereicherndes Lernen, Leisten und Verhalten. Sie untermauern auch die körperliche und die seelische Widerstandskraft, die Resilienzfähigkeit des Kindes.
Verzögerte Integration des Moro-Reflexes kann zu Unreifen in der Wahrnehmungsverarbeitung führen. Kinder mit persistierender Restreaktion des Moro-Reflexes zeigen oft eine gesteigerte Ängstlichkeit. Licht, Lärm, Durcheinander, Menschenmengen, Wettbewerb, Anforderung und Stress erzeugen Bedrohung.
Mögliche Hinweise – es sind in der Regel mehrere – auf beibehaltene Restreaktionen des Moro-Reflexes können sein[75]

- vermehrte Ängstlichkeit bis zur Panik
- Phasen von Hyperaktivität gefolgt von Übermüdung
- taktile Überempfindlichkeit, vestibuläre Überempfindlichkeit, olfaktorische Überempfindlichkeit, visuelle Wahrnehmungsschwierigkeiten, auditive Überempfindlichkeit
- mangelnde Ausdauer und Konzentration
- Neigung zu sich ständig wiederholenden Verhaltensmustern
- Abneigung gegen Veränderungen
- schwaches Selbstwertgefühl

Hilfreiche Unterstützung für Elternhaus, Kindergarten und Schule[76] sind z. B.:
Liebe, Vertrautheit, Geborgenheit, Fürsorge, Wertschätzung, Sicherheit.
Körperkontakt, Blickkontakt.
Gleichgewichtsreize – besonders im Körperkontakt.
Verlässliche, wiederkehrende Ereignisse, Gewohnheiten.
Singen, Lachen, Bewegen, Entspannen.
Verlässliche Regeln, Rituale.

---

[75] *Beigel, D. Flügel und Wurzel. verlag modernes lernen. Dortmund*
[76] *Weitere Anregungen und Informationen in Beigel, D. Flügel und Wurzeln. Kap. 4*

3.5.5 Spiele und Informationen zur Unterstützung der Integration des Moro-Reflexes

Zusätzliche Spiele und Informationen zur Ausreifung des Moro-Reflexes finden Interessierte in ***Kapitel 1–4 dieses Buches** und in folgenden Büchern*

„Von Anfang an im Gleichgewicht“
(U3 bis 8 Jahre)
Begleitbuch
Mutter-Kind-Bewegungsspielen, Seite 68 ff.
Auf der Donau woll'n wir fahren, Seite 72
Auf den Meeren woll'n wir segeln, Seite 81

„Bildung kommt ins Gleichgewicht“
(Klasse 1 bis Klasse 13)
Kalender, Übungen, Stufe 1–5

„Kita und Schule – ein starkes Team“
(4 bis 8 Jahre)
Willis Karussell, Seite 90
Kro-ko-dil, Seite 91
Willi will im Schiff mal fahren, Seite 92
Willis mit dem blauen Bart, Seite 92
Guten Morgen, Seite 93
Willis Lied, Seite 92

„Ich wär jetzt mal 'ne Fledermaus“
(3 bis 10 Jahre)
Geschichten von Babsie, der Ball-Biene
Babsi, die Ball-Biene – Flug zu den Sternen, Seite 22
Babsi, die Ball-Biene – Zählen der Sterne; Seite 24
Babsi, die Ball-Biene – Picknick bei den Sternen, Seite 26
Babsi, die Ball-Biene – Schwieriger Sternen-Flug, Seite 28
Babsi, die Ball-Biene – Zauberflug, Seite 30
Babsi, die Ball-Biene – Sternen-Flug mit Freunden, Seite 32
Babsi, die Ball-Biene – Sternen-Gymnastik, Seite 34
Babsi, die Ball-Biene – Sternen-Klopfzeichen, Seite 36
Babsi, die Ball-Biene – Sternen-Tanz, Seite 38
Spiele zum Kennenlernen des Körpers, Seite 188 ff.

„Beweg dich, Schule!“
(Vorklasse bis Klasse 13)
Schwerpunkt Mathematik
Größer als ... kleiner als, Seite 85
Rechnen mit dem Körper, Seite 89
Sekunden Spiel, Seite 105
Rechenjogging, Seite 116
Schwerpunkt Deutsch
Oma besuchen, Seite 127
Blindes Worte schreiben, Seite 129
Ping-Pong-Sätze, Seite 138
Aufsatztanz, Seite 142
Körpergrammatik, Seite 148
Blindenführer, Seite 153
Schwerpunkt Fächerübergreifend
Umkleidekabine, Seite 165
Wochentagsport, Seite 168
Löffelfechten, Seite 172
Mini-Sportbewegungen und Mini-Entspannungsübungen
Klammer Affe Hans, Seite 194
Wasser kommt, Seite 195
Fahrstuhl, Seite 198
Schütteln, Seite 199
Kleine Bewegungspausen
Affenstark, Seite 240
Tipp-di-tapp, Seite 242
Fingergymnastik mit dem Bleistift, Seite 243
Schere, Stein, Papier, Seite 244
Wecken-Strecken, Seite 245
Hexenschritte, Seite 244
Buckelrutschen, Seite 252
Tafel putzen, Seite 234
Body Percussion, Seite 259
Gähn-Party, Seite 260
Ohr Massage, Seite 260
Klatsch- und Fingerspiele, Seite 265 ff.

„Was ist los in meinem Kopf?“
(5 bis 12 Jahre)
Supermann, Seite 29
Klatschspiel, Seite 30
Bewegung tut gut, Seite 31
Mühlenspiele, Seite 32

Zusätzliche fachliche Informationen zum Moro-Reflex finden Interessierte in:
Flügel und Wurzeln, Kapitel 3.1.1, Seite 88 ff.
Flügel und Wurzeln, Kapitel 4.1, Seite 111 ff.

3.6 Bewegungsspiele und Tänze mit den Freunden von Zwerg Willibald[77]

Kinderwelt ist Bewegungswelt – und muss Bewegungswelt bleiben!
Kinder lieben die Kombination aus Bewegung, Wahrnehmung, Sprache, Musik, Spiel und Spaß. Pädagogik nutzt den Wert und die Faszination, die mit Bewegungsspielen verbunden sind. Bewegungs- und Wahrnehmungserfahrungen und die Möglichkeit sie zu erleben, haben in der menschlichen körperlichen, geistigen und seelischen Entwicklung eine besondere Bedeutung.
Schon Jean Piaget[78] wies auf den Zusammenhang von rückwärts Gehen und rückwärts Zählen hin. Ihm waren die Zusammenhänge vom Verlust des körperlichen Gleichgewichts und das damit verbundene Verlieren der seelischen Balance bewusst. Er sah den Zusammenhang von fehlendem Begreifen eines Kreises mit der Unfähigkeit, sich anderen im Kreis anschließen zu können.
Es ist wichtig, diesem wertvollen Handwerkszeug auch in der Zukunft genügend Aufmerksamkeit zu schenken, um Entwicklungspflege und Entwicklungsförderung sinnvoll zu unterstützen.

[77] *Texte und Spielideen in diesem Kapitel: Dorothea Beigel*
[78] *Jean Piaget: Schweizer Psychologe, Entwickler der kognitiven Psychologie, 1896–1980*

„Lustige Zwerge“ 0 1 2 3 9

Ausgangslage und Bewegungsablauf:
Die Kinder stehen im Raum. Sie bewegen sich zum Sprechgesang.

Seht die lust'gen Zwerge,	Die Kinder tanzen im Raum.
Tanzen auf dem Berge.	
Drehen sich im Kreise froh,	Die Kinder drehen sich.
Hüpfen weg, wie 'n lust'ger Floh.	Die Kinder hüpfen zu ihren Plätzen.

„Wenn sich die Zwerge treffen“ 0 1 2 3 4 5

Die Kinder stehen paarweise (oder im Kreis) zusammen. Sie bewegen sich wie die Tiere, von denen die Verse berichten.

Wenn sich die Zwerge treffen,	Die Kinder fassen sich an.
Dann lächeln sie sich zu.	Die Kinder lächeln sich an.
Sie tanzen dann im Kreise,	Die Kinder drehen sich gemeinsam im Kreis.
Genau wie ich und Du.	

Wenn sich die Zwerge treffen ...

Wenn sich die Schnecken treffen,	Die Kinder bleiben stehen.
Dann nicken sie sich zu.	Die Kinder nicken sich zu.
Sie schleichen dann im Kreise,	Die Kinder drehen sich sehr langsam gemeinsam im Kreis.
Genau wie ich und Du.	

Wenn sich die Flöhe treffen,	Die Kinder bleiben stehen.
Dann winken sie sich zu	Die Kinder winken sich zu.
Sie hüpfen dann im Kreise,	Die Kinder hüpfen im Kreis.
Genau wie ich und Du.	

Wenn sich die Käfer treffen,	Die Kinder bleiben stehen.
Dann schnipsen sie sich zu.	Die Kinder schnipsen mit den Fingern.
Sie krabbeln dann im Kreise,	Die Kinder krabbeln gemeinsam im Kreis.
Genau wie ich und Du.	
Wenn sich die Uhus treffen,	Die Kinder bleiben stehen.
Dann rufen („Uhu'n") sie sich zu.	Die Kinder rufen sich „Uhuuu" zu.
Sie fliegen dann im Kreise,	Die Kinder machen gemeinsam Flugbewegungen im Kreis.
Genau wie ich und Du.	
Wenn sich die Hasen treffen,	Die Kinder bleiben stehen.
Dann schnüffeln sie sich zu.	Die Kinder machen Schnüffelbewegungen mit der Nase.
Sie hopsen dann im Kreise,	Die Kinder hopsen beidbeinig gemeinsam im Kreis.
Genau wie ich und Du.	
Wenn ich Dich heute treffe,	Die Kinder bleiben stehen.
Dann freue ich mich sehr.	Die Kinder strecken die Arme in die Luft.
Ich nehm' Dich in die Arme	Die Kinder nehmen sich in den Arm.
Und tanze hin und her.	Die Kinder tanzen zusammen hin und her.

„Der Hi, Ha Hüpfefloh" 0 1 2 3 4 5 8 9

Die Kinder bewegen sich wie die Tiere, von denen die Verse berichten.

Der Hi, Ha Hüpfefloh,	Die Kinder hüpfen einbeinig.
Der wackelt heute mit dem Po.	Die Kinder wackeln mit dem Po.
Das Ki Ka Käferlein,	Die Kinder krabbeln.
Das wackelt heute mit dem Bein.	Die Kinder wackeln mit einem Bein.
Der Hi Ho Hase,	Die Kinder hüpfen beidbeinig.
Der wackelt heute mit der Nase.	Die Kinder wackeln mit der Nase.
Die Schni, Schna, Schnirkelschneck,	Die Kinder kriechen auf dem Bauch.
Die kommt nicht mehr von ihrem Fleck.	Die Kinder bleiben auf der Erde liegen.
Der Uhu flüstert uns jetzt zu,	Die Kinder bewegen leicht die Arme (Flügelschlagen)

„Alle Tiere, ich und Du,

Wir machen uns're Augen zu." Die Kinder schließen die Augen.

Die Erzieherin holt die Handpuppe von Zwerg Willibald hervor und alle sagen:

Der Wi, Wa Willi mit der Zwergenmütze,	Die Kinder stehen auf.
Der stapft heut in die große Pfütze.	Die Kinder stapfen durch den Raum.
Er bleibt stehen und ruft:	Die Kinder bleiben stehen.
„Hallo Ihr Schätzchen,	
Geht zurück auf Eure Plätzchen."	Alle Kinder gehen zurück auf ihren Platz.

Das Ki Ka Käferlein krabbelt durch den Raum ...

„Willis Turnerlied" ⓪①②③④⑤⑥⑦⑧⑨

Die Kinder stehen im Kreis und singen den Text nach der Melodie „Alle meine Entchen".
Das Lied kann mit den Freunden von Zwerg Willi gesungen werden, z. B. mit den Tausendfüßlern Fritzchen und Marleen oder Babsi, die Ball Biene ...).
Bei Kindergruppen in denen diese Tiere nicht bekannt sind, werden verschiedene Körperteile eingesetzt.

1. Strophe: Melodie „Alle meine Entchen"

Alle meine Freunde	Die Kinder winken sich zu.
Turnen heute mit,	
Turnen heute mit.	
Klatscht in eure Hände,	Händeklatschen begleitet das Singen.
Das ist ja der Hit.	

Gesprochener Text:

Aufgepasst!	Die Hände patschen auf die Oberschenkel.
Zugehört!	Die Hände berühren die Ohren.
Hingeschaut!	Die Hände berühren den Bereich neben oder unter den Augen.

Die Tausendfüßler

Fritzchen und Marleen

Turnen heute mit.

(Alternativ: Meine beiden Füße turnen heute mit.)

„Zugehört!!!" – Beim Wort berühren die Hände die Ohren.

1. Strophe: Melodie „Alle meine Entchen"

Fritzchen und Marleen	Die Kinder stampfen beim Singen des Liedes zusätzlich mit den Füßen.
Turnen heute mit.	
Turnen heute mit.	
Klatscht in eure Hände,	Händeklatschen und Fußstampfen begleiten das Singen.
Das ist ja der Hit.	

Gesprochener Text:

Aufgepasst!	Die Hände patschen auf die Oberschenkel.
Zugehört!	Die Hände berühren die Ohren.
Hingeschaut!	Die Hände berühren den Bereich neben oder unter den Augen.
Die Biene Babsie	
Turnt heute mit.	

Melodie „Alle meine Entchen"

Babsie, uns're Biene,	Die Arme werden schwingend bewegt.
Die turnt heute mit,	
Die turnt heute mit.	
Klatscht in Eure Hände	Die Hände werden beim Singen über dem Kopf zusammen geklatscht.
Das ist ja der Hit.	

Gesprochener Text:

Aufgepasst!	Die Hände patschen auf die Oberschenkel.
Zugehört!	Die Hände berühren die Ohren.
Hingeschaut!	Die Hände berühren den Bereich neben oder unter den Augen.
Der Hase, der	Die Kinder wackeln mit dem Po.
Turnt heute mit	Die Kinder wackeln mit dem Po.

Die Kinder erfinden weitere Akteure bzw. weitere Körperteile, die in das Bewegungslied einbezogen werden können.

Die Arme werden schwingend bewegt, denn die Biene Babsi turnt heute mit.

„Wer will Willis Freunde seh'n" ⓪①②③④⑤⑥⑧⑨

Bewegungsablauf:
Die Kinder sitzen oder stehen im Raum.
Sie singen und bewegen sich gemeinsam (Melodie „Wer will fleißige Handwerker seh' ...)

„Wer will Willis Freunde seh'n ..."

Spruch/Liedtext und Bewegungsablauf:

Wer will wie Willis Freunde geh'n,	
Der muss zu uns Kindern seh'n.	
Schnecke Schneck,	
Schnecke Schneck,	
Wir kriechen heute auf dem Fleck.	Alle Kinder kriechen auf der Erde.
Wer will wie Willis Freunde geh'n,	
Der muss zu uns Kindern seh'n	
Hüpf, hüpf froh,	
Hüpf, hüpf froh,	
Wir hüpfen alle wie der Floh.	Alle Kinder hüpfen auf einem Bein.
Wer will wie Willis Freunde geh'n,	
Der muss zu uns Kindern seh'n ...	
Krabbel didum,	
Krabbel didum,	
Wir krabbeln wie der Käfer rum.	Alle Kinder krabbeln auf Händen und Knien.
Wer will wie Willis Freunde geh'n,	
Der muss zu uns Kindern seh'n ...	
Seitwärts geh'n,	
Seitwärts geh'n,	
Die Uhus machen's wunderschön.	Alle Kinder gehen seitwärts.
Wer will wie Willis Freunde geh'n,	
Der muss zu uns Kindern seh'n ...	
Hops, hops Has,	
Hops, hops, Has,	
Das Hopsen macht uns allen Spaß	Alle Kinder hopsen beidbeinig.

„Wir wandern mit Zwerg Willi und seinen Freunden“ ⓪①②③④⑤⑥⑦⑧⑨

Ausgangsstellung:
Die Kinder bilden einen Kreis. Sie fassen sich an.

Bewegungsablauf:
Die Spiel-Bewegungen werden durch das rhythmische Sprechen der Verse unterstützt.

Wir wandern, wir wandern,	Alle gehen gemeinsam im Kreis herum.
von einem Ort zum andern.	

Die Kinder bleiben stehen. Sie gehen zu zweit zusammen.

Kommt ein lust'ger Hase rein,	Die Kinder bleiben stehen und legen die Hände wie Hasenohren an den Kopf.
Spitz jetzt seine Ohren fein.	Die Kinder wackeln mit den Händen wie mit Hasenohren.
Wackelt mit dem Hasen Po,	Alle Kinder wackeln mit dem Po.
Hoppelt auf den Füßen so.	Alle Kinder hüpfen wie Hasen auf der Stelle.
Komm, wir wollen tanzen geh'n!	Die gegenüberstehenden Kinder fassen sich an.
Woll'n uns jetzt im Kreise dreh'n.	Sie drehen sich mit dem Partner im Kreis.

Wird das Spiel hier beendet, sagen die Kinder:

Wollen zählen dann bis zehn ...	Die Kinder zählen mit der Erzieherin 1, 2, 3, ... 10
Und auf unsre Plätze geh'n.	Die Kinder gehen zu ihrem Platz.

Kommt ein lust'ger Hase rein, spitzt jetzt seine Ohren fein ...

Spielen die Kinder eine weitere Strophe, gehen sie wieder in den großen Kreis. Das Spiel geht mit einem neuen Willi-Tier weiter.

Wir wandern, wir wandern,	Alle gehen gemeinsam im Kreis herum.
von einem Ort zum andern.	

Die Kinder bleiben stehen. Sie gehen zu zweit zusammen.

Kommt ein lust'ger Uhu rein,	Die Kinder bleiben stehen und machen das Flügelflattern eines Uhus nach.
Dreht jetzt seinen Kopf ganz fein.	Die Kinder drehen den Kopf zu den Seiten.
Breitet seine Flügel aus,	Alle Kinder breiten die Armen aus.
Fliegt vergnügt zurück nach Haus.	Alle machen den Flügelschlag mit Arm und Händen.
Komm, wir wollen tanzen geh'n!	Die gegenüberstehenden Kinder fassen sich an.
Woll'n uns jetzt im Kreise dreh'n.	Sie drehen sich mit dem Partner im Kreis.

Wird das Spiel hier beendet, sagen die Kinder:

Wollen zählen dann bis zehn ...	Die Kinder zählen 1, 2, 3, ... 10
Und auf unsre Plätze geh'n.	Die Kinder gehen zu ihrem Platz.

Spielen die Kinder eine weitere Strophe, gehen sie wieder in den großen Kreis. Das Spiel geht mit einem neuen Willi-Tier weiter.

Wir wandern, wir wandern,	Alle gehen gemeinsam im Kreis herum.
von einem Ort zum andern.	Alle gehen gemeinsam im Kreis herum.

Die Kinder bleiben stehen. Sie gehen zu zweit zusammen.

Kommt ein lust'ger Floh herein,	Alle Kinder bleiben stehen und hüpfen auf einem Bein auf der Stelle.
Stellt sich auf das eine Bein.	Alle Kinder stehen still auf einem Bein.
Stellt sich auf das and're dann,	Alle Kinder stehen still auf dem anderen Bein.
Hüpf so schnell wie er nur kann.	Alle hüpfen auf einem Bein auf der Stelle.
Komm, wir wollen tanzen geh'n!	Die gegenüberstehenden Kinder fassen sich an.
Woll'n uns jetzt im Kreise dreh'n.	Sie drehen sich mit dem Partner im Kreis.

Wird das Spiel hier beendet, sagen die Kinder:

Wollen zählen dann bis zehn ...	Die Kinder zählen 1, 2, 3, ... 10
Und auf unsre Plätze geh'n.	Die Kinder gehen zu ihrem Platz.

Spielen die Kinder eine weitere Strophe, gehen sie wieder in den großen Kreis. Das Spiel geht mit einem neuen Willi-Tier weiter.

Wir wandern, wir wandern,	Alle gehen gemeinsam im Kreis herum.
von einem Ort zum andern.	Alle gehen gemeinsam im Kreis herum.

Die Kinder bleiben stehen. Sie gehen zu zweit zusammen.

Seht ein lust'ger Käfer kam.	Die Kinder bleiben stehen und machen mit den Fingern Krabbelbewegungen in der Luft.
Krabbelt hoch an meinem Arm.	Alle überkreuzen die Arme und machen Krabbelbewegungen auf dem gegenüberliegenden Armen.

Rutscht die Schulter wieder runter,	Alle lassen die Hände von den Armen rutschen
Sagt dann „Tschüß“ ganz munter.	Die Hände der Kinder winken.
Komm, wir wollen tanzen geh'n!	Die gegenüberstehenden Kinder fassen sich an.
Woll'n uns jetzt im Kreise dreh'n.	Sie drehen sich mit dem Partner im Kreis.

Wird das Spiel hier beendet, sagen die Kinder:

Wollen zählen dann bis zehn ...	Die Kinder zählen 1, 2, 3, ... 10
Und auf unsre Plätze geh'n.	Die Kinder gehen zu ihrem Platz.

Spielen die Kinder eine weitere Strophe, gehen sie wieder in den großen Kreis. Das Spiel geht mit einem neuen Willi-Tier weiter.

Wir wandern, wir wandern,	Alle gehen gemeinsam im Kreis herum.
von einem Ort zum andern.	

Die Kinder bleiben stehen. Sie gehen zu zweit zusammen.

Schaut die Schnecke aus dem Haus,	Die Kinder bleiben stehen und heben den Kopf an.
Streckt jetzt ihre Fühler aus.	Die Kinder strecken ihre Arme leicht gebeugt zur Decke.
Winkt uns zu und lächelt fein,	Die angehobenen Arme machen leichte Wink-Bewegungen.
Dann geht sie ins Haus hinein.	Die Kinder senken die Arme.
Komm, wir wollen tanzen gehe'n!	Die gegenüberstehenden Kinder fassen sich an.
Woll'n uns jetzt im Kreise dreh'n.	Sie drehen sich mit dem Partner im Kreis.

Wird das Spiel hier beendet, sagen die Kinder:

Wollen zählen dann bis zehn ...	Die Kinder zählen 1, 2, 3, ... 10
Und auf unsre Plätze geh'n.	Die Kinder gehen zu ihrem Platz.

Spielen die Kinder eine weitere Strophe, gehen sie wieder in den großen Kreis. Das Spiel geht mit einem neuen Willi-Tier weiter.

Wir wandern, wir wandern,	Alle gehen gemeinsam im Kreis herum.
von einem Ort zum andern.	Alle gehen gemeinsam im Kreis herum.

Die Kinder bleiben stehen. Sie gehen zu zweit zusammen.

Kommt der lust'ge Willi nun,	Die Kinder sehen sich freundlich an.
Schüttelt Dir die Hand.	Die Kinder schütteln sich die Hand.
Lacht Dich an ganz nett,	Die Kinder lächeln sich an.
Sagt „Wir sind verwandt.“	Sie sagen „Wir sind verwandt“.
Komm, wir wollen tanzen gehn!	Die gegenüberstehenden Kinder fassen sich an.
Woll'n uns jetzt im Kreise dreh'n.	Sie drehen sich mit dem Partner im Kreis.
Wollen zählen dann bis zehn	die Kinder zählen 1, 2, 3, ... 10
Und auf unsre Plätze geh'n	Die Kinder gehen zu ihrem Platz.

Variation für ältere Kinder oder Eltern-Kind-Gruppen:

Veränderte Ausgangsstellung:
Die Kinder bilden einen Innen- und einen Außenkreis.
Sie fassen sich an.

Wir wandern, wir wandern,	Die Kinder gehen silbenmäßig seitwärts im jeweiligen Kreis herum,
von einem Ort zum andern.	dabei sprechen sie den Text laut mit.

Die Kinder beiden Kreise bleiben stehen.
Alle Kinder aus dem Innenkreis drehen sich um, sodass sie einem Kind aus dem Außenkreis gegenüber stehen.

Schaut die Schnecke aus dem Haus,	Die Kinder heben den Kopf an.
Streckt jetzt ihre Fühler aus.	Die Kinder strecken ihre Arme leicht gebeugt zur Decke
Winkt uns zu und lächelt fein,	Die Arme machen leichte Wink-Bewegungen.
Dann geht sie ins Haus hinein.	Die Kinder senken die Arme.
Komm, wir wollen tanzen gehe'n!	Die gegenüberstehenden Kinder fassen sich an
Woll'n uns jetzt im Kreise dreh'n.	Sie drehen sich mit dem Partner im Kreis

Wird das Spiel hier beendet, sagen die Kinder:

Wollen zählen dann bis zehn ...	Die Kinder zählen 1, 2, 3, ... 10
Und auf unsre Plätze geh'n.	Die Kinder gehen zu ihrem Platz.

Spielen die Kinder eine weitere Strophe, lassen sich die Partnerinnen los und die Kinder aus dem Innenkreis drehen sich wieder zurück. Alle Kinder bilden wieder einen Innen- und einen Außenkreis. Das Spiel geht mit einem neuen Willi-Tier weiter.

...

„Dreh Dich, kleiner Willi" ⓿❶❷❸❹

Ausgangsstellung:
Ein Kind stellt sich in die Kreismitte.
Es schließt (wenn es möchte!) die Augen und streckt einen Arm nach vorn aus.

Bewegungsablauf und Spruch
Während die Kinder den Spruch zusammen sprechen, dreht das Kind sich langsam um die eigene Achse.

„Dreh Dich, kleiner Willi.

Dreh Dich immerzu.

Runherum, rundherum, und jetzt kommst Du".

Beim Spruchende bleibt das Kind stehen, öffnet die Augen und nennt einen von Willis Freunden, z. B. Hase.
Das Kind auf welches der Arm des Kindes aus der Mitte zeigt, hüpft nun als Hase in die Mitte und das Spiel beginnt vorn.

„Dreh Dich, kleiner Hase.

Dreh Dich immerzu.

Rundherum, rundherum, und jetzt kommst Du".

Beim Spruchende bleibt das Kind stehen, öffnet die Augen und nennt einen von Willis Freunden, z. B. Käfer.
Das Kind auf welches der Arm des Kindes aus der Mitte zeigt, krabbelt nun als Käfer in die Mitte und das Spiel beginnt vorn,

„Dreh Dich, kleiner Käfer.

Dreh Dich immerzu.

Rundherum, rundherum, und jetzt kommst Du".

„Willi-Wald-Tanz" 0 1 2 3 4 5 8 9
(Spiel, das vor dem gemeinsamen Essen eingesetzt wird)

Ausgangslage und Bewegungsablauf:
Die Kinder fassen sich zu zweit an (sie stehen alternativ im Kreis).
Sie tanzen gemeinsam und singen nach der Melodie „Ein Männlein steht im Walde".

Im Wald, da wohnt der Willi,	
Der Zwergenmann.	
Er lächelt uns schon lange	
Ganz freundlich an.	
Willi, Willi, schau nur her,	
Wir tanzen heute	Die Kinder tanzen hin und her.
Hin und her.	
Und dreh'n uns dann ganz leise	Die Kinder drehen sich im Kreis herum.
Im Kreis herum.	
Da kommt die liebe Schnecke,	
Sie kriecht heran.	
Da freut sich mit uns allen	
Zwerg Willimann.	
Schnecke, Schnecke, schau nur her,	
Wir tanzen heute	Die Kinder tanzen hin und her.
Hin und her.	
Und dreh'n uns dann ganz leise	Die Kinder drehen sich im Kreis herum.
Im Kreis herum.	
Da kommt der lust'ge Floh,	
Er hüpft heran.	

Da freut sich mit uns allen	
Zwerg Willimann.	
Floh, Floh, schau nur her,	
Wir tanzen heute	Die Kinder tanzen hin und her.
Hin und her.	
Und dreh'n uns dann ganz leise	Die Kinder drehen sich im Kreis herum.
Im Kreis herum.	
Da kommt der rote Käfer,	
Er krabbelt an.	
Da freut sich mit uns allen	
Zwerg Willimann.	
Käfer, Käfer, schau nur her,	
Wir tanzen heute	Die Kinder tanzen hin und her.
Hin und her.	
Und dreh'n uns dann ganz leise	Die Kinder drehen sich im Kreis herum.
Im Kreis herum.	
Da kommt der nette Uhu,	
Er fliegt heran.	
Da freut sich mit uns allen	
Zwerg Willimann.	
Uhu, Uhu, schau nur her,	
Wir tanzen heute	Die Kinder tanzen hin und her.
Hin und her.	
Und dreh'n uns dann ganz leise	Die Kinder drehen sich im Kreis herum.
Im Kreis herum.	
Da kommt der kleine Hase,	
Er hoppelt an.	
Da freut sich mit uns allen	
Zwerg Willimann.	
Hase, Hase, schau nur her,	
Wir tanzen heute	Die Kinder tanzen hin und her.
Hin und her.	
Und dreh'n uns dann ganz leise	Die Kinder drehen sich im Kreis herum.
Im Kreis herum.	

Nun sind sie all zusammen	
Und freuen sich.	
Sie decken gleich zusammen	
Den Mittagstisch.	
Kinder, Kinder, schaut nur her	
Sie tanzen heute	Die Kinder tanzen hin und her.
Hin und her.	
Und drehen sich dann ganz leise	Die Kinder drehen sich im Kreis herum.
Im Kreis herum.	
Widibum – Widiwitt – GUTEN APPETIT	Die Kinder schütteln sich die Hände.

„Widibum – Widiwitt – GUTEN APPETIT!"

Variation – Tipp aus der Praxis
Gruppen, die mit dem Kita-Kalender „Von Anfang an im Gleichgewicht[79]" arbeiten, berichten, dass sie mit den Kindern jeweils nur eine „Tier-Strophe" vor dem gemeinsamen Essen singen, nämlich die des Tagestiers.
Beispiel: Montags kommt immer die Schnecke zu Besuch:

Heut kommt die liebe Schnecke,

...

---

[79] *Beigel, D.; Grönemeyer, D.: „Von Anfang an im Gleichgewicht" BORGMANN MEDIA. Dortmund*

„Achtung – aufgepasst – welches Tier kommt jetzt?“ ⓿❶❷❸❹❺❻❽❾

Vorbereitung: Die Bilder von Willis Tieren[80] werden ausgemalt (oder selbst gemalt).

Bewegungsablauf und Spruch
Die Kinder stehen im Kreis. Ein Kind geht mit Zwerg Willibald in die Mitte und alle Kinder sagen dazu:

„Wenn Willi in die Mitte geht	Ein Kind geht mit Zwerg Willibald in die Mitte
Und sich sehr schön im Kreise dreht,	Das Kind geht im Kreis herum.
Dann kommt … (ein Tier wird benannt) „	Die Erziehrein zeigt ein Tierbild in die Luft.

Spruch und Bewegungsablauf, wenn das Bild von der Schnecke gezeigt wird:

Die Schnecke, schnick, schnack, schnee	Alle Kinder kriechen wie Schnecken zur Mitte.
Und alle rufen „Willi steh!“	Das Kind in der Mitte bleibt stehen.
	Alle Kinder gehen zurück in den Kreis.

Spruch und Bewegungsablauf, wenn das Bild vom Floh gezeigt wird:

Dann kommt	Alle Kinder
Der Floh, hi, ha, hee	hüpfen auf einem Bein wie Flöhe zur Mitte.
Und alle rufen „Willi steh!“	Das Kind in der Mitte bleibt stehen.
	Alle Kinder gehen zurück in den Kreis.

Spruch und Bewegungsablauf, wenn das Bild vom Käfer gezeigt wird:

Dann kommt	
Der Käfer, krabbel, kree	Alle Kinder krabbeln wie Käfer zur Mitte.
Und alle rufen „Willi steh!“	Das Kind in der Mitte bleibt stehen.
	Alle Kinder gehen zurück in den Kreis.

Spruch und Bewegungsablauf, wenn das Bild vom Uhu gezeigt wird:

Dann kommt	
Der Uhu, Uhu hee	Alle Kinder gehen seitwärts wie Uhus zur Mitte.
Und alle rufen „Willi steh!“	Das Kind in der Mitte bleibt stehen.
	Alle Kinder gehen zurück in den Kreis.

Spruch und Bewegungsablauf, wenn das Bild vom Hasen gezeigt wird:

Dann kommt	
Der Hase hoppel hee	Alle Kinder hoppeln beidbeinig wie Hasen zur Mitte.
Und alle rufen „Willi steh!“	Das Kind in der Mitte bleibt stehen.
	Alle Kinder gehen zurück in den Kreis.

Ein anderes Kind geht mit Zwerg Willi in die Mitte und das Spiel beginnt von Neuem.

[80] *Kopiervorlagen der Tiere zu bestellen: www.guckloch-online.de*

Zwerg Willi geht in den Kreis.

„Stehen im Gras“ ⓪❶❷❸❹❺

Ausgangslage und Bewegungsablauf:
Die Kinder stehen im Raum. Sie bewegen sich zum Sprechgesang.

Ich stehe hier im Grase	Die Kinder stehen auf einem Bein.
So, so, so.	
Das geht mir bis zur Nase	Die Kinder stehen auf dem anderen Bein.
Oh, oh, oh.	
Ich hüpfe jetzt im Kreis herum	Die Kinder hüpfen auf beiden Beinen.
Und falle gar nicht um!!!	

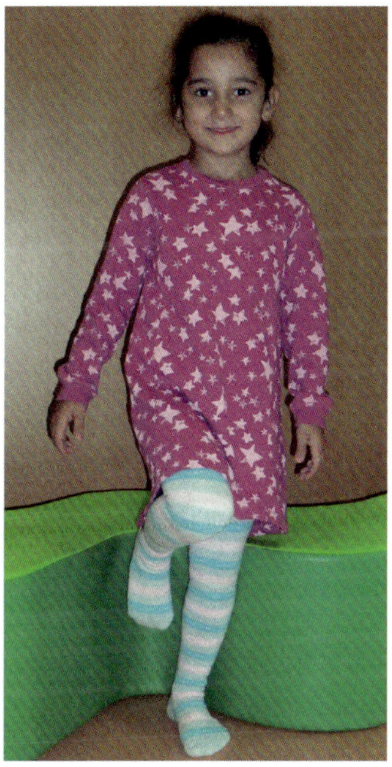

Bei der 1. Strophe stehen alle mit offenen Augen auf einem Bein.
Ich stehe hier im Grase, so, so, so …

Bei der 2. Strophe stehen alle mit geschlossenen Augen im Einbeinstand.
Ich stehe hier im Grase, so, so, so …

Ich stehe hier im Grase *So, so, so .*	*Die Kinder stehen mit geschlossenen Augen auf einem Bein.*
Das geht mir bis zur Nase *Oh, oh, oh.*	*Die Kinder stehen mit geschlossenen Augen auf dem anderen Bein.*
Ich hüpfe jetzt im Kreis herum *Und falle gar nicht um!!!*	*Die Kinder hüpfen mit geschlossenen Augen auf beiden Beinen.*
Ich liege hier im Grase *So, so, so.*	*Die Kinder liegen auf dem Bauch.*
Das geht mir bis zur Nase *Oh, oh, oh.*	*Die Kinder rollen sich auf dem Rücken.*
Ich rolle jetzt im Kreis ganz froh,	*Die Kinder rollen vom Rücken auf den Bauch und zurück.*
Dann setz ich mich auf meinen Po	*Die Kinder setzen sich hin.*
Oh, Oh, Oh.	*Die Kinder strecken die Arme in die Luft.*

„Nachtzug zu Willi“ 0 1 2 3 6 9

Ausgangslage und Bewegungsablauf:

Die Kinder stehen im Kreis.

Ein Kind geht langsam im Kreis herum. Es ist die Lokomotive von Willis Nachtzug.

Dazu sagen alle Kinder:

„Nachtzug, Nachtzug, wir fahren mit dem Nachtzug ...

Wer will mit auf uns're Reise – „Der hebt einen ... ganz leise“. (ein Körperteil wird vom Kind in der Mitte benannt, z. B. Arm).

Alle Kinder im Kreis heben nun das benannte Körperteil (z. B. den Arm).

Das Kind in der Mitte tippt eins der Kinder an und sagt:

„Steig ein, das war fein!“

Das angetippte Kind geht nun auch in die Mitte. Es legt seine Hände auf die Schulter der „Lokomotive“. Es schließt als angehängter Schlafwagen seine Augen (weil es im Nachtzug fährt!).

Die Lokomotive, die stets mit offenen Augen fährt, fährt langsam los, alle sagen den Vers

„Nachtzug, Nachtzug, wir fahren mit dem Nachtzug.

Wer will mit auf uns're Reise ...“ „Der hebt ein ... ganz leise“. (ein Körperteil wird vom Kind in der Mitte benannt, z. B. Bein).

Alle Kinder im Kreis heben nun das benannte Körperteil (z. B. das Bein).

Das Kind, das an der Lokomotive hängt, öffnet die Augen und tippt eins der Kinder an. Dazu sagt es:

„Steig ein, das war fein!“

Das angetippte Kind geht nun auch in die Mitte. Es legt seine Hände auf die Schulter des letzten Schlafwagens. Es schließt seine Augen (weil es im Nachtzug fährt!).

Die Lokomotive fährt langsam los und das Spiel geht weiter.

Das zuletzt angehängte Kind benennt jeweils das Körperteil, das angehoben werden soll.

Variation:

Der Spruch wird verändert, damit mehr Körperteile einbezogen werden können;

„Nachtzug, Nachtzug, wir fahren mit dem Nachtzug.

Wer will mit auf uns're Reise,

Der *bewegt* (alternativ wird gesagt: „der *versteckt* ...“, oder „der *zeigt* ...“) sein (Körperteil benennen) ... ganz leise.“

Variation:

Der Spruch wird bei Kindern, die es noch nicht schaffen die Augen beim Spiel zu schließen umgeändert:

„Bummelzug, Bummelzug, wir fahren mit dem Bummelzug.

Wer will mit auf uns're Reise,

Der ... ganz leise.“

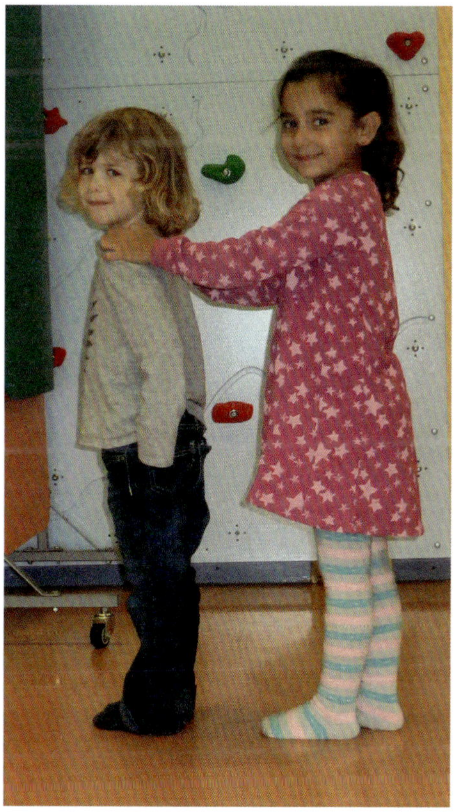

Der erste Waggon hängt an der Lokomotive.

„Lustige Essgeschichten!“ 0 1 2 3 4 7

Ausgangslage und Bewegungsablauf:

Die Kinder sitzen im Stuhlkreis.
Die Pädagogin erzählt eine Geschichte von Willi und seinen Freunden, in der möglichst viele Dinge vorkommen, die man essen kann.
Sobald etwas Essbares genannt wird, stehen die Kinder vom Stuhl auf und rufen „Guten Appetit“. Sie setzen sich wieder hin und die Geschichte wird weitererzählt.
1. Beispiel:
Es ist früh am Morgen und Zwerg Willi ist gerade aufgestanden. Er läuft in die Küche, denn er hat Hunger. Wo ist das **Brot**? Ach es liegt ja auf dem Tisch. Lecker und gleich daneben sieht er auch den **Käse**. Willi nimmt das **Brot**, schmiert sich **Butter** darauf und legt ein Stück **Käse** dazu. Er hat wirklich großen Hunger. Er isst sein leckeres **Brot,** dann wäscht er sich, zieht sich an und geht in den Garten. Er will die **Äpfel** pflücken, die am Baum in seinem Garten hängen.
Willi arbeitet eine ganze Weile, da kommt seine Freundin die Schnecke vorbei. Sie erzählt, dass sie heute **Salat** zum Frühstück gegessen hat und nun auf dem Weg zur Stadt ist. Unterwegs hat sie schon den Hasen getroffen, der frühstückte gerade eine große **Mohrrübe.**
Da hat Willi eine gute Idee. „Liebe Schnecke“ sagt er, morgen lade ich Euch alle zum Frühstück ein. Dann gibt es einen leckeren **Apfel-Möhren-Salat**!

2. Beispiel: (Diese Geschichte wurde von einer Schulanfängergruppe erfunden.)
Zwerg Willi ist gerade aufgestanden. Ihm knurrt der Magen. Ich habe Hunger denkt er – wo ist das **Brot**. Vielleicht im Badezimmer? Ach nein, es liegt ja in der Küche neben den **Bananen**. Und wo ist die **Butter** – vielleicht in der Garage? Ach nein, die **Butter** ist ja in der Küche neben dem **Käse**. Jetzt brauche ich noch **Honig** – wo ist er, vielleicht im Besenschrank? Ach nein, der **Honig** steht ja im Regal neben der **Marmelade.** Gerade will Willi sich noch **ein Würstchen** nehmen – da fällt das **Würstchen** in den **Honig**. Das mag ich jetzt nicht mehr, da esse ich lieber einen **Apfel** – wo ist er denn, ach er hängt ja an der Decke. Willi nimmt sich einen Stuhl, steigt auf den Tisch, will sich den **Apfel** nehmen – da rutscht er aus und landet im **Honig**. Oh je, was für ein wilder Willi-Morgen, alles voll **Honig**!

Variationen zu Inhalten

Trinkgeschichten:	Sobald ein Getränk erwähnt wird, stehen die Kinder auf und rufen „Prost“.
Tiergeschichten:	Sobald ein Tier erwähnt wird, stehen die Kinder auf und machen die entsprechende Tierstimme nach.
Fahrzeuggeschichten:	Sobald ein Fahrzeug erwähnt wird, stehen die Kinder auf und machen das Geräusch des Fahrzeugs nach.

Variationen zur Bewegung

Drehung:	Nach dem Aufstehen wird sich zusätzlich einmal um sich selbst gedreht, danach wird sich wieder hingesetzt.
Rutschen 1:	Die Kinder sitzen im Kreis. Bei jedem Aufstehen rutschen alle einen Platz nach rechts weiter.
Rutschen 2:	Die Kinder sitzen im Kreis. Wenn etwas Essbares benannt wird, stehen alle auf und rutschen einen Platz nach rechts weiter. Wird ein Getränk benannt, stehen alle auf und rutschen einen Platz nach links weiter.

3.6.1 Infos zum Bildungsbaustein „Asymmetrisch Tonischer Nackenreflex“

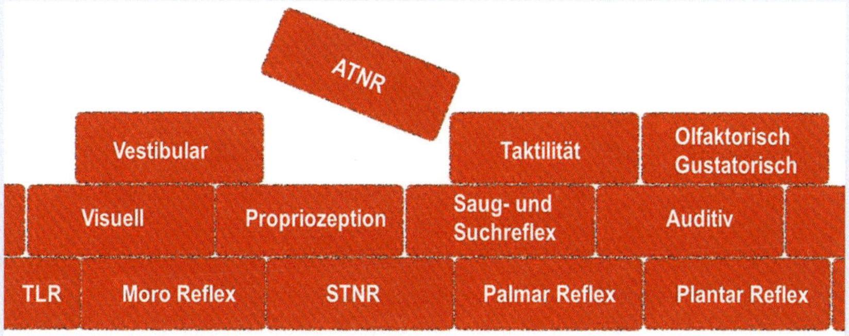

Zusammenarbeit der rechten und linken Körperhälfte

Der Asymmetrisch Tonische Nackenreflex (ATNR)[81] Reflex zeigt sich vorgeburtlich um die 16–18. Schwangerschaftswoche und ist bei der Geburt vollständig vorhanden.
Er wird durch das Drehen des Kopfes zur Seite ausgelöst. Reflexhaft strecken sich die Gliedmaßen auf dieser Seite, während sich die Gliedmaßen auf der Hinterhauptseite beugen.
Der ATNR wird um den 6. Lebensmonat integriert.
Der frühkindliche Reflex ermöglicht dem Säugling freie Atmung in der Bauchlage.
Er übt den Tonus für spätere Greif- und Streckbewegung und unterstützt die erste Auge-Hand-Koordination des Babys.
Kriechen, Krabbeln, das Überkreuzen der Mittellinie und das Finden der dominanten Hand stehen im Zusammenhang mit diesem frühkindlichen Reflex.
Unreifen durch mangelhafte Integration des ATNR können sich in der Entwicklung des Kindes im grobmotorischen, feinmotorischen und sprachlichen Bereich bemerkbar machen.
Die Ausbildung der Lateralität (Seitigkeit) kann durch das Persistieren von Restreaktionen des ATNR gestört werden, so dass sich die Dominanz einer Hand, eines Beines, eines Ohres, eines Auges nicht herausbilden kann. Dies erschwert die Wahrnehmungsverarbeitung und kann sich belastend auf spätere Schulleistungen auswirken.
Konzentrationsschwierigkeiten, das Vertauschen von Buchstaben und Zahlen, Lese-Rechtschreibschwierigkeiten, Reihenfolgeprobleme, Koordinationsprobleme stehen damit in Zusammenhang

Hilfreiche Unterstützung für Elternhaus, Kindergarten und Schule[82] *sind z. B.*
Fingerspiele, Fußspiele, Klatsch- und Patschspiele.
Gleichgewichtsspiele, Fadenspiele.
Bewegungsspiele mit und ohne Material.
Basteln, malen. Perlen fädeln, Steckspiele.
Kriechen, krabbeln, rollen, kullern, klettern.
Werfen, fangen, zielen, jonglieren.
Einbeziehen des Kindes in Garten- und Hausarbeit.
Freies selbstbestimmtes Spiel.
Loben, ermutigen.

---

[81] *Weitere ausführliche Informationen zum Asymmetrisch Tonischen Nackenreflex in: Beigel, D. Flügel und Wurzel. verlag modernes lernen. Dortmund*

[82] *Weitere Anregungen und Informationen in Beigel, D. Flügel und Wurzeln. Kap. 4*

3.6.2 Spiele und Informationen zur Unterstützung der Integration des Asymmetrisch Tonischen Nackenreflexes

Zusätzliche Spiele und Informationen zur Ausreifung des Asymmetrisch Tonischen Nackenreflexes finden Sie in ***Kapitel 1–4 dieses Buches*** *und in folgenden Büchern*

„Von Anfang an im Gleichgewicht“
(U3 bis 8 Jahre)
Begleitbuch
Mutter-Kind- Bewegungsspielen, Seite 68 ff.
Fingerspiele zur Vertiefung der Bewegungsmuster, Seite 74 ff.
Meine Tante Cordula, Seite 78
Vater Abraham, Seite 79
Brüderchen komm tanz mit mir, Seite 80
Ich nehme meine Leiter, Seite 81
Auf den Meeren woll'n wir segeln, Seite 81

„Bildung kommt ins Gleichgewicht“
(Klasse 1 bis Klasse 13)
Kalender, Übungen, Stufe 1–5

„Kita und Schule – ein starkes Team“
(4 bis 8 Jahre)
Geheime Rufe im Willi-Wald, Seite 79
Willis Einkaufspiel, Seite 79
Willis Himmel, Seite 81
Klatschspiel Zwergenmaus, Seite 83
Willis Fingerspiel, Seite 83
Willis kleine Schnecke, Seite 85
Willis Käfer, Seite 85
Willi-Wald im Nebel, Seite 85
Willis Pferde, Seite 96
Willis Tanz, Seite 86
Willis Freunde treffen sich, Seite 87
Zwerge bewegen sich im Wald, Seite 87
Willi will im Schiff mal fahren, Seite 92
Hüpft der Willis durch das Land, Seite 92
Guten Morgen, Seite 93
Baum im Willi-Wald, Seite 92
Willis Lied, Seite 92

„Ich wär jetzt mal 'ne Fledermaus“
(3 bis 10 Jahre)
Geschichten von Babsie, der Ball-Biene
Freddy, die freche Fledermaus übt das Flügelschlagen, Seite 96
Mia, die muntere Musik-Mücke und der Mücken-Rückentanz, Seite 99
Freddy, die freche Fledermaus und der Fledermäuse-Rückentanz, Seite 101
Mia, die muntere Musik-Mücke und der RAB, alternativ:Freddy, die freche Fledermaus und der RAB, Seite 104
Mias-Mückenlied, alternativ: Freddys flottes Fledermaus-Lied, Seite 108
Mia die muntere Musik-Mücke – Mias-Mückenlied auf dem Bauch, Seite 112
Freddy, die freche Fledermaus macht sich schick, Seite 115
Mia die muntere Musik-Mücke und der kleine „Zick-zack-Mücken-Rückentanz, Seite 117
Mia, die muntere Musik-Mücke und der „Mücken-Zimba“, Seite 119
Frecher Freddy flieg ... juchhe, Seite 122
Mia die muntere Musik-Mücke und Freddy die freche Fledermaus feiern ein Fest, Seite 124
Spiele zum Kennenlernen des Körpers, Seite 188 ff.

„Beweg dich, Schule!“
(Vorklasse bis Klasse 13)
Schwerpunkt Mathematik
Rechnen mit dem Körper, Seite 95
1×1 Klatschen, Seite 102
1×1 Partnerklatschen, Seite 103
Rechenjogging, Seite 116
Formen legen, Seite 120
Schwerpunkt Deutsch
Oma besuchen, Seite 127
Blindes Worte schreiben, Seite 129
Ping-Pong-Sätze, Seite 138
Aufsatztanz, Seite 142
Körpergrammatik, Seite 148
Blindenführer, Seite 153
Schwerpunkt Fächerübergreifend
Umkleidekabine, Seite 165
Spiegel, Seite 169
Löffelfechten, Seite 172
Mini-Sportbewegungen und Mini-Entspannungsübungen
Vater Abraham, Seite 182
Sporttreff, Seite 184
Strecken, recken ..., Seite 185
Mir geht es gut, Seite 186
Hausputz, Seite 186

Klammer Affe Hans, Seite 194
Wasser kommt, Seite 195
Fahrstuhl, Seite 198
Schütteln, Seite 199
Kleine Bewegungspausen
Affenstark, Seite 240
Tipp-di-tapp, Seite 242
Fingergymnastik mit dem Bleistift, Seite 243
Schere, Stein, Papier, Seite 244
Wecken-Strecken, Seite 245
Hexenschritte, Seite 244
Buckelrutschen, Seite 252
Tafel putzen, Seite 234
Body Percussion, Seite 259
Klatsch- und Fingerspiele, Seite 265 ff.

„Was ist los in meinem Kopf?“ (5 bis 12 Jahre)
Echo-Spiel, Seite 27
Supermann, Seite 29
Klatschspiel, Seite 30
Bewegung tut gut, Seite 31
Mühlenspiele, Seite 32

Zusätzliche fachliche Informationen zum Asymmetrisch Tonischen Nackenreflex finden Interessierte in:
Flügel und Wurzeln, Kapitel 3.1.3, Seite 94 ff.
Flügel und Wurzeln, Kapitel 4.2, Seite 124 ff.
Beweg dich, Schule!, Seite 42

3.7 Spiele mit Alltagsmaterialien

Die Vorteile von Alltagsmaterialien sind vielfältig.
Alltagsmaterialien sind eine Fundgrube für bewegte und für entspannende Spiele.
Kinder (und Erwachsene) haben bei diesen Aktivitäten die Möglichkeit, ihre Kreativität zu entfalten, indem sie den alltäglichen Materialien im Spiel die verschiedensten Bedeutungen zuschreiben.
Alltagsmaterialien sind kostengünstig und bringen Abwechslung in die Kita-, Schul- und Vereinsangebote.

Spiele mit Alltagsmaterialien

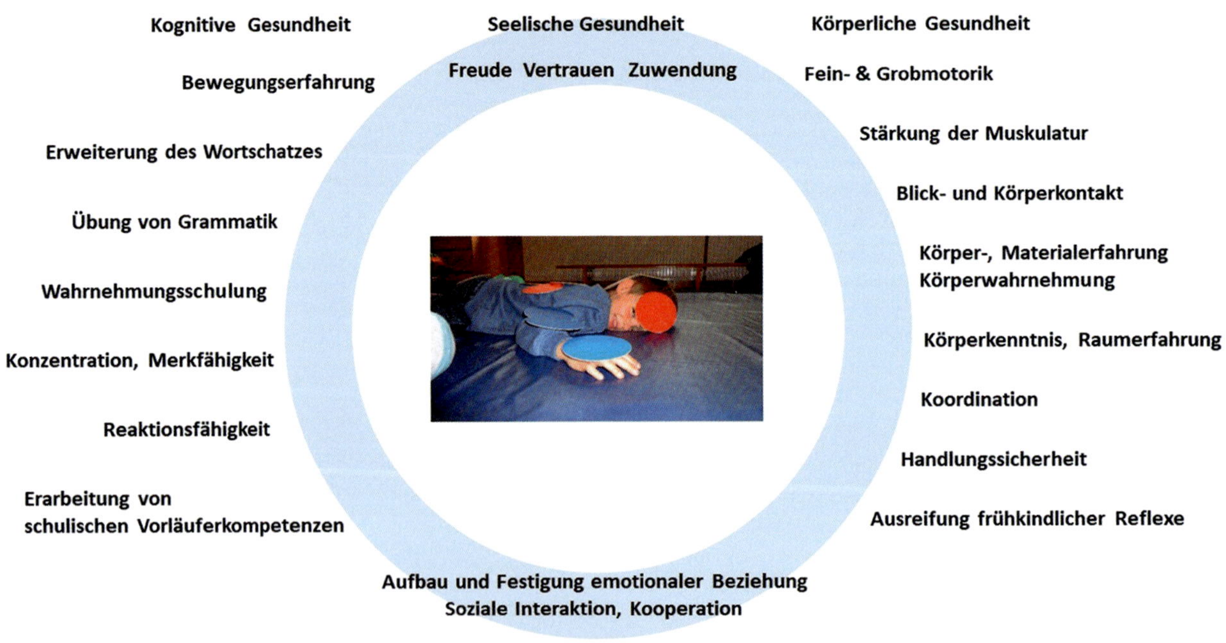

„Wer bin ich!“ ⓪❶❷❸❺❽❾

Material: Kärtchen mit ausgemalten Willi-Tieren[83], CD Player

Vorbereitung beim Spiel:
Die Spielleiterin klebt jedem Kind ein Kärtchen auf den Rücken oder auf die Stirn.

Aufgabe
Die Kinder bewegen sich bei Musik durch den Raum. Sie wissen nicht, welches Tier von Willis Freunden sie darstellen.
Bei Musikstopp treffen sich zwei Kinder.

Variation ab 3 Jahre
Die Kinder machen sich gegenseitig die Bewegungsform ihres Tieres vor (krabbeln, hüpfen ...) Wenn sie das Tier, dessen Kärtchen sie auf dem Rücken tragen, erraten haben, schütteln sie sich die Hand. Musik spielt ...

Variation ab 5 Jahre
Die Kinder berichten – ohne den Namen des entsprechenden Tieres zu nennen – gegenseitig, was sie über den anderen wissen, z. B. „Du fliegst herum“ „Du sitzt auf dem Baum“ ...
Wenn ein Kind erraten hat, welches Tier es darstellt, bekommt er von der Spielleiterin ein neues Kärtchen auf den Rücken oder auf die Stirn geklebt.
Bei Beginn der Musik trennen sich die Kinder wieder und tauschen beim erneuten Musikstopp mit einem anderen Partner Fragen und Antworten aus.

Variation ab 6 Jahre
Bei Musikstopp treffen sich zwei Kinder. Sie stellen sich gegenseitig Entscheidungsfragen, um das Tier, dessen Kärtchen sie tragen zu erraten.
Wird die Frage, z. B. Bin ich ein Tier das hüpft? mit „Ja“ beantwortet, können sie eine weitere Frage stellen,
Wird eine Frage mit „Nein“ beantwortet, darf bei diesem Musikstopp keine weitere Frage gestellt werden.
Wenn ein Kind erraten hat, welches Tier es darstellt, bekommt er von der Spielleiterin ein neues Kärtchen auf den Rücken oder auf die Stirn geklebt.

---

83 *Bestellmöglichkeit für die Ausmalbilder: www.guckloch-online.de.*

„Komm her, komm her, ich mag Dich sehr …"[84] ⓪❶❷❸❹❺❻❽❾

Material: Ausgemalte Kärtchen mit Willi-Tieren[85]

Vorbereitung zum Spiel

Die Tierbilder werden in DINA 5 Größe ausgemalt (oder selbst gemalt). Wenn möglich werden die Bilder laminiert und so gelocht, dass ein Band zum Umhängen durchgezogen werden kann. Alternativ können die ausgemalten Bilder angeheftet werden.

Spielbeginn im Stuhlkreis

Die Kinder sitzen im Stuhlkreis, ein Stuhl ist frei.
Die Bilder liegen verdeckt in der Mitte vom Stuhlkreis.
Jedes Kind zieht ein Kärtchen und benennt das Tier auf seinem Bild.
Dann hängt es sich das Kärtchen um den Hals. Alle Kinder sitzen auf ihren Stühlen.

Spielverlauf

Das Kind, dessen rechter Stuhl frei ist, klopft auf den Stuhl. Dazu sagen alle Kinder gemeinsam den Spruch:

„Liebes Tier,

Komm zu mir.

Komm her,

Komm her,

Ich mag Dich sehr".

Zum Ende des Satz „*Ich mag Dich sehr*", zeigt das Kind, das links neben dem leeren Stuhl sitzt, auf ein anderes Kind im Stuhlkreis. Dabei benennt den Namen des Tieres (z. B. Käfer), das auf dem Kärtchen des Kindes, das er zu sich winkt, zu sehen ist.
Das Kind, das gemeint ist, kommt in der Bewegungsart des Tieres, das es darstellt zum leeren Stuhl. (z. B. der Käfer krabbelt).

Je jünger die Kinder sind umso einfacher sollte das Spiel eingeführt und gespielt werden.
Das Spiel kann zuerst mit dem eigenen Namen, später nur mit Benennung des Tieres – noch ohne entsprechendes Bewegungsmuster – gespielt werden.

Variation für Fortgeschrittene

Das Kind, dessen rechter Stuhl leer ist, klopft auf den Stuhl und sagt:

„Liebes Tier" dabei rückt es auf den leeren Stuhl.

Das nächste Kind klopft nun auf den neuen leeren Stuhl, sagt:

„Komm zu mir", dabei rückt es auf den neuen leeren Stuhl.

Das nächste Kind klopft nun auf den neuen leeren Stuhl, sagt:

„Komm her" dabei rückt es auf den neuen leeren Stuhl.

---

84 *Das Spiel wird nach der Grundidee des alten Kinderspiels „Mein rechter, rechter Platz ist leer …" gespielt.*
85 *Bestellmöglichkeit für die Ausmalbilder aller Tiere aus dem Gleichgewichtskalender: www.guckloch-online.de.*

Das nächste Kind klopft nun auf den neuen leeren Stuhl, sagt:

„Komm her“ dabei rückt es auf den neuen leeren Stuhl.

Das nächste Kind klopft nun auf den neuen leeren Stuhl, sagt:

„Ich mag Dich sehr …“, zeigt auf ein Kind im Stuhlkreis, nennt den Namen des Tieres

Dieses Kind kommt in der Bewegungsart des Tieres zum leeren Stuhl.

Variation für Profis

Bei dieser Variante wird das Stuhlrücken schneller umgesetzt.

Jedes Kind sagt nur ein Wort des Spruchs.

Das Kind, dessen rechter Stuhl leer ist, klopft auf den Stuhl und sagt:

„Liebes“

Das nächste Kind rutscht schnell auf den neuen leeren Stuhl, sagt:

„Tier“

Das nächste Kind rutscht schnell auf den neuen leeren Stuhl, sagt:

„Komm“

Das nächste Kind rutscht schnell auf den neuen leeren Stuhl, sagt …

Beim letzten Wort des Spruchs „sehr …“, zeigt das Kind auf ein anderes, nennt den Namen des Tieres. Dieses Kind kommt in der Bewegungsart des Tieres zum leeren Stuhl.

„Zwergenmütze auf – Zwergenmütze ab!“ 0 1 2 3 4 9

Material: Willi-Mützen (je nach Entwicklungsstand der Kinder: Zeitungshut, Sandsäckchen, Wollmütze …)

Vorbereitung beim Spiel:
Alle Kinder setzen ihre Zwergen-Mützen auf.

Spielverlauf:
Die Kinder gehen paarweise eingehakt im Raum herum und sagen ihren Spruch.

„Eins, zwei, drei und vier,	Die Kinder gehen paarweise durch den Raum.
Ja so spazieren wir.	
Mütze ab – Mütze auf,	Die Kinder wenden sich zueinander, nehmen die Mütze kurz ab und setzen sie wieder auf.
Und weiter geht der Zwergenlauf.“	Die Kinder trennen sich. Ein neues Kind wird gesucht und eingehakt.

„Papier, Papier …“ 0 1 2 3 4 5 8 9

Material: DIN-A4-Blätter

Ausgangsstellung:
Die Kinder sitzen am Tisch oder auf der Erde.
Sie haben jeweils zwei dünne Blätter Papier (DIN A4) vor sich liegen.

Bewegungsablauf:
Die Kinder legen jede Hand auf ein Blatt Papier.

1. Aufgabe
Alle Kinder knüllen ihr Papier – zeitgleich, jeweils ein Blatt mit der linken Hand, das andere Blatt mit der rechten Hand.

Das Papier wird gleichzeitig mit der rechten und der linken Hand geknüllt.

2. Aufgabe
Alle Kinder streichen ihr geknülltes Papier so glatt wie möglich – zeitgleich, jeweils ein Blatt mit der linken Hand, das andere Blatt mit der rechten Hand.

Das Papier wird gleichzeitig mit der rechten und linken Hand wieder glatt gestrichen.

3. Aufgabe
Alle Kinder knüllen ihr Papier so klein wie möglich zusammen – zeitgleich, jeweils ein Blatt, aber nur mit Daumen, Zeigefinger, Mittelfinger der linken Hand, das andere Blatt mit Daumen, Zeigefinger, Mittelfinger der rechten Hand.

4. Aufgabe

Alle Kinder streichen ihr geknülltes Papier so glatt wie möglich – jeweils ein Blatt, aber nur mit Daumen, Zeigefinger, Mittelfinger der linken Hand, das andere Blatt mit Daumen, Zeigefinger, Mittelfinger der rechten Hand.

5. Aufgabe

Alle Kinder reißen ihr Papier in kleine Schnipsel – zeitgleich, jeweils ein Blatt mit der linken Hand, das andere Blatt mit der rechten Hand.

Das Papier wird gleichzeitig mit der rechten und linken Hand in kleine Schnipsel gerissen.

6. Aufgabe

Alle Kinder knüllen ihre kleinen Papierschnipsel zu kleinen Kügelchen – zeitgleich, jeweils ein Schnipsel mit der linken Hand, das andere Schnipsel zur gleichen Zeit mit der rechten Hand.
Achtung: Wer schnell fertig ist, kann der Nachbarin helfen.

Die Schnipsel werden gleichzeitig mit der rechten und linken Hand zu kleinen Kügelchen geknüllt.

7. Aufgabe

Alle Kinder schließen eine Hand zu einer festen Faust (Daumenseite zeigt zu Drecke), legen ein Papierkügelchen darauf und schnipsen es mit der anderen Hand in den Raum.
Das gegenseitige fröhliche Beschießen ist erwünscht.
Die andere Hand wird zur Faust geschlossen – die zweite Hand schnipst das Papierkügelchen in den Raum.

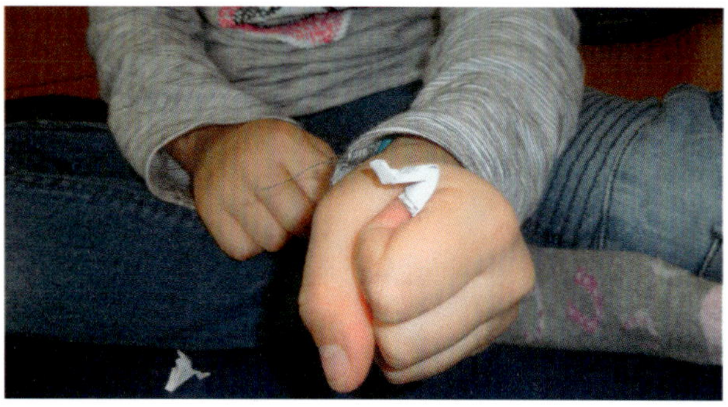

Die Papierkügelchen werden auf die Faust gesetzt und mit den Fingern der anderen Hand in den Raum geschnipst.

Variationen:
Alle Kinder legen ein Papierkügelchen auf ihre flach ausgestreckte Hand (Handrücken zeigt zu Decke) und schnipsen es mit der anderen Hand in den Raum.
Alle Kinder legen ein Papierkügelchen auf ihre flach ausgestreckte Hand (Handrücken zeigt zum Boden) und schnipsen es mit der anderen Hand in den Raum.
Es wird mit Daumen und Zeigefinger geschnipst.
Es wird mit Daumen und Mittelfinger geschnipst.
Es wird mit Daumen und Ringfinger geschnipst.
Es wird mit Daumen und kleinem Finger geschnipst.

Verschiedene Möglichkeiten ausprobieren ...

Abschließende Spielidee:
Alle Kinder sammeln so schnell sie können alle Papierkügelchen im Raum ein, legen die jeweils gesammelten Papierkügelchen auf ihren Platz, zählen sie und rufen ihre Zahl in den Raum.
Die Spielleiterin bittet alle Kinder, die mehr als eine bestimmte Menge (z. B. 10) Papierkügelchen eingesammelt haben, in die Mitte zu kommen.
Die genannte Zahl (z. B. 10) ist abhängig von den eingesammelten Papierkügelchen der einzelnen Kinder.
Die Kinder, die mehr (als z. B. 10) Kügelchen gesammelt haben, bekommen Applaus – ihre Papierkügelchen kommen in einen Behälter.
Die Spielleiterin bittet alle Kinder, die weniger als eine bestimmte Menge (z. B. 10) Papierkügelchen gesammelt haben in die Mitte. Die Kinder, die weniger (als z. B. 10) Kügelchen gesammelt haben, bekommen Applaus, denn!!! diese Kinder haben den anderen Kindern ermöglicht, dass sie mehr Kügelchen sammeln konnten – deshalb bekommen sie jetzt Applaus.
Ihre Papierkügelchen kommen ebenfalls in den Behälter.

„Klammer auf und klammer zu – die Stadt!" ⓪❶❷❸❹❺❽❾

Material: Bunte Wäscheklammern

Ausgangsstellung:
Die Kinder laufen durch den Raum. In der Mitte des Raumes liegen viele! bunte Wäscheklammern.

1. *Aufgabe*
Alle Kinder sammeln so viele Klammern wie möglich ein und klammern sie an ihre Kleidung.
Regel: Es muss jede Klammer, wenn sie vom Boden genommen wird, sofort angeklammert werden.
Ziel: Alle Klammern müssen vom Boden verschwunden sein. Jeder versucht, die meisten Klammern an der Kleidung zu haben.

Jedes Kind klammert sich so viele Klammern wie möglich an.

2. *Aufgabe*
Alle Kinder versuchen, so viele Klammern wie möglich wieder los zu werden und bemühen sich, die Klammern an der Kleidung der Mitspieler zu befestigen.
Regel: Es darf niemand dabei festgehalten werden.
Ziel: Jeder versucht, die wenigsten Klammern an der Kleidung zu haben.

Alle Kinder versuchen, die Klammern los zu werden ... und sie anderen Mitspielern anzuklammern

3. *Aufgabe*

Alle Kinder entfernen ihre Klammern von der Kleidung und sortieren sie gemeinsam farblich auf dem Boden.

4. *Aufgabe*

Alle Kinder sitzen im Kreis. In der Mitte des Kreises liegen die farblich sortierten Klammern.
Das erste Kind nimmt eine beliebige Klammer und klammert eine andere Klammer daran.
Das links daneben sitzende Kind klammert eine weitere Klammer an diese beiden Klammern.
Das nächste – links daneben sitzende – Kind klammert eine beliebige Klammer an die drei Klammern an.
Das nächste ...
Die Klammern können in beliebiger Art angeklammert werden.
Ist das Prinzip: „Jeder kommt an die Reihe" einmal im Kreis durchgespielt, teilt sich die Großgruppe in Kleingruppen von ca. drei bis vier Kinder.

Die Aufgabe der Kleingruppen ist:

„Baut aus den Klammern Straßen oder Häuser, Brücken, Schwimmbäder oder was immer ihr gern in Eurer Stadt haben möchtet".
Achtung! „Denkt aber daran, dass so viel Klammern übrig bleiben, dass ihr Euch zum Ende mit allen anderen Gruppen und ihrem Gebauten verbinden könnt".

Alle Stadtteile der Klammer-Stadt werden verbunden.

Zum Schluss:

Alle Stadtteile (Gruppenergebnisse) werden durch Klammerstraßen miteinander verbunden.
Die Kinder erzählen, was sie in ihrem Stadtteil gebaut haben.
Die fertige Stadt wird angeschaut.
Danach wird die Stadt mit dem „Gehirn-Fotoapparat" fotografiert.

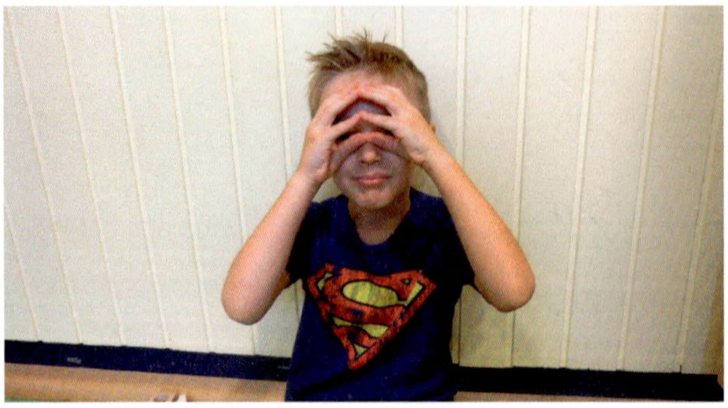

Fotografieren mit dem „Gehirn-Fotoapparat".

Der Gehirn-Fotoapparat funktioniert so: Jedes Kind guckt sich die Stadt ganz genau an – schließt dann die Augen und stellt sich das Gesehene noch einmal in Gedanken vor – öffnet die Augen wieder und kontrolliert, ob wirklich schon alles im Gehirn abgelichtet ist – schließt wieder die Augen und nimmt in Gedanken noch auf, was evtl. gefehlt hat.
Das Schließen der Augen und das Sehen in Gedanken kann mehrmals wiederholt werden, bis alle Kinder das Foto der Stadt im Kopf haben.

Damit keine „Unbefugten“ die Stadt erblicken können, wird sie nun (da sie bei allen im Kopf fotografiert wurde) abgebaut. Alle helfen mit – die Klammern liegen wieder farblich sortiert am Boden.

„Klammer auf und klammer zu – die Prinzessin/der Prinz!“ ⓪①②③④⑤⑧⑨

Material: Bunte Wäscheklammern

Ausgangsstellung:
Die Kinder laufen durch den Raum. In der Mitte des Raums liegen viele! bunte Wäscheklammern.

1. Aufgabe
Alle Kinder sammeln so viele Klammern wie möglich ein und klammern sie an ihre Kleidung.
Regel: Es muss jede Klammer, wenn sie vom Boden genommen wird, sofort angeklammert werden.
Ziel: Alle Klammern müssen vom Boden verschwunden sein. Jeder versucht, die meisten Klammern an der Kleidung zu haben.

2. Aufgabe
Alle Kinder versuchen, so viele Klammern wie möglich wieder los zu werden und bemühen sich, die Klammern an der Kleidung der Mitspieler zu befestigen.
Regel: Es darf niemand dabei festgehalten werden.
Ziel: Jeder versucht, die wenigsten Klammern an der Kleidung zu haben.

3. Aufgabe
Alle Kinder entfernen ihre Klammern von ihrer Kleidung und sortieren sie farblich auf dem Boden.

4. Aufgabe
Die Kinder gehen in Gruppen zu 3 bis 5 Mitspielern. Sie wählen aus ihrer Gruppe eine Prinzessin (einen Prinzen), der von ihnen geschmückt werden soll.
Mit den bunten Wäscheklammern beginne sie nun ihre Prinzessin (ihren Prinzen) so schön wie möglich auszustatten.
Zur Musik (z. B. „Tanz Prinzessin, tanz“ [86]) und zum Applaus der anderen Kinder führt der jeweilige Hofstaat seine Prinzessin (seinen Prinzen) durch das Land.

Zum Schluss tanzen alle Kinder gemeinsam durch den Raum.
Die Prinzessin/Prinzen werden abgeschmückt und die Klammern werden farblich sortiert in Behälter eingeordnet.

---

[86] *Volker Rosin CD: Flitze Flattermann, Moon Records. Düsseldorf*

Die Prinzessin begrüßen die Untertanen

„Im Land der bunten Punkte!" ⓪❶❷❸❹❻❽❾

Material: Bierdeckel in verschiedenen Farben, CD mit verschiedenen Musiken (langsam, flott)

Vorbereitung:
Im Raum werden viele Bierdeckel in unterschiedlichen Farben ausgelegt. Der Abstand zwischen den Bierdeckeln wird so gehalten, dass auch das Fußsetzen zwischen den Bierdeckeln möglich ist.

Spielverlauf:
Die Kinder bewegen sich zur Musik im Raum, dabei erhalten sie verschiedene Anweisungen, die in eine Geschichte eingebunden werden.
Geschichte:
„Hallo Kinder, heute wollen wir ins Land der bunten Punkte.
Ihr könnt das Land schon sehen – dort vorne liegt es, wo alle bunten Punkte zurzeit noch fest schlafen. Es ist nämlich noch früher Morgen im Land der bunten Punkte.
Langsam und leise gehen wir näher an die bunten Punkte heran – wir wollen die netten bunten Punkte nicht wecken!"

Aufgabe in der Geschichte: Gehen ohne die Bierdeckel zu berühren.
„Wenn wir gleich Musik hören, dürfen wir das Land betreten –aber!!! Wir müssen ganz gut aufpassen, dass wir im Land der bunten Punkte, zu dieser frühen Morgenzeit, noch keinen der bunten Punkte beim Laufen berühren!!!
Geht langsam und vorsichtig los – und berührt beim Gehen durch das Land keinen der bunten Punkte!"
Musik spielt. Die Kinder gehen, ohne die Bierdeckel zu betreten.
Musik stoppt. Die Kinder bleiben stehen.

Durch das Land der bunten Punkte gehen, ohne die Punkte zu berühren.

Aufgabe in der Geschichte: Gehen auf den Bierdeckeln

„Gerade hat der Wecker laut geklingelt und alle bunten Punkte sind aufgewacht. Die bunten Punkte freuen sich, dass wir bei ihnen sind und sie möchten uns begrüßen.
Das Begrüßen im Land der bunten Punkte wird mit den Füßen gemacht. Also, wenn ihr Musik hört, geht immer nur auf den bunten Punkten durch das Land und begrüßt sie alle freundlich."
Musik spielt. Die Kinder gehen nur noch auf den Bierdeckeln.
Musik stoppt. Die Kinder bleiben stehen.

Alle bunten Punkte werden mit den Füßen begrüßt.

Aufgabe in der Geschichte: Beim Gehen werden – außer den roten Bierdeckeln – alle Bierdeckel betreten.

„Es ist 8 Uhr und die Schulkinder – es sind die roten Punkte – müssen zur Schule. Dort wollen sie lernen und dürfen dabei nicht gestört werden. Wenn Ihr also nun wieder bei Musik durch das Land der bunten Punkte geht, begrüßt alle mit den Füßen aber! nicht mehr die roten Punkte!"
Musik spielt. Die Kinder gehen auf den Bierdeckeln ohne die roten Bierdeckel zu betreten.
Musik stoppt. Die Kinder bleiben stehen.

Aufgabe in der Geschichte: Beim Gehen werden – außer den roten und grünen Bierdeckeln – alle Bierdeckel betreten.

„Die Schulkinder lernen immer noch in der Schule, aber auch die Kindergartenkinder – die grünen Punkte – gehen nun in den Kindergarten. Sie wollen dort spielen und lernen und dürfen auch nicht gestört werden. Wenn Ihr also nun wieder bei Musik durch das Land der bunten Punkte geht, begrüßt alle mit den Füßen aber! nicht mehr die roten und auch nicht mehr die grünen Punkte!"
Musik spielt. Die Kinder gehen auf den Bierdeckeln ohne die roten und die grünen Bierdeckel zu betreten.
Musik stoppt. Die Kinder bleiben stehen.

Aufgabe in der Geschichte: Hüpfen von einem zum anderen Bierdeckel.

„Es ist Mittag. Die Schulkinder und die Kindergartenkinder der bunten Punkte kommen nach Haus. Sie freuen sich, uns zu treffen und wollen mit uns hüpfen. Wenn Ihr Musik hört, hüpft mit beiden Füßen durch das Land der bunten Punkte, begrüßt sie alle mit den Füßen!"
Musik spielt. Die Kinder hüpfen auf den Bierdeckeln.
Musik stoppt. Die Kinder bleiben stehen.

Aufgabe in der Geschichte: Gehen auf Zehenspitzen auf den Bierdeckeln.

„Am Nachmittag wollen alle bunten Punkte ein wenig Ruhe haben. Wenn Ihr Musik hört, geht langsam auf den Zehenspitzen durch das Land der bunten Punkte, begrüßt sie alle mit den Zehenspitzen!"
Musik spielt. Die Kinder betreten die Bierdeckel auf Zehenspitzen.
Musik stoppt. Die Kinder bleiben stehen.

Aufgabe in der Geschichte: Beim Tanzen wird auf und neben den Bierdeckeln – alle Bierdeckeln getanzt.
„Es ist Abend. Im Land der bunten Punkte tanzt man am Abend. Die bunten Punkte laden uns dazu ein! Wenn wir Musik hören, dann tanzen wir auf und neben den bunten Punkten durch das ganze Land, überall wo es uns gefällt. Wir tanzen solange bis die Musik stoppt – dann müssen wir nach Haus, weil es Nacht wird und alle im Land der bunten Punkte schlafen wollen."
Aber jetzt Musik – wir tanzen!
Musik spielt. Die Kinder tanzen auf und neben den Bierdeckeln.
Musik stoppt. Die Kinder bleiben stehen.

Aufgabe in der Geschichte: Aufräumen: Einsammeln und farbliches Sortieren der Bierdeckel.
„Ganz leise bringen wir nun vorsichtig alle bunten Punkte ins Bett.
Sammelt zuerst die gelben Babys, dann die grünen Kindergartenkinder, danach die roten Schulkinder und zum Schluss die orangen und die blauen Erwachsenen ein."

„Hach!" 0 1 2 3 4

Material: Musik-CD

Vorbereitung beim Spiel:
Die Teilnehmer verteilen sich im Raum.

Spielverlauf:

Musik spielt:

1. Die Kinder gehen durch den Raum. Ihre Aufgabe ist, sich gegenseitig nicht zu berühren und stets nur auf den eigenen Weg zu achten.
   „Geht alle durch den Raum, aber achtet darauf, dass ihr kein anderes Kind beim Gehen berührt."

Musikstopp und Ansage der nächsten Aufgabe:

2. Die Kinder gehen durch den Raum. Ihre Aufgabe ist, sich gegenseitig nicht zu berühren, aber jeden, dem man begegnet mit einem freundlichen Lächeln anzusehen.
   „Geht alle durch den Raum, achtet darauf, dass ihr kein anderes Kind beim Gehen berührt – aber! Wenn ihr jemanden seht, dann lächelt ihn freundlich an."

Musikstopp und Ansage der nächsten Aufgabe:

3. Die Kinder gehen durch den Raum. Ihre Aufgabe ist, sich gegenseitig nicht zu berühren, aber jeden, dem man begegnet mit einem freundlichen Lächeln und einem leichten Winken zu begrüßen.
   „Geht alle durch den Raum, achtet darauf, dass ihr kein anderes Kind beim Gehen berührt – aber! Wenn ihr jemanden seht, dann lächelt ihn freundlich an und winkt ihm zu."

Musikstopp und Ansage der nächsten Aufgabe:

4. Die Kinder gehen durch den Raum. Ihre Aufgabe ist, sich gegenseitig nicht zu berühren, aber vor jedem, dem man begegnet kurz stehen zu bleiben, ihn anzulächeln und ihn mit Handschlag zu begrüßen.
   Musikstopp und Ansage der nächsten Aufgabe.

Ab jetzt wird keine Musik mehr beim Spiel eingesetzt.

5. Die Kinder gehen durch den Raum. Sie bleiben vor jedem, dem sie begegnen kurz stehen, heben ihre Arme angewinkelt in die Luft und rufen laut: „Hach!"
   „Geht alle durch den Raum. Wenn ihr jemanden seht, bleibt direkt vor ihm stehen, macht die Arme auseinander und ruft laut „Hach!!! Danach geht ihr weiter …"

Ansage der nächsten Aufgabe:

6. Die Kinder gehen durch den Raum. Sie bleiben vor jedem, dem sie begegnen kurz stehen, heben ihre Arme angewinkelt in die Luft und rufen laut: „Hach!“ – Danach reichen sie sich sogleich die Hand, lächeln sich an und sagen: Schön, Dich zu sehen!
   Danach gehen sie weiter ...
   „Geht alle durch den Raum. Wenn ihr jemanden seht, bleibt direkt vor ihm stehen, macht die Arme auseinander, ruft laut „Hach! – Dann gebt ihr ihm gleich freundlich die Hand, lächelt und sagt: Hallo, schön, Dich zu sehen!“ dann geht ihr weiter ...

„Klick, klick!“ LK ❶❷❹ SK ⓿❶❷❸❺

Material: Kugelschreiber

Vorbereitung beim Spiel:
Die Kinder finden sich zu Paaren zusammen. Ein Kind liegt in Rückenlage auf der Erde, das andere Kind kniet daneben.
Zwischen den einzelnen Paaren der Kinder befindet sich möglichst viel Abstand.
Das Spiel wird auch gern in Eltern-Kind-Stunden eingesetzt.

Spielverlauf:
Das liegende Kind schließt die Augen. Das kniende Kind hält den Kugelschreiber hinter, vor, neben oder über den Kopf des liegenden Kindes und drückt ein bis dreimal auf den Kugelschreiber, sodass das Klicken des Kugelschreibers zu hören ist. Das liegende Kind zeigt mit geschlossenen Augen in die Richtung des wahrgenommenen Klickens

Variation:
Das Spiel wird in Bauchlage gespielt.
Das Spiel wird im Vierfüßlerstand gespielt.
Das Spiel wird im Sitzen gespielt.
Das Spiel wird im Stehen gespielt.

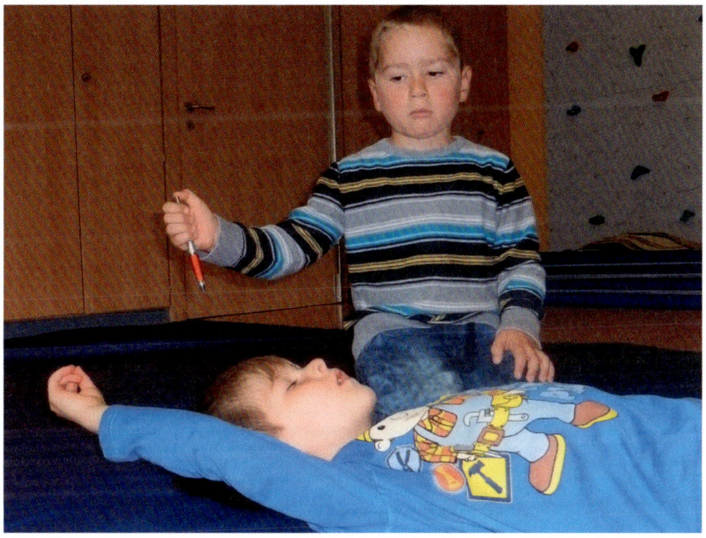

Wo hörst Du das Klicken?

„Luftballon-Gefühle“ ⓪❶❷❸❹❺❻❼❽❾

Material: Luftballons, CD mit Musik

Vorbereitung beim Spiel:
Alle Kinder sitzen oder stehen im Kreis.
Jedes Kind überlegt, wie es sich zurzeit fühlt – ist es munter, ist es müde ... oder traurig ... oder gut gelaunt ...
Nun holt sich jedes Kind einen Luftballon und bläst ihn mit der „Wie-es-mir-geht-Luft“ auf.
Der Ballon wird verschlossen und bekommt den Namen des Kindes.
Musik beginnt zu spielen.

Spielverlauf:
Jedes Kind bewegt sich mit dem eigenen Luftballon, der nun seinen Namen trägt und die „Wie-es-mir-geht-Luft“ beinhaltet, durch den Raum.
Die Musik stoppt.
Zwei Kinder finden sich. Sie tauschen Ihren Luftballon aus, benennen den Namen ihres Ballons und erzählen sich, wie es ihrem Ballon geht (Beispiel: „Das ist Timo, er ist noch müde“ oder „Das ist Lina, sie freut sich auf Bewegung“)
Musik beginnt zu spielen.
Jedes Kind bewegt sich nun nach dem Gefühl des gerade erhaltenen Ballons durch den Raum (Beispiel: Timos Ballon wird langsam und vorsichtig bewegt, da er noch müde ist. Linas Ballon wird hüpfend und in die Luft kickend bewegt, da sie sich auf Bewegung freut.)
Die Musik stoppt.
Zwei Kinder finden sich. Sie tauschen wieder ihren Luftballon aus, benennen den Namen des Ballons, den sie übergeben und erzählen sich, wie es dem Ballon geht.
Musik beginnt zu spielen.
Jedes Kind bewegt sich nun nach dem Gefühl des gerade erhaltenen Ballons durch den Raum.
Die Musik stoppt. Ballonwechsel ...
Die Anzahl der Ballonwechsel richtet sich nach dem Entwicklungsstand der Kinder.
Nach dem letzten Musikstopp stellen die Kinder nacheinander ihre Ballons mit Namen und Gefühl vor und übergeben sie an ihre ursprünglichen Besitzer.

3.7.1 Hintergrundinformationen zu den Spielen

Sozialerfahrung wird in der Interaktion mit anderen erworben. Sie erfolgt durch verbale und nonverbale Kommunikation.
Für Kinder ist das Lernen von und mit Kindern eine sehr wichtige soziale Erfahrung. Sie unterscheidet sich vom Umgang mit Erwachsenen, die meist eher als Vorbild fungieren.
In der Kindergruppe bieten gemeinsame Bewegung und gemeinsames Spiel die natürliche Möglichkeit eines entwicklungsgemäßen Kommunizierens und der damit verbundenen Sozialerfahrung.
Die Kinder lernen, Teil einer Gruppe zu sein. Sie erfahren Nähe und Distanz, sie lernen Grenzen und Regeln kennen. Sie üben soziale Fähigkeiten und soziale Verhaltensweise, wie Rücksichtnahme, Verantwortung, Frustrationstoleranz ...
Sozialerfahrung ermöglicht, gemeinsam mit Körper- und Materialerfahrung, den Aufbau eines gesunden Selbstwertgefühls und eines positiven Selbstkonzepts.

3.7.2 Infos zum Bildungsbaustein „Symmetrisch Tonischer Nackenreflex" (STNR)

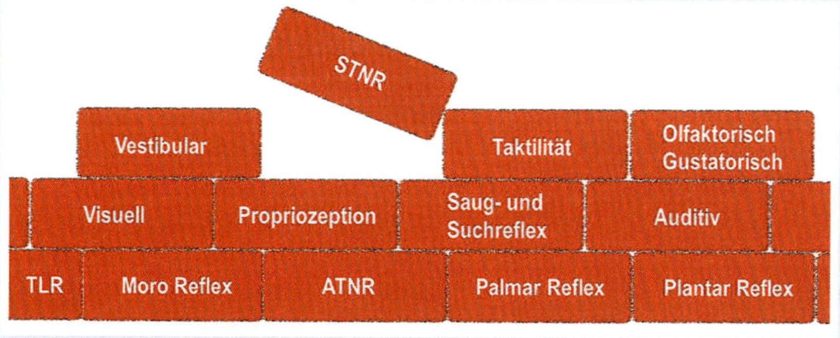

Zusammenarbeit der oberen und unteren Körperhälfte

Der Symmetrisch Tonische Nackenreflex (STNR)[87] wird als Brückenreflex bezeichnet, denn er bildet eine Brücke zwischen dem frühkindlichen Tonischen Labyrinthreflex (TLR) und den lebenslang bestehenden Halte- und Stellreflexen bzw. den willkürlich gesteuerten Bewegungen.
Der Reflex zeigt sich um den 6.–8. Lebensmonat und wird etwa um den 9.–11. Monat gehemmt.
Auslöser für den STNR sind – wie beim Tonischen Labyrinthreflex – Veränderungen in der Nackenhaltung (Kopfbeugung nach vorn oder hinten).
Der Symmetrisch Tonische Nackenreflex bewirkt eine automatische Bewegung, bei der die obere Körperhälfte dazu veranlasst wird, eine Gegenbewegung zur unteren Körperhälfte auszuführen. Ist also der obere Teil des Körpers gestreckt, beugt sich die untere Körperhälfte und umgekehrt.
Mögliche Unreifen in der Integration des Symmetrisch Tonischen Nackenreflexes können sich z. B. in der fehlenden oder verkürzten Krabbelphase von Kindern zeigen. Fortbestehende Restreaktionen des Symmetrisch Tonischen Nackenreflexes haben Einfluss auf Körperhaltung, Auge-Hand-Koordination und Körperkoordination.
Im Schulalltag können Restreaktionen dieses Reflexes u. a. zu Konzentrationsschwierigkeiten, zu motorischer Unruhe, zu auffälliger Sitzhaltung (Knien oder Stehen beim Arbeiten am Tisch) und zu vermehrten Fehlern beim Abschreiben führen.
Das Erlernen des Fahrradfahrens und des Schwimmen fällt häufig schwer.

---

[87] *Ausführliche Informationen zum STNR, seinen Auswirkungen und den Unterstützungsmöglichkeiten finden Sie in Beigel, Dorothea: Flügel und Wurzeln. verlag modernes lernen. Dortmund.*

Hilfreiche Unterstützung für Elternhaus, Kindergarten und Schule[88]

Vielfältige Möglichkeiten zum natürlichen Kriechen und Krabbeln anbieten.
Spielen in der Bauchlage (Bilderbuch betrachten, Puzzeln ...)
Schaukeln, Wippen, Trampolin springen.
Kindertänze und Bewegungsspiele.
Geregelter Tagesablauf, Regeln, Rituale.
Ziele in überschaubaren Schritten erarbeiten.

3.7.3 Spiele und Informationen zur Unterstützung der Integration des Symmetrisch Tonischen Nackenreflexes

Zusätzliche Spiele und Informationen zur Ausreifung des Symmetrisch Tonischen Nackenreflexes finden Interessierte in
Kapitel 1–4 dieses Buches *und in folgenden Büchern*

„Von Anfang an im Gleichgewicht"
(U3 bis 8 Jahre)
Begleitbuch
Mutter-Kind-Bewegungsspielen, Seite 68 ff.
Fingerspiele zur Vertiefung der Bewegungsmuster, Seite 74 ff.
Meine Tante Cordula, Seite 78
Vater Abraham, Seite 79
Häschen in der Grube, Seite 80
Brüderchen komm tanz mit mir, Seite 80
Ich nehme meine Leiter, Seite 81
Auf den Meeren woll'n wir segeln, Seite 81

„Bildung kommt ins Gleichgewicht"
(Klasse 1 bis Klasse 13)
Kalender, Übungen, Stufe 1–5

„Kita und Schule – ein starkes Team"
(4 bis 8 Jahre)
Willis Oma, Seite 77
Willi-Geflüster, Seite 78
Lockrufe im Willi-Wald, Seite 79
Geheime Rufe im Willi-Wald, Seite 79
Ich sag Willibald, Seite 79
Willis Einkaufspiel, Seite 79
Aufgepasst! Willis Hasen – Willis Bienen, Seite 81
Willis Himmel, Seite 81
Willis Fußgasse, Seite 83
Zwergen-Zirkus, Seite 83
Willis kleine Schnecke, Seite 85
Willis Käfer, Seite 85
Willi -Wald im Nebel, Seite 85
Willis Pferde, Seite 96
Willis Tanz, Seite 86
Muster aus dem Willi-Wald, Seite 87
Willis Freunde treffen sich, Seite 87
Zwerge bewegen sich im Wald, Seite 87
Willi sucht den Riesen Tampeltuchen, Seite 90
Hey, ich bin der Willi, Seite 90
Wibbel, wabbel, wumm, Seite 91
Willi ist heut froh und munter, Seite 92
Willi will im Schiff mal fahren, Seite 92
Hüpft der Willis durch das Land, Seite 92
Baum im Willi-Wald, Seite 93
Guten Morgen, Seite 93
Willis Lied, Seite 93
Ja-nein-Willi, Seite 95

„Ich wär jetzt mal 'ne Fledermaus"
(3 bis 10 Jahre)
Geschichten mit Kati, dem Kullerkätzchen
Kati, das Kuller-Kätzchen – Kati wacht auf, Seite 168
Kati, das Kuller-Kätzchen – endlich Katzen Frühstückt, Seite 170
Kati, das Kuller-Kätzchen – Katzen-Gymnastik, Seite 173
Kati, das Kuller-Kätzchen – Katzen-Gymnastik für Sport-Katzen, Seite 175

---

88 *Weitere Anregungen und Informationen in Beigel, D. Flügel und Wurzeln. Kap. 4*

Kati, das Kuller-Kätzchen – Katzen-Sportfest, Seite 177
Kati, das Kuller-Kätzchen – Katzen-Sportfest-Umzug, Seite 180
Spiele zum Kennenlernen des Körpers, Seite 188 ff.

„Beweg dich, Schule!" (Vorklasse bis Klasse 13)
Schwerpunkt Mathematik
Größer als ... kleiner als, Seite 85
Beine würfeln, Seite 87
Rechnen mit dem Körper, Seite 95
1×1 Klatschen, Seite 102
1×1 Partnerklatschen, Seite 103
Rechenjogging, Seite 116
Formen legen, Seite 120
Schwerpunkt Deutsch
Oma besuchen, Seite 127
Blindes Worte schreiben, Seite 129
Fotografieren, Seite 131
Faxgerät, Seite 133
Aufsatztanz, Seite 142
Körpergrammatik, Seite 148
Blindenführer, Seite 153
Schwerpunkt Fächerübergreifend
Grimassen-Kette, Seite 165
Löffelfechten, Seite 172
Mini-Sportbewegungen und Mini-Entspannungsübungen
Laurentia, Seite 179
Vater Abraham, Seite 182
Sporttreff, Seite 184
Strecken, recken ..., Seite 185
Mir geht es gut, Seite 186
Hausputz, Seite 186
Tretboot, Seite 189
Klammer Affe Hans, Seite 194
Wasser kommt, Seite 195
Käferkrabbeln, Seite 197
Fahrstuhl, Seite 198
Schütteln, Seite 199
Kleine Bewegungspausen
Affenstark, Seite 240
Tipp-di-tapp, Seite 242
Fingergymnastik mit dem Bleistift, Seite 243
Schere, Stein, Papier, Seite 244
Wecken-Strecken, Seite 245
Hexenschritte, Seite 244
Ein Hut, ein Stock ..., Seite 243
Buckelrutschen, Seite 252
Body Percussion, Seite 259
Klatsch- und Fingerspiele, Seite 265 ff.

„Was ist los in meinem Kopf?" (5 bis 12 Jahre)
Hahnenkampf, Seite 28
Supermann, Seite 29
Klatschspiel, Seite 30
Bewegung tut gut, Seite 31
Mühlenspiele, Seite 32

Zusätzliche fachliche Informationen zum Symmetrisch Tonischen Nackenreflex finden Interessierte in:
Flügel und Wurzeln, Kapitel 3.1.7, Seite 99 ff.
Flügel und Wurzeln, Kapitel 4.4, Seite 144 ff.
Beweg dich, Schule!, Kapitel 1.2.3, Seite 46

Kapitel 4 Pädagogisch wertvoll! – Malen, Kneten, Basteln, Backen ...[89]

Malen, Basteln, Kneten, Gestalten und auch Backen machen den Kindern in jedem Alter Spaß. Sie bereiten auf schulische Anforderungen vor, und sie unterstützen das Lernen.
Bei den Tätigkeiten können Kinder eigene Ideen entwickeln und diese kreativ umsetzen. Ihre Ausdauer und ihre Konzentration werden unbewusst geübt. Sprachliche und koordinative Fertigkeiten, die Fein-, Grafo- und Grobmotorik profitieren vom Tun.
Ergebnisse des eigenen Schaffens machen stolz und steigern das Vertrauen in die eigenen Fähigkeiten.

In diesem Kapitel finden sich viele Anregungen aus der Phantasiewelt von Zwerg Willibald und seinen Freunden. Viel Spaß beim Gestalten!

---

[89] *Bastelarbeiten: Ute Schäfer*

4.1 Basteln und Gestalten

4.1.1 Basteln mit Wellpappe

Schnecke aus Wellpappe ⓪❶❷❸❹❺❽❾

Material: Stift, Schere, Klebstoff, Wellpappe, Tonpapier.

Arbeitsablauf:

Möglichkeit 1:
Die Erzieherin bereitet die Streifen aus Wellpappe (und Tonpapier) vor, sodass nur die restlichen Bastelarbeiten vom Kind übernommen werden.

Möglichkeit 2:
Die Erzieherin malt Länge und Breite auf dem Material auf, sodass die Maße nicht vom Kind erarbeitet werden müssen. Das Kind schneidet die Streifen aus und übernimmt auch alle anderen Bastelarbeiten.

Möglichkeit 3:
Die Kinder messen Länge und Breite eigenständig ab. Sie schneiden die Streifen eigenständig aus und basteln ihre Schnecke fertig.

Arbeitsablauf:

1. Körper der Schnecke
   Kopf:
   Einen Streifen Wellpappe 3 cm breit, 24 cm lang ausschneiden.
   Beide Seiten des Streifens werden so zusammengeklebt, dass eine Schlinge übrig bleibt. Die Schlinge bildet den Kopf der Schnecke.
   Schneckenhaus:
   Einen Streifen Wellpappe 3 cm breit, 60 cm lang ausschneiden.
   Dieser Streifen wird, mit der gewellten Seite nach außen, eng aufgerollt und am Ende zugeklebt.
   Das Schneckenhaus ist fertig.

Körper:
Das Schneckenhaus wird nun direkt hinter dem Kopf aufgeklebt. Wenn beide Teile verbunden sind, ist der Körper fertig.
Bei Wunsch kann das hintere Ende des Körpers etwas spitz zugeschnitten werden.

2. Fühler
Zwei Streifen aus Tonpapier vorbereiten und schneiden: 3 cm lang, 0,5 cm breit.
Die Hälfte des Streifens über die Schere ziehen (rollt sich leicht ein). Das gerade Ende des Streifens an den Kopf kleben.

3. Augen
Zwei kleine Kreise aus Tonpapier ausschneiden.
Augen aufmalen (dicker Punkt).
Die Augen werden vor die Fühler der Schnecke geklebt.

Hase aus Wellpappe 0 1 3 4 5 8 9

Material: Stift, Schere, Klebstoff, Wellpappe, Tonpapier.

Arbeitsablauf:

Möglichkeit 1:
Die Erzieherin bereitet die Streifen aus Wellpappe (und Tonpapier) vor, sodass nur die restlichen Bastelarbeiten vom Kind übernommen werden.

Möglichkeit 2:
Die Erzieherin malt Länge und Breite auf dem Material auf, sodass die Maße nicht vom Kind erarbeitet werden müssen. Das Kind schneidet die Streifen aus und übernimmt auch alle anderen Bastelarbeiten.

Möglichkeit 3:
Die Kinder messen Länge und Breite eigenständig ab. Sie schneiden die Streifen eigenständig aus und basteln ihren Hasen fertig.

Arbeitsablauf:

1. Körper des Hasen
   Kopf:
   Einen Streifen Wellpappe 3 cm breit, 40 cm lang ausschneiden. Den Streifen aufrollen und festkleben.
   Bauch vom Hasen:
   Einen Streifen Wellpappe 3 cm breit, 1m lang ausschneiden. Den Streifen aufrollen und festkleben. Den Kopf auf den Bauch kleben.
   Füße:
   Einen Streifen Wellpappe 3 cm breit, 16 cm lang, in der Hälfte knicken und zusammen kleben. Den Bauch auf die Füße kleben.
   Schwanz:
   Einen Streifen Wellpappe 3 cm breit, 8 cm lang. Den Streifen aufrollen und festkleben.
   Ohren:
   Zwei Streifen aus Wellpappe je 1,5 cm breit, 5 cm lang ausschneiden und an einer Seite spitz zuschneiden.
   Die Ohren seitlich an den Kopf kleben.

2. Augen
   Zwei kleine Kreise aus Tonpapier ausschneiden.
   Augen aufmalen (dicker Punkt).
   Die Augen aufkleben.
   Ein 4 cm breites ,1 cm langes Stückchen Pappe beidseitig einschneiden und als Schnurrhaare ankleben.

4.1.2 Basteln mit der Strickliesel

Schnecke mit der Strickliesel ⓪❶❸❹❺❽❾

Material: Strickliesel, Wolle, Nadel, evtl. Kleber.

Arbeitsablauf

Möglichkeit:
Anstelle des Klebens können die einzelnen Teile der Schnecke – Schneckenhaus, Kopf und Fühler – von der Erzieherin mit einigen Stichen angenäht werden.

Arbeitsablauf

Schneckenhaus

1. Ein Wollfaden wird von oben durch die Strickliesel gezogen.

2. Der obere Teil der Wolle wird zwei Mal um die Haken der Strickliesel gewickelt.

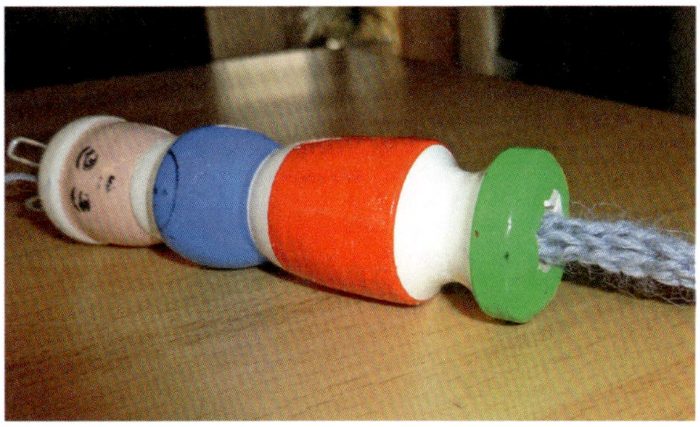

3. In der ersten Runde wird der Wollfaden beim ersten und beim dritten Haken mit der Nadel über die obere Schlaufe und den Haken gehoben.
4. Ab der zweiten Runde wird der Faden nacheinander vor jeden Haken gelegt – der untere Faden wird jeweils mit der Nadel über den oberen Faden und den Haken gezogen. Zwischendurch immer wieder am Faden ziehen, der unten aus der Strickliesel heraus hängt. Ein Schlauch von 50 cm wird auf diese Weise für das Schneckenhaus angefertigt.
5. Der Schlauch wird wie ein Schneckenhaus aufgewickelt und zusammengeklebt.

Kopf und Körper

1. Ein Schlauch von 30 cm wird für den Kopf und den Körper der Schnecke gearbeitet.
2. Der Schlauch wird zur Hälfte gefaltet und parallel nebeneinander geklebt – an einem Ende entsteht eine Schlinge.
3. Die entstandene Schlinge wird leicht gerollt und geklebt, so entsteht der Kopf.

Fertigstellen der Schnecke

4. Das Schneckenhaus wird hinter dem Kopf angeklebt.
5. Ein Faden wird durch den Kopf gezogen (ggf. angenäht), so dass die Fühler entstehen.

Super – geschafft!

4.1.3 Gestalten mit Salzteig

Hase, Floh, Marienkäfer, Schnecke oder Uhu aus Salzteig ⓿❶❸❹❺❽❾

Hase aus Salzteig

Material: Salzteig, Wasserfarbe zum Bemalen.

Arbeitsablauf:

1. Der Salzteig wird nach Rezept zusammengestellt.

Salzteig-Rezept
1 Tasse Mehl, 1 Tasse Salz, 8–10 Esslöffel Wasser.
Das Material wird verrührt, dann gut geknetet.
Aus dem Teig wird ein Hase (Floh, Marienkäfer, Uhu oder eine Schnecke) geformt.
Der Hase (Floh, Marienkäfer, Uhu oder die Schnecke) kommt bei 150 Grad (Ober- und Unterhitze) 30–40 Minuten in den Backofen.

2. Nach den Backen muss der Hase (der Floh der Marienkäfer, der Uhu oder die Schnecke) auskühlen.
3. Der ausgekühlte Hase (Floh, Marienkäfer, Uhu, Schnecke) wird mit Wasserfarbe bemalt.

Gutes Gelingen!!!

4.1.4 Malen auf Stein

Uhu oder Käfer aus Stein ⓪❶❷❸❹❺❽❾

Material: Ein Stein (vom Kind möglichst selbstgesucht), Wasserfarbe zum Bemalen.

Arbeitsablauf:

1. Der Stein wird gründlich abgewaschen. Dann muss er trocknen (kann einen Tag vor dem Bemalen geschehen).
2. Auf den Stein werden mit der Wasserfarbe Augen, Ohren, Schnabel (oder Flügel, Beine ...) gemalt.

4.1.5 Gestalten mit einem Luftballon

Eule oder Floh aus einem Luftballon 0 1 2 3 4 5 8 9

Material: Einen Luftballon, weißes und beigefarbenes (evtl. auch orangefarbenes) Seidenpapier, Tapetenkleister.
Braunes Transparentpapier, braunen Fotokarton, weißes Tonpapier.
Einen schwarzen Stift, Kleber, Pinsel.

Alternativ:
Material für Floh: Luftballon, weißes und hellgrünes Seidenpapier, Tapetenkleister.
Hellgrünes Transparentpapier, hellgrüner Fotokarton, weißes Tonpapier.
Einen schwarzen Stift, Kleber, Pinsel.

Arbeitsablauf/Vorbereitung:
Die Erzieherin stellt ca. einen halben Liter Tapetenkleister nach Packungsangabe her. Der Rest kann in einem Schraubdeckelglas aufbewahrt werden.

Arbeitsablauf:

1. Körper der Eule oder des Flohs
   Ein Luftballon wird etwa zur Hälfte aufblasen.
   Weißes Seidenpapier wird in größere Schnipsel (ca. 3 × 4 cm) gerissen.
   Das Kleben beginnt nun ungefähr 5 cm vom Knoten des Luftballons entfernt:
   Etwas Kleister wird aufgetragen. Das weiße Seidenpapier wird auf den Ballon gelegt und mit Kleister überpinselt.
   Auf diese Weise wird der gesamte Ballon beklebt.
   Das Ganze wird nochmal mit weißem Papier wiederholt.
   Anschließend wird eine Schicht des beigen (beim Floh des grünen) Seidenpapiers aufgeklebt.

Nun wird der Ballon 2–3 Tage an dem Knoten zum Trocknen aufgehängt.

2. Flügel, Ohren und Schnabel (Kopiervorlage)
   Flügel, Ohren und Schnabel werden nach der Kopiervorlage aus braunem (grünem) Transparentpapier ausgeschnitten.

3. Augen (Kopiervorlage)
   Die Augen werden nach Kopiervorlage aus weißem Tonpapier ausgeschnitten und mit einem schwarzen Stift bemalt.

4. Füße (Kopiervorlage)
   Die Füße werden nach Kopiervorlage aus braunem (hellgrünem) Fotokarton ausgeschnitten.

5. Nach dem Trocknen wird der Knoten des Luftballons abgeschnitten.
   Der Rest des Luftballons wird aus der Hülle genommen.
   Die übrig gebliebene Hülle wird auf die Füße geklebt.
   Die Flügel werden seitlich angeklebt (Rundung nach oben).
   Die Ohren werden in der Mitte geknickt und am oberen Rand der Hülle angeklebt.
   Der Schnabel wird ebenfalls in der Mitte geknickt und angeklebt.
   Die Augen werden rechts und links neben den Schnabel angeklebt.

Auf Wunsch kann ein Glas mit einem Teelicht in das Windlicht gestellt werden.

4.1.6 Basteln aus Kieferzapfen

Eule aus einem Kiefernzapfen 0 1 3 4 5 8 9

Material: Ein Kiefernzapfen
Braunes und weißes Tonpapier, schwarzer Stift, Kleber.

Arbeitsablauf:

1. Vorbereitung
   Aus braunem Tonpapier die Flügel, Füße, Schnabel, Ohren (Kopiervorlage) ausschneiden.

2. Füße und Körper
   Den Kiefernzapfen mit der Spitze nach unten auf die Füße kleben.
   Die beiden Flügel an den Seiten ankleben.
   Die Ohren in der Mitte knicken und mit der Klebekante an die obere Kante des Zapfens kleben.

3 Augen
   Kreise malen und mit einem schwarzen Punkt versehen.
   Ausschneiden und aufkleben.

4.1.7 Basteln mit Papierrollen

Hase aus Toilettenpapierrolle ⓿❶❸❹❺❽❾

Material: Toilettenpapierrolle
Braunes Krepppapier. Weißes, braunes und orangefarbenes Tonpapier.
Kleber, Schere, schwarzer Stift.
Möhre

Arbeitsablauf:

Möglichkeit 1:
Die Erzieherin bereitet die Streifen aus Krepppapier (und die Barthaare) vor, sodass nur die restlichen Bastelarbeiten vom Kind übernommen werden.

Möglichkeit 2:
Die Erzieherin malt Länge und Breite auf den Materialien auf, sodass die Maße nicht vom Kind erarbeitet werden müssen. Das Kind schneidet die Streifen aus und übernimmt auch alle anderen Bastelarbeiten.

Möglichkeit 3:
Die Kinder messen Länge und Breite der Materialien eigenständig ab. Sie schneiden die Streifen eigenständig aus und basteln den Hasen fertig.

Arbeitsablauf:

1. Körper des Hasen
   Die Papierrolle wird mit einem Streifen des braunen Krepppapiers (ca. 16 × 16 cm) beklebt.
   Der untere Rand ist bündig (schließt ab), am oberen Rand steht das Krepppapier über.

2. Füße und Ohren (Kopiervorlage)
   Der untere Teil der Füße wird aus braunem Tonpapier ausgeschnitten (Kopiervorlage)
   Die aufliegenden Vorderfüße werden aus orangefarbenem Tonpapier ausgeschnitten (Kopiervorlage)
   Die orangefarbenen Vorderfüße werden auf die braunen Füße geklebt.

   Die Ohren werden aus braunem und orangefarbenem Tonpapier zugeschnitten (Kopiervorlage)

3. Barthaare (5 Streifen à 6 cm Länge, zusätzlich Quadrat aus 0,5 × 0,5 cm)
   Die Barthaare werden in der Hälfte gekreuzt und zusammen geklebt. Danach mit dem Quadrat in der Mitte beklebt.

5. Augen (in der Größe einer 1-Cent-Münze)
   Kreise malen und mit einem schwarzen Punkt versehen.

6. Körper
   Füße auf die bündige Seite kleben. Ohren seitlich an die Rolle kleben. Augen aufkleben, darunter die Barthaare anbringen.
   Den oberen Teil des Krepppapieres am Körper zusammenbinden.

7. Möhre
   Die Möhre kann aus Fimo angefertigt werden. Die Möhre kann nach Wunsch angeklebt werden.
   Der Hase kann bei Wunsch mit einer Überraschung gefüllt werden.

4.1.8 Basteln mit Wallnussschalen

Marienkäfer aus einer Walnussschale ⓪❶❸❹❺❽

Der kleine Käfer in der Mitte wurde aus Wallnussschalen gebastelt.

Material: Die Hälfte einer Walnussschale
Schwarzes Tonpapier, rote und schwarze Fingerfarbe,
Kleber, Pinsel, Stift, Schere.

Arbeitsablauf:

1. Körper des Marienkäfers
   Die Walnussschale rot anmalen.
   Die Farbe trocknen lassen, anschließend einen schwarzen Strich längs in der Mitte ziehen.
   Auf beide Seiten des Körpers schwarze Punkte malen.
   Am einen Ende des Körpers eine kleine Ecke schwarz malen und nach dem Trocknen zwei weiße Punkte als Augen aufmalen.
2. Füße
   Kopiervorlage auf schwarzes Tonpapier übertragen und ausschneiden. Die Vorlage der Nussschalengröße anpassen.
3. Zum Schluss die Nussschale auf das schwarze Tonpapier kleben und der Marienkäfer ist fertig.

4.1.9 Basteln mit Käseschachteln

Marienkäferdose 0 1 3 4 5 8 9

Material: Eine Käseschachtel (ca. 11 cm Durchmesser)
Schwarzes ,rotes und weißes Tonpapier
Stift, Schere, Kleber.

Arbeitsablauf:

1. Vorbereitung

Möglichkeit 1:
Die Erzieherin bereitet zwei Streifen – jeweils 36 cm lang und 1 cm breit – aus schwarzem Tonpapier für die Kinder vor, sodass nur die restlichen Bastelarbeiten vom Kind übernommen werden.

Möglichkeit 2:
Die Erzieherin malt Länge und Breite auf dem Material auf, sodass die Maße nicht vom Kind erarbeitet werden müssen. Das Kind schneidet die Streifen aus und übernimmt auch alle anderen Bastelarbeiten.

Möglichkeit 3:
Die Kinder messen Länge und Breite eigenständig ab. Sie schneiden die Streifen eigenständig aus und basteln ihre Schnecke fertig.

Arbeitsablauf:

2. Körper des Käfers
   Die Kopiervorlag vom Kreis zweimal auf schwarzes Tonpapier übertragen.
   Das Aufgemalte ausschneiden.
   Den Deckel und den Boden der Käseschachtel mit den ausgeschnittenen Kreisen bekleben.

   Die beiden vorbereiteten Streifen aus schwarzem Tonpapier (36 cm lang und 1 cm breit) werden aufgeklebt:
   Ein Streifen an den Deckelrand.
   Der zweiten Streifen an die Unterkanten des Schachtelunterteils.

3. Flügel
   Die Kopiervorlage zu den Flügeln wird zwei Mal auf rotes Tonpapier gemalt.
   Das Aufgemalte wird ausgeschnitten.
   Die Kopiervorlage der Punkte wird auf schwarzes Tonpapier übertragen.
   Die aufgemalten Punkte werden ausgeschnitten.
   Die Punkte werden auf die Flügel geklebt.
   Die beiden Flügelteile werden mit der Klebekante auf das Schachteloberteil geklebt.

4. Augen und Fühler
   Die Augen werden auf weißes Tonpapier gemalt, mit einem schwarzen einen Punkt in der Mitte versehen.
   Sie werden ausgeschnitten und aufgeklebt.
   Die Fühler werden aus schwarzem Tonpapier ausgeschnitten.
   Eine Kante jedes Fühlers wird über die Schere gezogen, damit eine leichte Rundung am Ende der Fühler entsteht.
   Mit dem glatten Ende werden die Fühler an die Käseschachtel geklebt.

Auf Wunsch kann die Schachtel mit schönen Sachen gefüllt werden!

4.1.10 Basteln mit Klammern

Klammermarienkäfer als Zettelhalter 0 1 3 4 5 8 9

Material: Eine hölzerne Wäscheklammer
Schwarzes, rotes und weißes Tonpapier,
Kleber, schwarzer Stift, Schere.

Arbeitsablauf:

1. Körper des Marienkäfers
   Die Kopiervorlage wird auf schwarzes Tonpapier übertragen und ausgeschnitten.
2. Flügel
   Die Kopiervorlage wird auf rotes Tonpapier übertragen und ausgeschnitten.
   Die eingezeichnete Klebekante wird umgeknickt und auf den Körper aufgeklebt.
   Die Punkte werden auf schwarzes Tonpapier gemalt (Größe 1-Cent-Münze).
   Sie werden ausgeschnitten und auf die Flügel geklebt.
3. Augen
   Zwei Kreise werden auf weißes Tonpapier gemalt.
   Sie werden ausgeschnitten. In der Mitte jedes Kreises wird ein schwarzer Punkt gemalt.
   Die fertigen Augen werden nun auf den schwarzen Kopf geklebt.
4. Fertigstellung.
   Der Marienkäfer wird umgedreht. Die hölzerne Wäscheklammer wird angeklebt.

Tipps für kleine Künstler:

Malen, Basteln, Gestalten und Drucken sind pädagogisch wertvoll!
Die Aktivitäten können von früh an zur Förderung von Kindern eingesetzt werden.
Kinder müssen nicht „korrekt basteln“, Phantasie und Kreativität stehen im Mittelpunkt.

In der Kita brauchen die Kinder je nach Alter und Entwicklungsstand verschiedene Unterstützung.

Basteln, Malen und Gestalten machen doppelt so viel Spaß, wenn Tisch und Umgebung durch „vorsorgliche Abdeckung“ geschont werden.

4.1.11 Fingerdruck

Eule (Schnecke, Floh, Käfer, Hase) mit Fingerdruck ⓿❶❸❹❺❽❾

Material: Kopiervorlage[90] Eule,
Fingerfarben hell- und dunkelbraun, weiß und schwarz.

Arbeitsablauf:
Die Fingerkuppe in die Farbe tauchen, damit die Eule in verschiedenen Farben bedrucken. Vor jedem Farbwechsel den Finger abwaschen.

Auf diese Art und Weise können alle Tiere in der passenden Farbe bedruckt werden.

---

[90] *Die Mal- und Kopiervorlagen für alle Tiere aus dem Gleichgewichtskalender „Von Anfang an im Gleichgewicht" können unter www.guckloch-online.de bestellt werden.*

4.1.12 Reißtechnik

Floh (Schnecke, Käfer, Uhu, Hase, Zwerg Willi)) aus Reißtechnik ⓿❶❸❹❺❽❾

Material: Kopiervorlage[91] Floh ,
Buntpapier, Kleber

Arbeitsverlauf:
Kleine Schnipsel aus Buntpaper reißen (verschiedene Grüntöne).
Die Schnipsel in die Konturen vom Floh kleben.

[91] *Die Mal- und Kopiervorlagen für alle Tiere aus dem Gleichgewichtskalender „Von Anfang an im Gleichgewicht“ können unter www.guckloch-online.de bestellt werden.*

4.1.13 Knülltechnik

Hase (Schnecke, Floh, Käfer, Uhu, Zwerg Willi) aus Knülltechnik ⓪❶❸❹❺❻❾

Material: Kopiervorlage[92] Hase
Braunes, weißes, oranges und grünes Seiden-oder Krepppapier.
Kleber.

Arbeitsablauf:

Das Papier wird in kleine Schnipsel (ca. 2 × 2 cm) gerissen.
Die einzelnen Papierschnipsel werden zu kleinen Kügelchen geknüllt. Diese werden nun dicht nebeneinander in die Konturen des Hasen geklebt. So entsteht der Knüllhase.

[92] *Die Mal- und Kopiervorlagen für alle Tiere aus dem Gleichgewichtskalender „Von Anfang an im Gleichgewicht" können unter www.guckloch-online.de bestellt werden*

4.2 Willis Küche – Backen und Leckereien aus Obst

Selbstgebackenes schmeckt einfach nur lecker!

Kinder lieben das Backen!
Zuraten einfüllen und verrühren, Teig kneten und formen, Plätzchen ausstechen, durch das Backofenfenster schauen – all das macht Freude.
Backen beinhaltet unbemerkt mathematische Grundlagen – das Messen und Wiegen, das Einhalten von Reihenfolgen ...
Backen fördert verschiedene Wahrnehmungssysteme: Das Riechen, das Schmecken, das Fühlen und Sehen.

Der Arbeitsplatz sollte beim Backen kindgerecht und sicher gestaltet sein.
Je nach Alter werden entsprechende Zutaten genutzt oder vorbereitet.

Beim Backen werden die Aufgaben von Kindern und Erwachsenen gemeinsam übernommen.
Die Kinder werden Schritt für Schritt an die verschiedenen Tätigkeiten herangeführt.
Im Mittelpunkt stehen die Freude am Tun und der Stolz am Ergebnis!

Hase aus Hefeteig 0 1 3 4 5 8 9

Zutaten und Material: Eine Rolle frischen Hefeteig, Rosinen, Eigelb, Backpapier, Backblech, Backofen, Zeituhr.

Arbeitsablauf:

1. Vorbereitung
   Teigrolle aufrollen.
   Einen ca. 7 cm breiten Streifen von der schmalen Seite abschneiden.
   Diesen Teig durchkneten und daraus eine große und eine kleine Kugel formen.
2. Kopf und Körper
   Die kleine Kugel (Kopf) an die große Kugel (Körper) setzen.
3. Fertigstellen des Hasen
   Zwei kleine Teigrollenstücke als Ohren ansetzen.
   Zwei weitere Teigrollenstücke als Arme oben am Bauch anbringen.
   Unten am Bauch wird eine längliche Teigrolle angesetzt, sie stellt die Beine dar.
   Augen und Nase des Hasen werden durch Rosinen dargestellt.

Auf Wunsch kann der Hase mit Eigelb bestrichen werden.
Im vorgeheiztem Backofen (Ober-Unterhitze 200 Grad) wird er nun ca. 15 Minuten gebacken.

Marienkäfer aus Rührteig

0 1 3 4 5 8 9

Käfertorte

Zutaten und Material:
125 g Butter, 275 g Zucker, 3 Eier,
1 Esslöffel Zitronensaft, 250 g Mehl, 125 g Speisestärke,
3 Teelöffel Backpulver und etwa 1/8 Liter Milch.
Roter, schwarzer und weißer Rollfondant[93] (erhältlich im Supermarkt oder im Internet)
Helle Marmelade
Schneebesen, Rührschüssel, Springform, Löffel, Nudelholz, Messer, Zeituhr.

Arbeitsablauf:

1. Teig herstellen
   Die Butter in eine Rührschüssel geben und mit dem Schneebesen schaumig rühren.
   Nach und nach Zucker, Eier und Zitrone hinzugeben.
   Das Mehl und die Speisestärke mischen.
   Im Wechsel die Mischung Mehl/Speisestärke und die Milch unterrühren. Achtung! Nur so viel Milch zugeben, dass der Teig noch schwer vom Löffel fällt.

2. Backen
   Den fertigen Teig in eine gefettete Springform (26 cm Durchmesser) füllen.
   Den Rührteig 60 Minuten bei 175–200 Grad backen.

Den Kuchen gut auskühlen lassen, dann waagerecht in zwei Teile schneiden.

---

[93] *Fondant: Formbare Zuckermasse, die zur Herstellung und zum Verzieren von Kuchen und Süßwaren genutzt wird.*

3. Verzieren
   Den unteren Teil des Kuchens dünn mit etwas Marmelade bestreichen.
   Roten Rollfondant ausrollen.
   Zwei Flügel ausschneiden und auf den oberen Teil des Kuchens auflegen.
   Schwarzen Rollfondant ausrollen.
   Den Kopf vom Käfer ausschneiden und auf den oberen Teil des Kuchens auflegen.
   Zusätzlich mehrere Punkte aus schwarzem Fondant ausschneiden und auf die roten Flügel setzen.
   Zwei kleine schwarze Punkte für die Augen (Pupillen) ausschneiden.
   Weißen Rollfondant ausrollen.
   Augen aus weißem Rollfondant ausschneiden und auf den Kopf setzen.
   Zuletzt den Mund aus rotem Fondant ausschneiden und am Kopf aufsetzen.

Bananen-Schnecke ⓪①③④⑤⑧⑨

Bananen-Schnecke

Zutaten: 1 Banane, 1 Mandarine, 2 Rosinen, 2 Mandelstäbchen
Material: Holzspiesschen, Teller.

Vorbereitung:

Alle Materialien bereit legen. Banane und Mandarine schälen.

Arbeitsablauf:

Die Banane leicht auf die Unterlage drücken.
Die Mandarine halbieren – die Mandarinenhälfte mit einem Holzspiesschen auf der Banane befestigen.
Zwei Rosinen als Augen leicht in die Banane drücken.
Zwei Mandelsplitter als Fühler in den Kopf der Schnecke drücken.

Apfel-Uhu

0 1 3 4 5 8 9

Apfel-Uhu

Zutaten: 1 Apfel, 3 Mandarinenspalten, 2 Rosinen, 2 Wallnusskerne, 2 Cashewkerne
Material: Holzspiessschen, Teller, Messer.

Vorbereitung:

Alle Materialien bereit legen.
Mandarine schälen, 3 Mandarinenspalten zur Seite legen.
Apfel der Länge nach aufschneiden.
3–4 dünne Scheiben von einer Apfelhälfte abschneiden.
(Das Halbieren und Schneiden der dünnen Apfelscheiben übernimmt die Erzieherin)
Die Scheiben teilen.
Von der anderen Apfelhälfte das Kerngehäuse entfernen.

Arbeitsablauf:

Eine Apfelhälfte, mit der Schnittfläche nach unten, als Körper auf die Unterlage legen.
Die entkernte Apfelhälfte, mit Schnittfläche nach oben, durch ein Holzspiesschen mit dem Körper befestigen.
Eine Mandarinenspalte in die Stelle des entfernten Kerngehäuses legen.
Zwei kleine Kerben neben die Mandarine drücken (oder ritzen). Rosinen einlegen. Jeweils 2 Cashewkerne als Augenringe daneben drücken.
Zwei Mandarinen spalten als Füße am unteren Teil des Körpers mit Holzspiesschen befestigen.
Die geteilten Apfelscheiben als Flügel legen oder anbringen.

Apfel-Käfer ⓪①③④⑤⑧⑨

Apfel-Käfer

Zutaten: 1 Apfel, Mehrere Rosinen, 6 Cashewkerne, 2 Mandelsplitter
Material: Holzspießchen, Teller, Messer.

Vorbereitung:

Alle Materialien bereit legen.
Apfel der Länge nach aufschneiden.
Etwa Zweidrittel einer Apfelhälfte abschneiden.
(Das Halbieren und Schneiden übernimmt die Erzieherin)

Arbeitsablauf:

Eine Apfelhälfte, mit der Schnittfläche nach unten, als Körper auf die Unterlage legen.
Das kleine Apfelteil mit der Schnittfläche am Körper befestige (Holzspiesschen).
6 Rosinen als Punkte Leicht eindrücken oder mit Holzspiesschen befestigen.
2 Rosinen als Augen eindrücken.
2 Mandelstückchen als Fühler in den kleinen Spalt zwischen Kopf und Körper bringen,
6 Cashewkerne als Käferbeine beilegen.

Hasenbrot

Zutaten: 2 Scheiben Vollkornbrot, 2 Cherrytomaten, 1 Kügelchen Mozarella, 1 kleine Möhre.
Material: Messer, Glas ,Teller, evtl. Schälmesser.

Vorbereitung:

Alle Materialien bereit legen. Die Möhre waschen.

Arbeitsablauf:

Eine Scheibe dunkles Brot unbearbeitet auf einen Teller legen (Körper des Hasen).
Eine weitere Scheibe dunkles Brot auf eine flache Unterlage legen und mit dem Glas einen Kreis „ausstechen" (Kopf des Hasen).
Zwei der beim Ausstechen übrig gebliebenen Brotstücke als Hasenohren verwenden.

Die beiden Cherrytomaten der Länge nach durchschneiden – als Pfoten anlegen.
Das Mozarellakügelchen teilen. Eine Hälfte als Nase auflegen.
Die verbliebene Hälfte der Mozarellakugel nochmals teilen und daraus zwei Augen schneiden.
Die Möhre bei Wunsch schälen und auf den Hasenkörper legen.

Kapitel 5 ... Ganz kurz gesagt ...

Die soziale und persönliche Entwicklung eines Kindes und seine individuellen Bildungschancen werden maßgeblich durch die Beziehungen zwischen Eltern und Kind beeinflusst. Eltern-Kind-Aktivitäten unterstützen die Herausbildung verschiedener Vorläuferkompetenzen und schulischer/beruflicher Kompetenzen von Anfang an. Sie sind wichtige Aspekte Bildungsprozesse zu initiieren und zu begleiten.

Ein guter Schulabschluss fällt nicht vom Himmel!

Eltern muss Mut gemacht werden – und Eltern müssen darüber aufgeklärt werden, welche tiefen Werte in Liebe, Zuwendung, körperlichem Kontakt, Regelmäßigkeit und einfachen gemeinsamen Aktivitäten stecken.

Seit August 2013 wird jedem einjährigen Kind ein Rechtsanspruch auf einen Platz in einer Kindertageseinrichtung oder in Kindertagespflege zugesagt[94].
Der Beruf der Erzieherin verlangt ein hohes Maß an Verantwortung, fachlicher Kompetenz, Bereitschaft und Einfühlungsvermögen. Von den pädagogischen und diagnostischen Fähigkeiten und ihrer Liebe zum Kind hängen die Entwicklungschancen der Kinder ab.
Alle diejenigen, die Erzieherinnen bei ihrer Arbeit erleben, haben Respekt vor der scheinbar „spielerischen, netten" elementarpädagogischen Arbeit, die täglich ein hohes Maß an emotionalem, sozialem, kognitivem und körperlichem Einsatz erfordert!

Für die Anerkennung der Elementarpädagogik muss in Deutschland noch viel getan werden!

---

94 *§ 24 SGB VIII Anspruch auf Förderung in Tageseinrichtungen und in Kindertagespflege. Stand: Neugefasst durch Bek. v. 11.9.2012 I 2022; zuletzt geändert durch Art. 3 G v. 20.7.2017 I 2780*

Elternhaus und Kita sind gemeinsam für die Wurzeln der Entwicklung eines Kindes verantwortlich. Sie legen die grundlegenden Bildungsbausteine für erfolgreiches Lernen in der Schule und in der Berufsausbildung. Gemeinsam sorgen sie für das Wohl und die Entwicklung eines Kindes.
Nehmen wir diese Chance im wahrsten Sinne in die Hand!
Pflegen wir die Wurzeln der Bildung von Anfang an – beginnen wir auf dem Wickeltisch!

Literatur

Beigel, D.; Silberzahn, J. (2015): Entdecken Sie Ihr Gleichgewicht. Ein Ü30-Wellness- und Trainingsprogramm. Borgmann Media, Dortmund

Beigel, D. /Grönemeyer, D. (2014). Ich wär' jetzt mal 'ne Fledermaus! Spiel- und Bewegungsgeschichten zur sensomotorischen Förderung. Verlag modernes lernen

Beigel, D. (2013): Bleib in Balance. Aktuelles Unterrichtsmaterial für die Klasse 2–4. Kostenlos abrufbar unter www.dguv-lug.de/gleichgewicht.php

Beigel, D. (2012): Beweg dich, Schule! – Eine „Prise Bewegung" im täglichen Unterricht der Klassen 1 bis 13. 4. erweiterte Auflage, Borgmann Media. Dortmund

Beigel, D.; Frey, R. (2013): Was ist los in meinem Kopf. Eine Geschichte für kleine und große Leute, die vestehen wollen, warum das Gleichgewicht für das Lernen so wichtig ist. Borgmann Media. Dortmund

Beigel, D. (2018): Flügel und Wurzeln – Persistierende Restreaktionen frühkindlicher Reflexe und ihre Auswirkungen auf Lernen und Verhalten. 7. Auflage, verlag modernes lernen. Dortmund

Beigel, D. (2011): Bildung kommt ins Gleichgewicht. Guten Morgen, liebes Knie. Ein Gleichgewichtsprogramm zur Lernunterstützung. 2. Auflage, Borgmann Media. Dortmund

Beigel, D.; Giesbert, J. Reichenbach, C. (2011): Bildung im Durchblick. Ein visuelles Wahrnehmungsprogramm zur Lernunterstützung. Borgmann Media. Dortmund

Beigel, D.; Grönemeyer, D. (2011): Von Anfang an im Gleichgewicht. Ein Bewegungsprogramm für den Kindergarten mit dem Zwerg Willibald, seinen Freunden und dem kleinen Medicus. 2. Auflage. Borgmann Media. Dortmund

Beigel, D. (2010): Kita und Schule – ein starkes Team. Beobachten – Erkennen – Planen – Handeln. Borgmann Media

Beigel, D. Beigel, M. (2010) AUKIS. Das Auswertungsprogramm für das Medienpaket Kita und Schule – ein starkes Team. Borgmann Media

Eliot, L. (2002): Was geht da drinnen vor. Berlin: Berlin Verlag., 2. Auflage

Hannaford, C. (1996): Bewegung ist das Tor zum Lernen. VAK. Freiburg

Krüll, M. (1997): Die Geburt ist nicht der Anfang. Stuttgart: Klett-Cotta Verlag, 4. Auflage

Leboyer (1981): Geburt ohne Gewalt. Kösel. München

Montagu, A. (1997): Körperkontakt: Die Bedeutung der Haut für die Entwicklung des Menschen. Stuttgart: Klett-Cotta Verlag, 9. Auflage

Mc Phillips, M.; Hepper, P. G. Mulhern,G. (2000): Effects of replicating primary-reflex movements on specific reading difficulties in children: a randomised, double-blind, controlled trial. In: Richard Horton (2000): The Lancet. London: Editorial office

Tomatis, A. A. (1999): Klangwelt Mutterleib. dtv. München

Weitere Adressen:

http://www.bildung-kommt-ins-gleichgewicht.de
http://www.eltern.de/kleinkind/entwicklung/das-geheimnis-erster-w%C3%B6rter
www.sozialgesetzbuch-sgb.de/sgbviii/1.html

Fort- und Weiterbildungen:

Seminare, Kurse. Weiterbildung zur Dozentin/Dozent für die Bewegungs- und Gleichgewichtsprogramme nach Dorothea Beigel®
http://www.guckloch-online.de

Materialien:

Handpuppe Zwerg Willibald
www.guckloch-online.de

Ausmalbilder zu den Tieren
www.guckloch-online.de

Zwerg Willibald-Tattoos
www.guckloch-online.de

Kontakt zu den Autorinnen:

dbeigel@t-online.de
ute.sch49@gmx.de

Kopiervorlagen

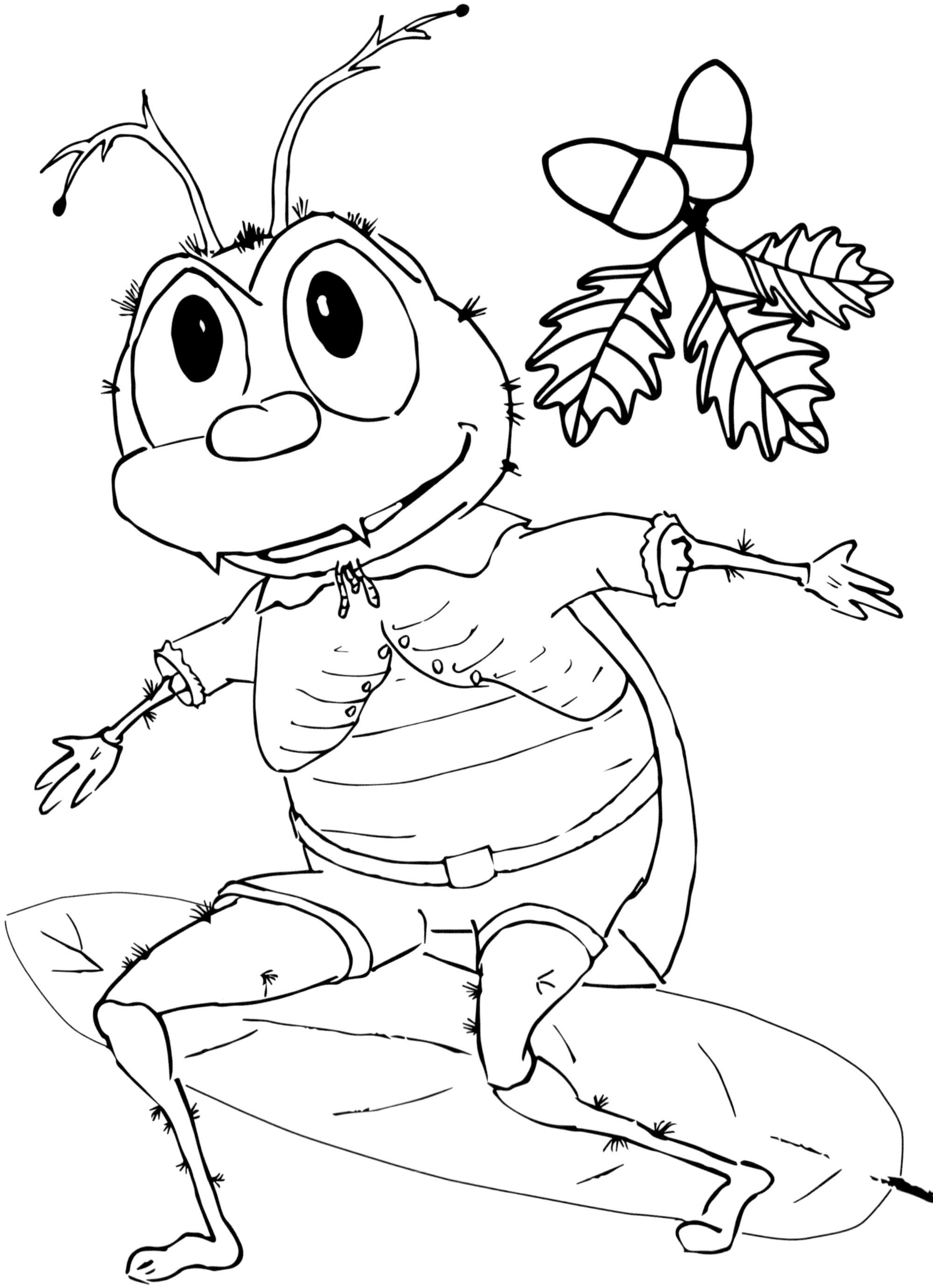

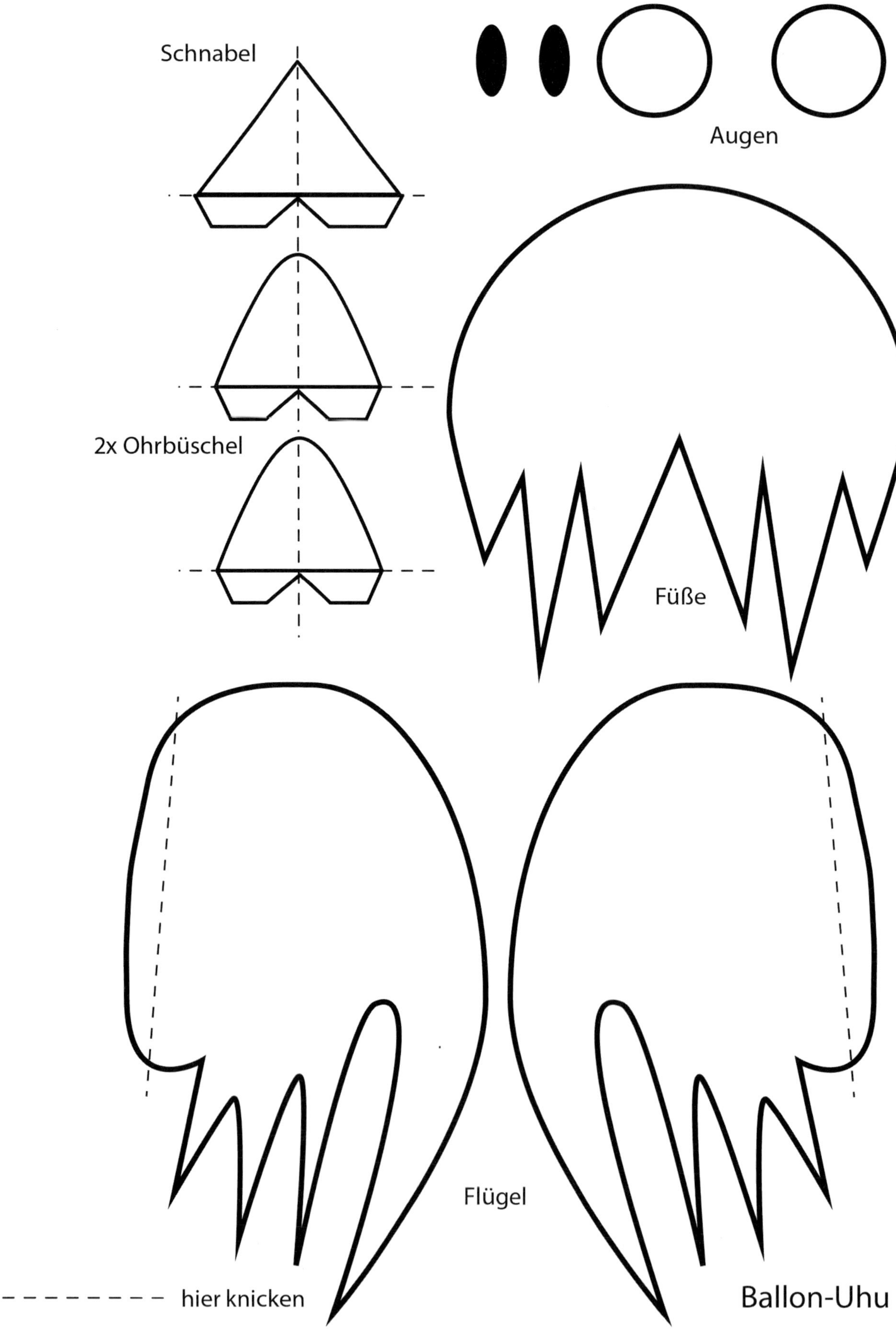
Schnabel
Augen
2x Ohrbüschel
Füße
Flügel
hier knicken
Ballon-Uhu

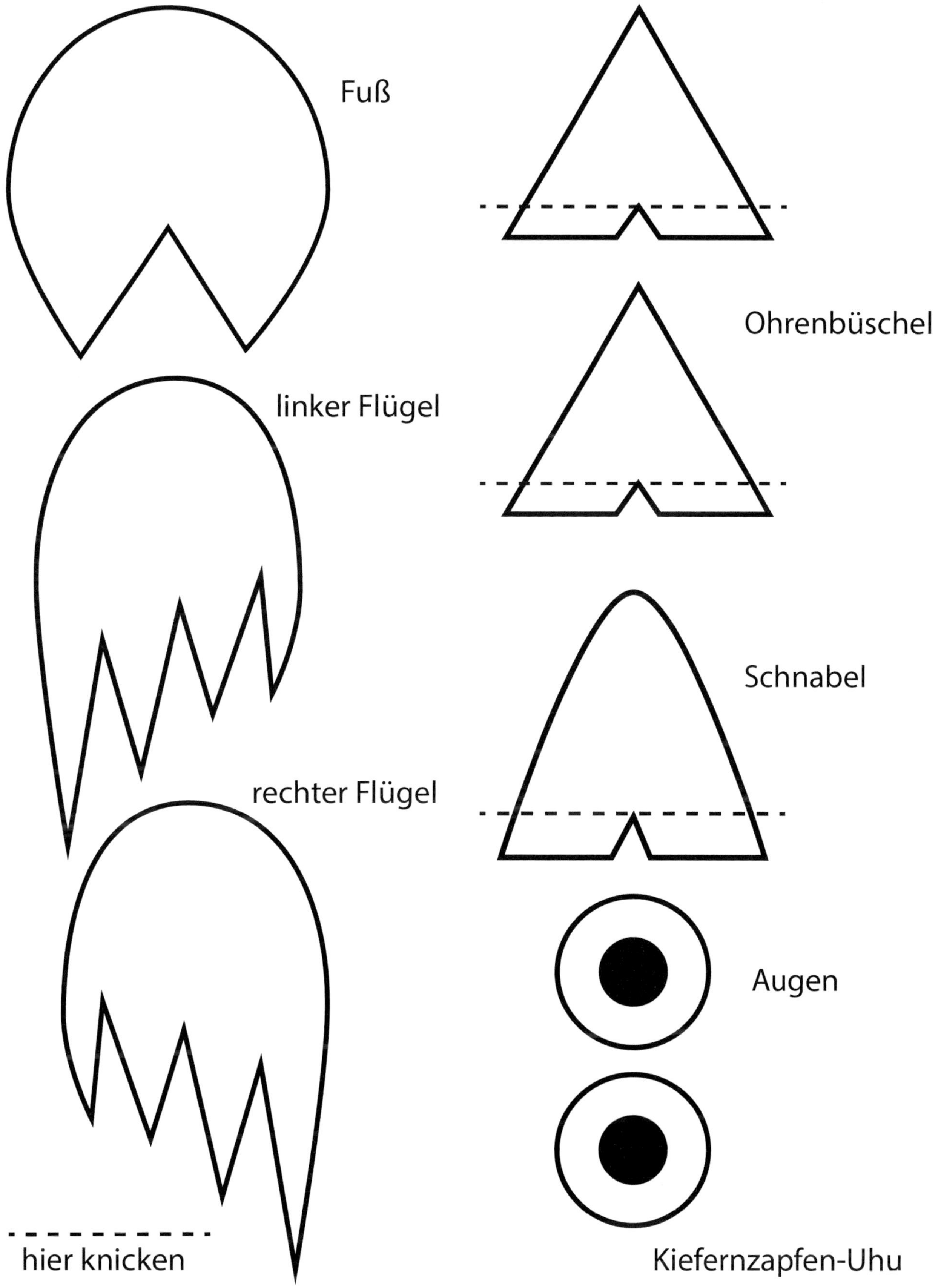
Fuß
Ohrenbüschel
linker Flügel
Schnabel
rechter Flügel
Augen
hier knicken
Kiefernzapfen-Uhu

Füße

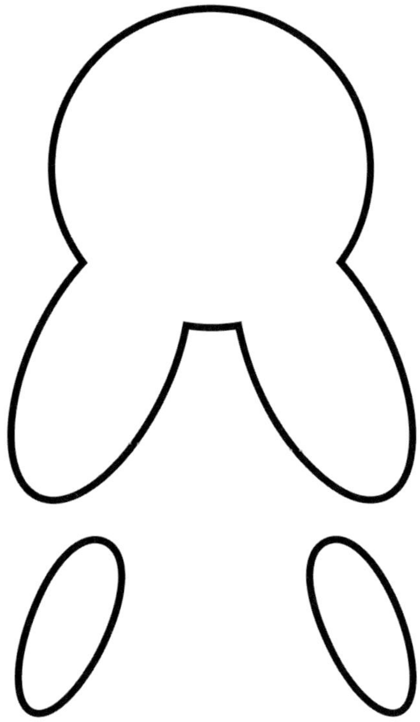

Ohren

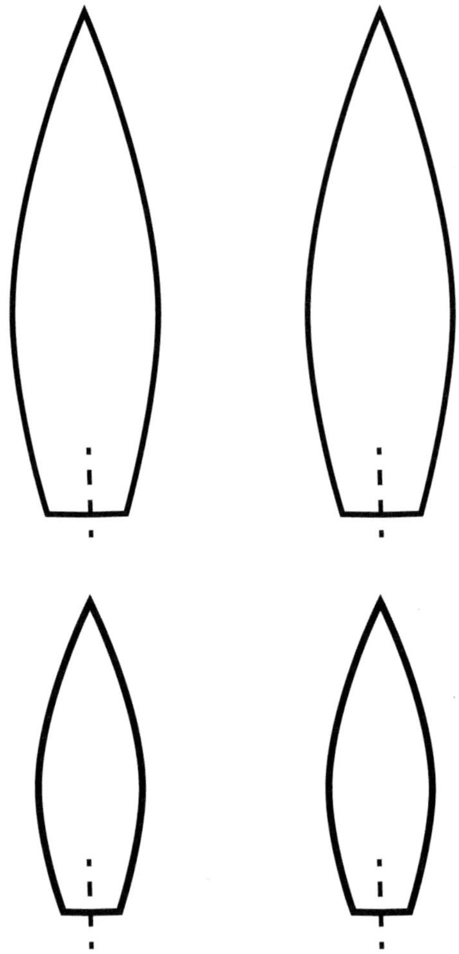

Augen

Nase

Schwanz

hier knicken

Toilettenpapierrollen-Hase

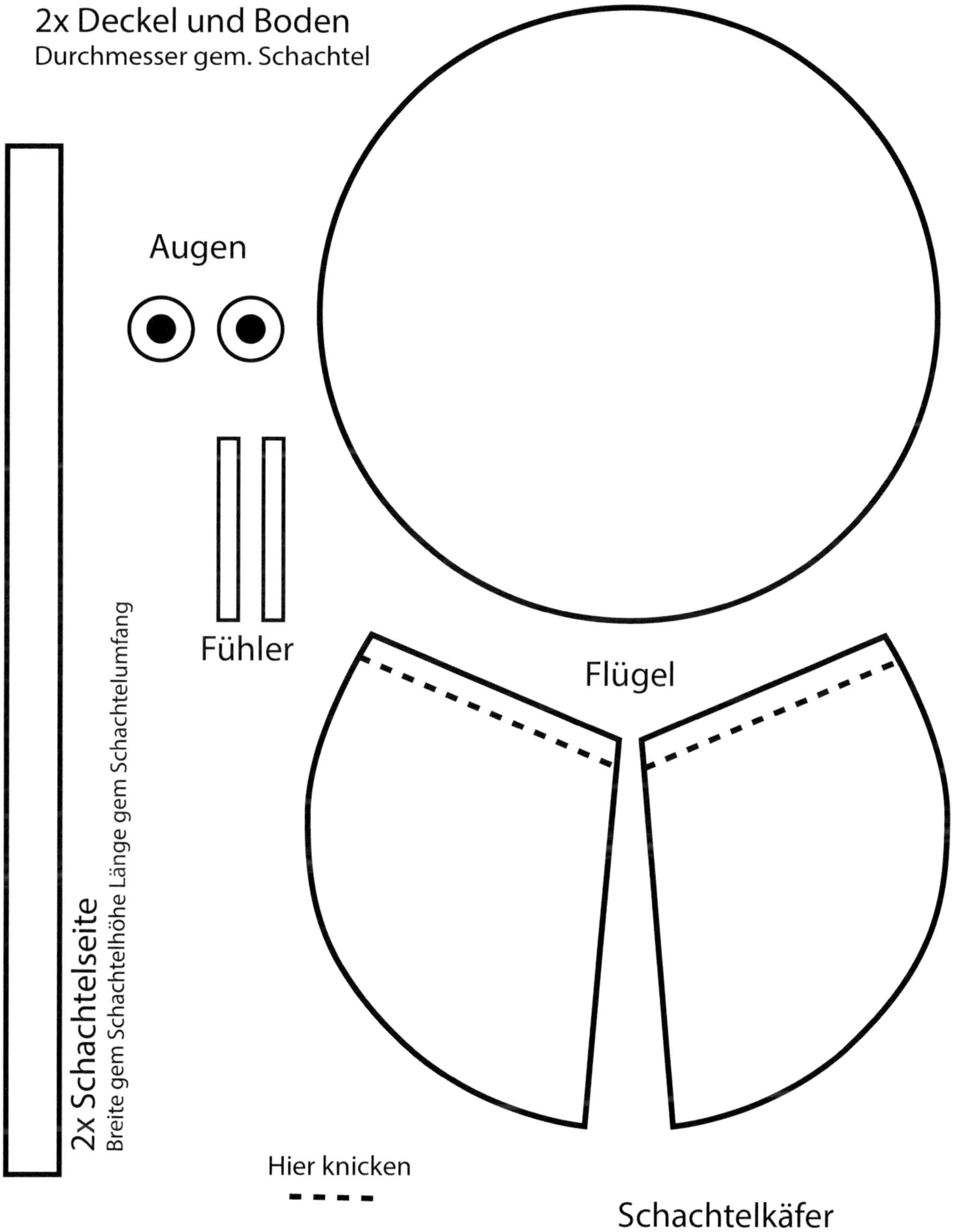
2x Deckel und Boden
Durchmesser gem. Schachtel
Augen
Fühler
2x Schachtelseite
Breite gem Schachtelhöhe Länge gem Schachtelumfang
Flügel
Hier knicken
Schachtelkäfer

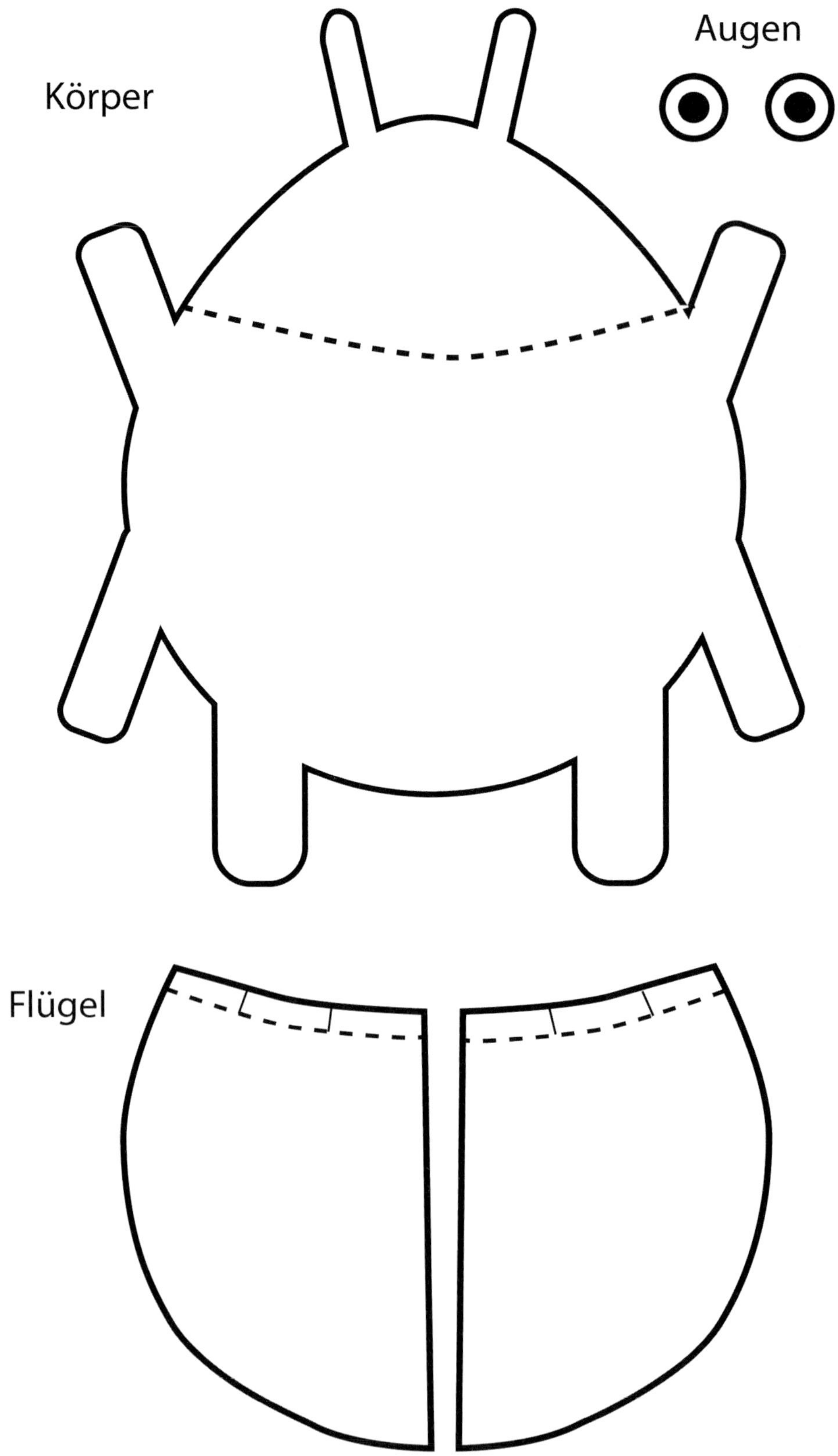

Klammerkäfer

Aus der Kitapraxis für die Praxis

Wir sind genauso schnell wie … Andere!
Bis 10 Uhr bestellen, superschnelle Lieferung innerhalb BRD mit DHL Paket ab dem nächsten Tag

Sabine Pauli / Andrea Kisch

Geschickte Hände

Handgeschicklichkeit bei Kindern - Spielerische Förderung von 4-10 Jahren

Kinder mit fein- und grafomotorischen Schwierigkeiten haben im Alltag vielfältige Betätigungsprobleme und zeigen häufig eine starke Vermeidungshaltung gegenüber fein- und grafomotorischen Tätigkeiten. Deshalb ist es wichtig, sie durch fantasievolle Übungsangebote an fein- und grafomotorisches Arbeiten heranzuführen. Dieses Buch möchte darin unterstützen, das Förderangebot individuell, zielgerichtet und alltagsrelevant zu gestalten.
Zuerst wird die durchschnittliche Entwicklung der Handgeschicklichkeit, des Malens und der Grafomotorik von 0-10 Jahren beschrieben. Damit kann der Entwicklungsstand der Kinder festgestellt werden.
Dann ist die Handgeschicklichkeit in 8 Teilaspekte gegliedert, um Auffälligkeiten zielgerichtet beobachten zu können. Diese werden beschrieben und gezielte Übungen zu den einzelnen Teilaspekten vorgestellt.
Danach folgt eine reichhaltige Spielesammlung zu den Teilaspekten der Handgeschicklichkeit in unterschiedlichen Kombinationen. Die Kombination der Teilaspekte ist so zusammengestellt, wie sie häufig als Ursache für die Betätigungsschwierigkeiten der Kinder zu beobachten sind. Abschließend wird die Bedeutung des Malens als Grundlage zur Grafomotorik dargestellt. Über 50 interessante, kurzweilige Ideen geben Anregungen, um Kinder zum Malen zu motivieren.

2016, 208 S., mit Lesezeichen, Format 16x23cm, Klappenbroschur, Alter: 4-10
ISBN 978-3-8080-0789-1 | Bestell-Nr. 1609 | 19,95 Euro

Martin Vetter / Susanne Amft / Karoline Sammann / Irene Kranz

G-FIPPS: Grafomotorische Förderung

Ein psychomotorisches Praxisbuch

Die von den Autoren im Rahmen eines integrativ und präventiv ausgerichteten Forschungsprojektes entwickelte G-FIPPS-Förderkonzeption zur grafomotorischen Unterstützung von Kindern lässt sich ideal im Kindergarten- und Grundschulbereich einsetzen, ist aber auch in Kindergruppen außerhalb des schulischen Settings durchführbar. Den roten Faden bietet eine spannende Rahmengeschichte mit dem bekannten Elefanten Elmar aus den Büchern von David McKee. Durch die Möglichkeit der individuellen Arbeitsweise in der Gruppe haben Kinder mit unterschiedlichen Voraussetzungen die Chance, von der Förderung zu profitieren. Somit wird Inklusion ermöglicht. Die Besonderheit der G-FIPPS-Förderkonzeption ist es, dass es sich nicht um ein auf den Erwerb von grob- und feinmotorischen Fertigkeiten reduziertes Lernprogramm handelt. G-FIPPS erhebt den Anspruch, zur Verbesserung von grafomotorischen Fähigkeiten auch den persönlichen Ausdruck und die sozial-kommunikativen Fähigkeiten des Kindes, im Sinne eines umfassenden psychomotorischen Grafomotorik-Verständnisses, zu fördern.

2. Aufl. 2016, 192 S., farbige Abb., DIN A4, Klappenbroschur, Alter: 4-8
ISBN 978-3-938187-52-4 | Bestell-Nr. 9402 | 22,80 Euro

Günter Pütz / Manuela Rösner

Von 0 auf 36

Beobachtungs- und Spielsituationen zur Entwicklungsbegleitung von Kindern unter 3

„Insgesamt halte ich das Buch für empfehlenswert; es hilft, die Entwicklung der Kinder in einem Altersbereich zu begleiten, zu beobachten und zu fördern, in dem sie so richtig 'Gas geben', von 0 auf 36." Dr. Lothar Unzner, socialnet.de

„Die Gestaltung des Buches ist sehr klar und übersichtlich und macht eine leichte Handhabung möglich. Gerade die ersten Kapitel fassen kompaktes Wissen zu den Entwicklungsbereichen auf wenigen Seiten übersichtlich und vor allem verständlich zusammen. Die Beschreibung der Beobachtungsaufgaben sind farblich den Entwicklungsmonaten und den dazugehörigen Beobachtungsbögen zugeordnet.
Die Beobachtungsaufgaben sind mit wenig Material umsetzbar und gut in den Tageslauf integrierbar. ... Meine persönliche Empfehlung: Von '0 auf 36' halte ich für besonders geeignet für die Dokumentation in der Tagespflege." Daniela Pfaffenberger, kigaportal.com

2015, 160 S., farbige Abb., Beigabe: Formulare zusätzlich als Download, Format DIN A4, Klappenbroschur, Alter: 0-3
ISBN 978-3-8080-0732-7 | Bestell-Nr. 1253 | 22,95 Euro

Christine Leutkart / Annemarie Steiner (Hrsg.)

Malen, bauen und erfinden

Ästhetische Bildung in Kindertageseinrichtungen

Dieses Buch bietet nicht nur eine Fülle an künstlerischen Techniken für Kinder mit praktisch orientierten Impulsen, sondern es werden auch theoretische Grundlagen rund um ästhetisch-künstlerische Prozesse vermittelt. Es richtet sich besonders an pädagogische Fachkräfte, die ihre Kenntnisse im Bereich der ästhetischen Bildung auffrischen und vertiefen wollen sowie Anregungen für die Praxis suchen. Die Herausgeberinnen und Autorinnen unterrichten seit Jahren an Fachschulen für Sozialpädagogik oder arbeiten in Kitas. Sie zeigen auf, welche Möglichkeiten es gibt, theoretische Erkenntnisse zur frühkindlichen Bildung im ästhetischen Bereich auf unkomplizierte Weise mit praktischem Tun zu verknüpfen.

2017, 224 S., farbige Abb., Format 16x23cm, Klappenbroschur, Alter: 3–6
ISBN 978-3-8080-0767-9 | Bestell-Nr. 1266 | 19,95 Euro

BORGMANN MEDIA

verlag modernes lernen | borgmann publishing

Schleefstraße 14, D-44287 Dortmund
Telefon 02 31 - 12 80 08, Fax 02 31 - 12 56 40
Gebührenfreie Bestell-Hotline: Telefon 08 00 77 22 345, Fax 08 00 77 22 344
Leseproben, Rezensionen, Bestellen im Internet:
www.verlag-modernes-lernen.de

Bewegtes Lernen mit Dorothea Beigel !

Dorothea Beigel / Dietrich Grönemeyer

Von Anfang an im Gleichgewicht

Ein Bewegungsprogramm für den Kindergarten mit dem Zwerg Willibald, seinen Freunden und dem kleinen Medicus

„Gerade im Kindergarten haben viele Erzieher ein Zeitproblem mit dem umfangreichen Bildungsplan: Sprachförderung, Bewegungserziehung, musikalische Förderung, Experimente. Für die Übungen des Bewegungsprogramms 'Von Anfang an im Gleichgewicht' braucht es aber nur etwa 5 Minuten täglich und kein zusätzliches Material." Daniela Pfaffenberger, kigaportal.com

3. Aufl. 2018, Medienpaket bestehend aus: Poster-Kalender DIN A3 quer, 24 Blatt, farbig, Ringbindung + Begleitbuch 96 S., farbige Abb., Format DIN A4, br; beides im Pappschuber, Alter: 0–5

ISBN 978-3-938187-83-8 | Bestell-Nr. 9431 | 26,80 Euro

Dorothea Beigel

Bildung kommt ins Gleichgewicht

„Guten Morgen, liebes Knie ..." – Ein Gleichgewichtsprogramm zur Lernunterstützung

Dieses Material bietet leicht umsetzbares Handwerkszeug für den täglichen Schulalltag und ist mit einem Zeitaufwand von 1-3 Minuten pro Unterrichtsstunde ohne speziellen Raumbedarf in allen Klassenstufen und in allen Schulformen durchführbar. Es regt den Lehrer an, sich aktiv am „kleinen Bewegungsprogramm" zu beteiligen, um das eigene Gleichgewicht zu pflegen und die Konzentration und die Lernmöglichkeit der Schüler zu fördern. Das fünfstufige Gleichgewichtsprogramm kann mit anderen Förderungen unkompliziert verbunden werden.

3. Aufl. 2015, Medienpaket bestehend aus: Poster-Kalender DIN A3 quer, 12 Blatt, farbig, Ringbindung + Begleitheft 72 S., Format DIN A4, geh; beides im Pappschuber, Alter: ab 5

ISBN 978-3-938187-53-1 | Bestell-Nr. 9404 | 24,80 Euro

Dorothea Beigel

Kita und Schule – ein starkes Team

Beobachten – Erkennen – Planen – Handeln

„Dorothea Beigel ist es gelungen, ein Beobachtungsverfahren zu entwickeln, das mit spielerischen Mitteln den Entwicklungsstand eines Vorschulkindes in der Kita feststellt. Anhand der Auswertung der ausführlichen Beobachtungsbogen kann sowohl der Bedarf an Fördermaßnahmen der Gruppe als auch eines einzelnen Kindes erkannt werden. Fazit: Ausgezeichnetes Praxishandbuch für den Einsatz in der Kita, um die Zusammenarbeit von ErzieherInnen und LehrerInnen zu unterstützen, besonders für die Bereiche Beobachtung und Planung. Sehr empfehlenswert!" Marianne Broglie, skg-forum.de

2010, Materialpaket bestehend aus: Bilderbuch „Willibald im Willi-Wald", 24 S., farbig, Format DIN A4 quer, Ringbindung + Handbuch 104 S. (Beigaben: Informations-Video-DVD (15 Min.) und 10 Tabellen und Arbeitsbögen in DIN A3), Format DIN A4, Ringbindung, Alter: 4–8

ISBN 978-3-938187-65-4 | Bestell-Nr. 9413 | 26,80 Euro

Dorothea Beigel

Beweg dich, Schule!

Eine „Prise Bewegung" im täglichen Unterricht der Klassen 1 bis13

Der kurze Theorieteil untermauert das Verständnis für die Notwendigkeit von kurzen Bewegungssequenzen in allen Altersklassen und Schulformen. Erprobte Bewegungseinheiten setzen direkt an der Stoffvermittlung einzelner Fächer an. Die Spiel- und Bewegungsangebote sind kurzzeitig, variabel und jederzeit für Kinder, Jugendliche und Erwachsene altersangemessen einsetzbar, ohne dass zusätzlicher Material- und/oder Raumbedarf im Unterricht entsteht. Der Praxisteil gliedert sich schwerpunktmäßig in die Bereiche Mathematik, Deutsch, Fremdsprachen und übergreifende Fächerangebote. Ergänzt wird das Angebot durch „Brain-Gym"-Spiele, Minutenpausen, Mini-Sport-Bewegungen und Bewegungsangebote für das Lehrerzimmer.

4., verbesserte und erweiterte Auflage 2012, 336 S., farbige Abb., Format 16x23cm, fester Einband, Alter: 6–20

ISBN 978-3-938187-92-0 | Bestell-Nr. 9367 | 22,80 Euro

Dorothea Beigel

Traumhafte Bewegungen

Bewegungsgeschichten für Erwachsene, die ihr körperliches und seelisches Gleichgewicht unterstützen möchten

„Mein Gleichgewicht liebt diese Geschichten!"
Eine der vielen positiven Teilnehmer-Rückmeldungen.

„Alles in allem ein vortreffliches Ermutigungswerk, das hoffentlich viele Menschen im wahrsten Sinne des Wortes bewegen wird!" Detlef Rüsch, amazon.de

2016, 200 S., farbige Abb., Format DIN A4, Ringbindung, Alter: Erwachsene

ISBN 978-3-8080-0766-2 | Bestell-Nr. 1265 | 21,50 Euro

Dorothea Beigel / Jörg Silberzahn

Entdecken Sie Ihr Gleichgewicht

Das Ü30-Wellness- und Trainingsprogramm für Alltag und Beruf

Dieses Material für Erwachsene stellt die Weiterführung und den Abschluss der Gleichgewichts-Kalender-Reihe dar.

2015, Medienpaket bestehend aus: Poster-Kalender DIN A3 quer, ca. 54 Seiten, farbig, Ringbindung + Begleitbuch ca. 144 S., farbige Abb., Format DIN A4, br; beides im Pappschuber

ISBN 978-3-8080-0744-0 | Bestell-Nr. 1257 | 29,80 Euro

BORGMANN MEDIA

verlag modernes lernen   borgmann publishing

Schleefstraße 14, D-44287 Dortmund
Telefon 02 31 - 12 80 08, Fax 02 31 - 12 56 40
Gebührenfreie Bestell-Hotline: Telefon 08 00 77 22 345, Fax 08 00 77 22 344
Leseproben, Rezensionen, Bestellen im Internet:
www.verlag-modernes-lernen.de

Dorothea Beigel

Flügel und Wurzeln

Persistierende Restreaktionen frühkindlicher Reflexe und ihre Auswirkungen auf Lernen und Verhalten

„Flügel und Wurzeln" ist aus dem Wunsch heraus entstanden, beim Leser Verständnis für teilleistungs- und verhaltensauffällige Kinder zu wecken und Wege aufzuzeigen, die Hintergründe solcher Störungen zu begreifen und deren Auswirkungen frühzeitig zu kompensieren.
Die Autorin gibt einen Überblick über die Sinnessysteme des Menschen und geht auf persistierende Restreaktionen frühkindlicher Reflexe ein. Sie beschreibt Möglichkeiten und Erfahrungen aus der Arbeit mit Bewegungsprogrammen zur Integration von Restreaktionen frühkindlicher Reflexe.
In eigens hervorgehobenen Ratschlägen für Elternhaus, Kindergarten und Schule wird aus Sicht einer Pädagogin darauf hingewiesen wie Teilleistungsstörungen vorgebeugt werden kann und wie sie ausgeglichen werden können.
Ein Buch, das angesichts der immer schneller anwachsenden Zahl „auffälliger" Kinder auf die pragmatischen Möglichkeiten eines Staatlichen Schulamtes hinweist. Angesichts der politischen Folgerungen aus der Pisa-Studie ist es als Plädoyer für eine gedeihliche Kindheit in Elternhaus, Kindergarten und Schule zu verstehen. Es geht darum, die kindlichen „Wurzeln" wachsen und gedeihen zu lassen und auf diese Weise den Kindern „Flügel" zu geben, mit denen sie sich gesund und erfolgreich den Herausforderungen der Gegenwart und Zukunft stellen können.
Interessenten: Erzieherinnen, Lehrer, Eltern
Zielgruppe: Kindergarten, Grundschule
Bestseller: über 25.000 Auflage!
8. Aufl. 2018, 256 S., Format 16x23cm, fester Einband, Alter: Kiga, GS

ISBN 978-3-8080-0833-1 | Bestell-Nr. 1154 | 20,40 Euro

Dorothea Beigel / Ruth Frey

Was ist los in meinem Kopf?

Eine Geschichte für kleine und große Leute, die verstehen wollen, warum das Gleichgewicht für das Lernen so wichtig ist

Als wunderbare Ergänzung zu ihren Kalendern hat Dorothea Beigel zusammen mit Ruth Frey ein neues Demo-Material für Therapie und Unterricht herausgebracht. Buch und Material – Poster (Silhouette eines Gehirns) und Begleitheft mit der Geschichte und Spielideen sowie Kopiervorlagen der einzelnen Hirnareale – geben Lehrerinnen, Erzieherinnen, Eltern und Therapeutinnen praktische, sofort einsetzbare Anregung, um kindgerechte Antworten auf Fragen zum eigenen Gehirn, zum Lernen und zur Bedeutung von Bewegung zu geben. Ergänzt wird die Geschichte durch Minuten-Spielideen für das Klassenzimmer und durch Antworten auf „noch mehr" Kinderfragen zum Gehirn.
2. Aufl. 2013, Poster DIN A1 auf DIN A4 gefalzt, farbig + 64 S. Begleitheft mit 14 Farbtafeln, Format DIN A4, geh, Alter: 5–10

ISBN 978-3-942976-15-2 | Bestell-Nr. 9446 | 19,95 Euro

Dorothea Beigel / Dietrich Grönemeyer

„Ich wär' jetzt mal 'ne Fledermaus!"

Spiel- und Bewegungsgeschichten zur sensomotorischen Förderung

Dieses Praxisbuch bietet über 50 kindgerechte Bewegungsgeschichten zur spielerischen Schulung der Sensomotorik. Frühkindliche Bewegungsmuster werden liebevoll aufgegriffen, verfeinert, variiert und ausgebaut. Ritchie, der Ringelwurm, der die Kinder Bewegungsmuster rund um den Tonischen Labyrinth Reflex spielen lässt, ist ebenso wie die Tausendfüßler Fritzchen und Marleen, die so gerne barfuß gehen (Fußgreifreflex), oder Freddy, die freche Fledermaus (Asymmetrisch Tonischer Nackenreflex) Akteur in den Geschichten.
Jedes Kapitel beinhaltet:
• Eine kurze, übersichtliche Zusammenstellung der Merkmale des frühkindlichen Bewegungsmusters (Moro Reflex, TLR, ATNR, STNR, Palmar Reflex, Plantar Reflex) • Klare Hinweise zu den Bewegungsabläufen in den einzelnen Geschichten, zusätzliche Fotos • Geschichten, die aus Sicht der sensomotorischen Entwicklung des Kindes aufeinander aufbauen und inhaltlich miteinander verbunden sind. Die Hauptakteure der Kapitel, wie Babsi, die Ball-Biene, Ritchie, der Ringelwurm, Kati, das Kuller-Kätzchen, Heidi Hand und Hansi Hand, die Zwillinge aus dem Spinnenland, die Tausendfüßler Fritzchen und Marleen, die so gerne barfuß gehen, Mia, die Musik-Mücke oder Freddy, die freche Fledermaus ermöglichen das Spiel mit der Bewegung • Vertiefende Informationen zur menschlichen Entwicklung und zum Körper. Dieses Buch, durch das Zwerg Willibald und, als medizinischer Berater, der kleine Medicus begleiten, bietet sich für Erzieherinnen, Lehrerinnen und Therapeutinnen auch als Ergänzung zum Beobachtungsverfahren „Kita und Schule - ein starkes Team" und als praktische Erweiterung zu „Flügel und Wurzeln, Restreaktionen frühkindlicher Reflexe und ihre Auswirkungen auf Lernen und Verhalten" an.
2. Aufl. 2017, 224 S., farbige Abb., DIN A4, Ringbindung, Alter: 4–8

ISBN 978-3-8080-0727-3 | Bestell-Nr. 1252 | 21,50 Euro

Dorothea Beigel / Juliane Giesbert / Christina Reichenbach unter Mitarbeit von Daniela Krause und Ingo Bertram

Bildung mit „Durchblick"

Ein visuelles Wahrnehmungsprogramm zur Lernunterstützung

„Die Autoren bieten ein Förderprogramm für die (möglichst) tägliche Übung von Kindern. Sie zeigen die Zusammenhänge zwischen visueller Wahrnehmung und Lernen auf, beschreiben die Abläufe bei Wahrnehmungsprozessen und verweisen auf diagnostische Verfahren. Umfangreiches Bild- und Aufgabenmaterial wird durch vielfältige methodische Hinweise für deren Einsatz ergänzt. Der riesige Fundus an Aufgabenstellungen bietet die Grundlage für die Durchführung. Das Buch bietet eine sehr gut verständliche Anleitung zur Förderung und wird deshalb den Pädagogen Sicherheit bei ihrer Arbeit geben." AG Jugendliteratur & Medien der GEW
2011, 176 S., farbige Abb., Beigabe: Vorlagen zusätzlich auf CD-ROM, Format DIN A4, Klappenbroschur, Alter: 6–12

ISBN 978-3-938187-70-8 | Bestell-Nr. 9420 | 19,95 Euro

BORGMANN MEDIA

verlag modernes lernen borgmann publishing

Schleefstraße 14, D-44287 Dortmund
Telefon 0231 - 128008, Fax 0231 - 125640
Gebührenfreie Bestell-Hotline: Telefon 0800 7722345, Fax 0800 7722344
Leseproben, Rezensionen, Bestellen im Internet:
www.verlag-modernes-lernen.de